JN440368

유럽 문화 관광

유럽 문화 관광

김 용 섭

대구한의대학교 출판부

미켈란젤로 광장에서 바라본 피렌체 시내 전경

머리말

더위가 기승을 부리는 2012년 8월, 전 세계는 영국의 런던에서 개최되고 있는 올림픽 경기에 이목을 집중시키고 있다. 전 세계인들이 인간의 한계를 넘어서는 기량에 열광하고, 최선을 다하는 선수들의 모습에 감동하며, 조국에 대한 애국심을 키워가고 있다. 마침 이 시기에 필자는 영국을 포함한 유럽이 우리들에게 전해 줄 또 다른 감동을 수평적이고도 수직적인 시각으로 기록하고자 하였다.

유럽은 서양 문화의 뿌리를 이루는 그리스 · 로마 문화에서부터 마천루의 형태로 된 현대 문화에 이르기까지 다양한 시간이 중첩되어 있는 곳이다. 고대의 유적이 도처에 산재해 있고, 예술적인 중세 건물이 아름다운 자연 환경과 조화를 이루고 있으며, 박물관과 미술관이 헤아릴 수 없을 만큼 많고, 2천년 전 로마인들이 걷던 그 길을 현대인이 걷고 있는 곳이다. 그윽한 문화의 향기가 유럽의 모든 공간들을 채우고 있다.

유럽은 몇 마디의 말로 설명하기 어려운 곳이다. 그것은 유럽이 단순한 곳이 아니기 때문이다. 많은 민족과 나라가 좁은 지역에 공존해 왔을 뿐 아니라, 르네상스, 종교개혁, 산업혁명, 세계대전 등 일련의 역사적 사건들이 인류의 삶의 형태를 뿌리 채 뒤흔들어 놓았던 곳이다. 그래서 유럽은 쉽게 규정할 수 없다. 어쩌면 유럽을 제대로 안다는 것은 불가능할지도 모른다. 그러나 바로 그렇기 때문에 더욱 매력적인 곳이 바로 유럽이다.

이 책은 유럽에 조금이나마 다가가기 위해 쓴 것이다. 유럽의 각국을 이해하는데 도움이 될만한 정보와 자료를 모았다. 형식에 크게 구애되지 않았지만, 관광에서 중시하는 볼거리, 먹을 거리, 즐길 거리에 대해서는 빠뜨리지 않으려 했다. 특히 주요한 문화재나 관광지에 대해서는 소상하게 소개하려 하였다. 글을 쓸 때 유럽에 관한 개론서를 폭넓게 참고했으며, 인터넷 자료도 적지 않게 활용하였다. 이 책은 그저 하나의 자료집에 지나지 않는다. 이제 필자는 여러분들이 이 자료를 활용하여 유럽을 여행하면서 유럽 문화의 진수를 몸소 느껴보기를 권한다.

2012년 8월

대구한의대학교 관광레저학과 교수 김 용 섭

Contents

I 동유럽

01

체코

체코는 유럽 중부에 위치한 내륙국으로 정식 명칭은 체코공화국(Czech Republic)이다. 북쪽으로는 독일, 폴란드와 국경을 접하고 있으며, 서쪽으로는 독일과, 남쪽으로는 오스트리아와, 동쪽으로는 슬로바키아와 국경을 마주하고 있다. 수도는 프라하이고, 체코어를 쓰고 있다. 면적은 78,864㎢로서, 대략 한반도의 1/3, 남한 면적의 4/5 정도이다. 전체적으로 서부의 고원 지대인 보헤미아 지방과 동부의 평야 지대인 모라비아 지방으로 이루어져 있다. 그렇지만 세부적으로 보면 체코의 지형이 매우 다양하여, 산, 고원, 구릉, 호수, 넓은 평원이 모두 존재한다. 특히 체코의 서쪽지역에는 엘바강과 블타바강, 라베강 등이 흐르고, 동쪽으로는 모라바강, 오드라강 등이 흐르고 있다.

체코의 기후는 연평균 기온은 대략 8℃에서 10℃ 정도이며, 대부분 습기가 많은 대륙성 기후를 나타낸다. 여름에는 따뜻하고 비가 많으며, 겨울에는 춥고 눈이 많이 내린다. 가장 더운 달은 7월이고, 가장 추운 달은 1월이다. 특히 겨울에는 40일에서 100일 정도 눈이 내리고, 저지대에는 안개가 자주 끼며, 사실상 건기가 없다.

인구는 약 1,030만명 정도이다. 체코인들은 종교심이 강하지 않다. 종교를 가지지 않은 사람이 다수인 59%이고, 카톨릭 신자가 27%, 후스파 개신교 신자가 1%, 복음주의 개신교 신자가 1% 미만이며, 나머지가 나머지 유대교와 이슬람교 신자들이다.

체코의 국기는 체코슬로바키아로 있던 1920년에 제정된 것이다. 1993년에 체코와 슬로바키아가 두 나라로 분리된 이후에도 같은 국기가 계속 사용되고 있다. 빨간색과 하얀색은 보헤미아 지방을 나타내는 색깔이었다. 그리고 파란색 삼격형 디자인은 폴란드와 오스트리아의 국기와 혼동을 피하기 위해 1920년에 추가된 것이다.

1. 체코인들의 기질

체코인들은 소련 공산주의의 강압적인 통치를 받은 탓으로 비교적 소극적인 기질을 지니고 있다. 이 때문에 서유럽 사람들에 비해 변화를 별로 좋아하지 않으며 보수적이다. 자기를 잘 드러내지 않으려 하고, 흔쾌히 책임을 지려고 하지도 않는다. 그러면서도 가족과 함께 지내는 것을 좋아한다. 통상 밤 10시 이전에 잠자리에 들고 아침 일찍 출근하며, 대부분의 직장인들은 오후 2~4시경 퇴근하여 근교의 주말농장에서 휴일을 보내는 경향이 있다. 그러면서도 일할 때는 매우 근면하고 열성적이며, 절약 정신도 뛰어나다. 그러나 예술분야에서는 비교적 자유로우며 관심 또한 높은 편이다. 체코인들은 대체로 꾸밈이 없고 온순한 편이며, 작은 나라치고는 다채로운 문화적 · 종교적인 모습을 보이고 있다.

2. 체코의 음식

체코의 음식은 기본적으로 중세 유럽풍이며, 독일, 헝가리, 폴란드의 영향을 받았다. 일상적인 식사는 만두, 감자, 소스를 얹은 밥, 약간 덜 익힌 야채, 또는 소금에 절인 양배추와 함께 육류를 주로 먹는다. 대표적인 음식으로는 꼴레노, 굴라쉬, 크네들로 젤로 베프, 스비츠코바, 오브츠네 크네들리키, 브람보락, 팔라친카 등이 있다.

여기서 꼴레노(Kolono)는 돼지를 바비큐해서 만든, 우리나라의 족발과 비슷한 음식이다. 다만 우리나라의 족발이 돼지의 발 부위를 이용한 것이라면, 꼴레노는 족발 상단의 돼지 무릎 연골, 곧 대퇴부를 이용한 것이다. 이 때문에 체코인들은 이 요리를 "돼지고기 넓적다리 구이"라고 부른다. 훈제하여 만들며, 담백한 맛을 지니고 있다. 육질은 부드러우면서도 쫀득쫀득하다. 먹는 방법은 칼로 썰어서 함께 나온 소스에 찍어 먹는다.

꼴레노

굴라쉬(Goulash)는 헝가리의 음식인 굴라쉬가 체코로 넘어와서 체코를 대표하는 음식의 하나로 자리잡은 것이다. 소고기나 돼지 고기에 데미그라스 소스와 함께 스튜처럼 나오는 것이다. 이것은 양파채와 페퍼로니와 흰색의 부드러운 크네들리키라는 빵과 함께 먹는다.

크네들로 젤로 베프(Knedlo Zelo Vepro)는 돼지고기를 구운 뒤 양배추로 만든 사워 크라프트를 잘게 썰어서 곁들인 음식이다. 스비츠코바(Svichova)는 레몬으로 만든 크림 소스와 가볍게 익힌 쇠고기에 귤 열매를 곁들인 요리이다. 오브츠네 크네들리키(Ovocne Knedliky)는 과일 푸딩에 치즈 가루를 약간 뿌린 다음, 녹인 버터를 덮은 음식이다. 브람보락(Bramborak)은 감자를 가루로 갈아서 여기에 양파, 마늘 및 밀가루를 넣어 반죽하여 부친 일종의 감자 부침 요리이다. 팔라친카(Palacinka)는 감자와 밀가루를 섞고 반죽하여 부친 뒤 이 안에 잼과 과일 등을 넣고 설탕으로 맛을 낸 뒤 생크림을 얹어 놓은 음식이다.

3. 체코의 음악가

스메나타

체코인들이 자랑하는 최고의 음악가는 스메타나(Bedrich Smetana, 1824년~1884년)이다. 스메타나는 체코 국민들의 사랑을 듬뿍 받고 있는 음악가이자, 체코의 민족 음악을 창시한 사람이다. 음악적인 환경에서 성장한 그는 영감이 넘치는 리스트의 피아노 연주에 매료되고, 모차르트의 오페라를 관람한 뒤 음악가가 되기로 결심하였다. 그래서 연주에 있어서는 리스트를, 작곡에 있어서는 모차르트 같은 인물이 되겠다고 다짐했다. 스메타나는 1855년에 지휘자로서 첫 무대에 섰으며, 같은 해 첫번째 오페라인 "체코의 브란덴부르크 사람들"을 공연했다. 그리고 1866년에는 그의 대표작인 "팔려간 신부"를 초연했는데, 이 오페라는 스메타나가 사망하고 난 8년 뒤에 국제 연극 경연대회에서 획기적인 성공을 거두었다.

그렇지만 스메타나의 대표작은 단연 '나의 조국'이라 할 수 있다. 이 곡은 모두 6곡으로 이루어져 있다. 즉 1곡은 '비세흐라드'(Vysehrad), 2곡은 '몰다우', 3곡은 '샤르카', 4곡은 "보헤미아의 목장과 숲에서", 5곡은 '타보르', 6곡은 '블라니크'이다. 이 가운데 특히 2곡인 '몰다우'(Moldau)가 가장 인기가 있다. 스메타나가 이 연작을 쓰기 시작했을 때, 체코는 오스트리아의 속국으로서 합스부르크 왕가의 지배를 받고 있었다. 당시 유럽 각지에서는 민족주의 운동이 일어나고 있었는데, 스메타나는 이 운동의 영향을 받아 민족의 자립이 이루어지길 희망했다. 보헤미아의 빛나는 역사와 그 지방의 아름다움을 노래한 이 곡은, 한마디로 조국에 대한 사랑과 희망을 표현한 것이다. 노래의 주제가 된 몰다우 강은 체코의 남쪽 고원에서 북쪽으로 흘러가는 강으로서, 체코인들이 소중히 여기는 낭만적인 강이다. 두 갈래의 작은 강이 합쳐져서 된 이 강은 프라하를 지나서 엘베강과 합쳐져 독일로 흘러간다.

'몰다우'라는 2번 곡은 6/8박자로 된 곡이다. 처음에는 폴다우의 수원이 묘사되고, 그 뒤를 이어 아름다운 주제들이 연이어 나타나는데, 숲 속에서 사냥하는 광경, 마을에서 벌어지는 농민의 결혼식, 즐거운 춤 등이 묘사된다. 밝은 달빛 아래 물의 요정들이 춤추는 모습도 묘사되고 있다. 이 곡의 내용은 다음과 같다. "이 강은 두 개의 수원에서 시작하여, 바위에 부딪치며 상쾌한 소리를 내고, 햇빛을 받아 찬란히 빛나며, 점점 강폭을 넓히며 흘러간다. 강의 기슭에는 사냥하는 사람들의 나팔 소리, 시골의 춤곡이 메아리친다. 달빛, 요정의 춤이 어울리고, 이윽고 강물이 성 요한의 급류에 이르면, 물결이 바위에 부딪쳐 물방울을 튕기고 사방에 흩어진다. 이 강은 천천히 프라하 시로 흘러 들어가 오랜 비세흐라드("높은 지대에 세워진 성"이란 의미임)의 거룩한 모습에 인사한다." 체코인들은 이 곡을 자기들의 고국에 대한 사랑을 표현한 국민적인 교향시로 여기고 있다.

4. 체코의 관광지

(1) 프라하

프라하(Prague)는 체코의 수도이자, 유럽에서 중세의 모습을 가장 잘 간직하고 있는 도시이다. 영어로 '프라그' (Prague), 독일어로 '프라크' (Prag)라고 불리는 이 도시는 신성로마제국의 수도였으며, 도시 전체가 박물관이라 할 만큼 많은 유적지와 볼거리를 지니고 있다. 시내 곳곳에는 로마네스크 양식, 고딕 양식, 르네상스 양식, 바로크 양식 등 서양 건축물의 다양한 양식들을 볼 수 있다. 또한 높이 솟은 탑도 많아서, 프라하는 "100개의 뾰족 탑을 가진 도시"라고 말해진다. 유네스코에서는 1992년에 프라하시 전체를 세계 문화 유산으로 지정하였다. 볼거리가 많고 물가도 비교적 싼 편이라, 배낭족들이 가장 좋아하는 도시 가운데 하나이다. 프라하에서 둘러볼 만한 곳은 프라하 성, 성 비트 교회, 황금 소로, 카를교, 구시가 광장, 천문시계탑, 바

프라하성에서 바라본 프라하시 전경

슬라프 광장, 틴 성당, 국립박물관, 화약탑 등이 있다.

먼저 프라하 성(Prazsky Hard)은 체코를 대표하는 국가적 상징물이자, 유럽에서도 손꼽히는 거대한 성이다. 이 성은 프라하 시내 전체를 조망할 수 있는 흐라드찬스케 언덕에 자리잡고 있다. 9세기경 처음 건립될 때, 로마네스크 양식으로 지어졌으나, 14세기에 프라하 출신인 카를 4세가 왕궁과 성십자가 교회 등을 고딕 양식으로 건축하면서 고딕 양식이 첨가되었다. 그 뒤로 블라디슬라프 2세 때 후기 고딕양식이 가미되었고, 1526년 합스부르크왕가가 지배할 때 다시 르네상스 양식이 도입되었다. 그 뒤 다시 바로크 시대인 1753년부터 1775년 사이에 지금과 같은 모습을 갖추게 되었다. 한마디로 이 성은 시작에서 완성될 때까지 900년이나 걸린 성이라고 할 수 있다.

프라하성은 건립된 초기부터 지금까지 통치의 중심이었다. 카를 4세가 집권했던 14세기 경에 대대적으로 증축되었지만, 당시 지어진 건물들은 1541년에 발생한 화재로 인해 소실되고 말았다. 그 뒤 다시 개축되어 16세기 말까지 보헤미아 왕가의 궁전으로 이용되었으며, 1918년부터 지금까지 건물의 일부가 대통령의 집무실로 사용되

프라하 성

고 있다. 이 성안에 있는 모든 건축물들은 정교한 조각과 높이 솟은 첨탑, 화려하고 다채로운 장식으로 꾸며져 있어 유럽에서도 중요한 역사 유적으로 평가받는다. 특히 성의 아름다운 야경을 보기 위해 세계 각지에서 관광객들이 몰려들고 있다. 이 곳에서 영화 '미션 임파서블'이 촬영되기도 했다.

성비트 성당

성비트 성당(St Vitus Cathedral)는 고딕양식으로 된 성당으로서, 프라하에서 가장 큰 건축물 가운데 하나이다. 프라하 성 안에 위치해 있는 이 성은 길이

124m, 폭 60m의 크기를 자랑한다. 천정의 높이는 33m, 탑 높이는 100m에 이른다. 1344년 카를 4세에 의해 본격적인 공사가 시작된 이래, 여러 번의 증축을 거쳤으며, 1929년에야 오늘날의 모습을 갖추게 되었다. 그러니까 무려 586년간 지어진 성당인 셈이다. 내부의 스테인드글라스는 아름답기로 유명하며, 정면에 있는 장미의 창에서부터 서쪽 첨탑인 쌍둥이 첨탑, 중앙에 우뚝 솟은 종탑, 남쪽에 있는 황금문과 곳곳에서 보이는 고딕식 양식은, 이 성당이 오랜 시간에 걸쳐 완성되었음을 나타낸다. 성당이 완성된 1929년은 초기 비투스 성당의 최초 설립자이자, 보헤미아의 수호성인인 웬체스라스 왕자가 사망한 지 1,000년이 되는 해였다.

황금 소로(Zlata Ulicka)는 프라하성 안에 있는 골목으로 중세에 연금술사들이 거주했던 좁은 골목길이다. 이 길은 원래 프라하 성을 지키는 병사들의 막사로 사용하기 위해 만들어진 것이었으나, 루돌프 2세 때인 16세기 후반 연금술사와 금은 세공사들이 모여 살게 되면서 '황금소로' 라고 불리게 되었다. 이곳이 유명해지게 된 것은 '성', '변신' 등의 작품을 쓴 카프카가 살았기 때문이다. 카프카는 1916년 11월부터 다음해인 1917년 5월까지 약 6개월 가량 여동생이 집필 활동을 위해 마련해준 골목의 왼쪽에서 두 번째 집, 그러니까 22번지의 연두색 작은 집에서 글을 쓰고 밤이 되어 하숙집으로 돌아갔다. 그의 마지막 작품이자 미완성으로 남아있는 '성' 이라는 작품도 프라하 성을 모티브로 한 것이다. 지금 황금소로에 있는 작은 집들은 기념품을 판매하는 상점으로 변해 있으며, 그 옆에는 중세 때의 투구나 장신구들을 전시하는 전시장도 있다.

카를교 위의 음악가

카를 교(Karluv Most)는 프라하시를 관통하는 블타바 강 위에 놓여 있는, 체코에서 가장 오래된 석조교이다. 이 다리는 왕성(王城)과 동쪽의 상인 거주지를 연결하기 위해 만든 것으로, 프라하성, 천문시계와 함께 프라하의 대표적인 명소로 알려져 있다. 다리가 처음 설치되던 10세기 초에는 목조로 건축되었다. 그러다 200년이 지난 뒤인 12세기에 석조교로 개축되었다. 그러나 이 석조교 역시 곧 홍수로 유실되고 말았다. 이후 카를 4세 때인 1357년에 교회의 건축가인 피터 팔레지(Peter Parler)가 다시 석조교를 건축하기 시작하여 1402년에 완공하였다. 이 다리의 이름이 '카를교'라고 명명된 것은 이 다리를 완성한 사람이 보헤미아왕인 카를 4세 때(1346~1378)였기 때문이다. 다리가 완성된 뒤, 다리의 양쪽에 탑이 만들어졌고, 양쪽 난간에는 상인들의 석상이 세워지기 시작했다.

카를 교

성 요한 네포무크

카를교는 전체 길이가 516m이고, 폭이 9.5m이며, 16개의 기둥과 3개의 브릿지 타워로 이루어져 있다. 다리 위에는 30개의 조각상이 설치되어 있는데, 이 조각상들은 체코 최고의 조각가들이 제작한 것이다. 17세기 후반에서 20세기 중반까지 약 250년에 걸쳐 제작된 조각상들로 인해 카를교는 유럽에서 가장 아름다운 다리로 꼽히고 있다. 다리 중간 쯤의 난간에는 카를 교의 성상 가운데 가장 오래된, 청동으로 제작된 "성 요한 네포무크"(St Johann Nepomuk)의 성상이 있다. 성상 아래의 부조는 사람들의 손길에 의해 노랗게 변해 있는데, 이것은 여기에 손을 얹은 채 눈을 감고 소원을 빌면 그 소원이 이루어진다는 전설이 있기 때문이다. 다리에 있는 조각품의 일부는 모조품으로 원작품은 국립박물관에 보관되어 있다. 카를교 위에는 음악을 연주하는 악사, 초상화를 그려주는 화가, 물건을 파는 사람들이 있어, 밤낮으로 그리고 일년 내내 관광객으로 붐비고 있다.

구시가 광장은 카를교에서 화약탑까지의 블타바강 오른쪽 지구에 있는 광장이다. 프라하의 심장부인 이곳은 오래 전부터 상인, 기술자, 학생들이 활동하던 장소였다. 광장 주변에는 아케이드가 딸린 르네상사 양식의 유서깊은 건물이 있는데, 그것을 보존하기 위해 전차의 노선이 폐지되었다. 이 광장에는 얀 후스(Jan Hus)라는 인물이 죽은 지 500주년을 추모하기 위해 1915년에 만든 동상(Jana Husa Pomni)이 서 있다. 얀 후스라는 사람은 1370년경 보헤미아의 가난한 농부의 아들로 태어나 1402년에 카를 대학교 총장을 지낸 인물로서, 마르틴 루터 보다 백년 앞서 종교 개혁 운동을 벌이다가 순교한 사람이었다. 카톨릭의 세속화, 면죄부 발행 등을 비판함으로써 교황청으로부터 파문당하고, 콘스탄틴 종교재판의 결과에 따라 1415년에 화형되고 말았다. 얀 후스는 죽은 뒤로 카톨릭 순교자로서 국민들로부터 존경을 받게 되었으며, 그가 순교한 7월 6일은 현재에도 공휴일로 지정되어 있다.

구시가 광장에는 구시청사(Staromestska Radnice)가 있다. 구시청사는 1338년에 건조된 고딕양식의 건물로 된, 프라하 행정의 중심지이다. 건물 안에는 중세의 번영을 연상시키는 대형 홀이 있으며, 70m 높이의 첨탑에서는 프라하 시내를 내려다 볼 수 있다. 특히 첨탑의 외벽 30m 높이에 붙어 있는 천문 시계는 매우 유명하다. 이 천문시계는 원래 1410년에 시계공 미쿨라시(Mikulas of Kandan)와 카를 대학의 수학교수가 된 얀 신델(Jan Sindel)이 공동으로 제작한 것이었다. 그러다 1490년에 이르러 프라하 대학의 수학교수였던 하누슈(Hanus)에 의하여 달력이 추가되고, 외관이 조각으로 장식되었다.

천문 시계가 유명한 까닭은, 매시 정각이 되면 작은 창이 열리고 종소리와 함께 예수 12제자 인형이 하나씩 나타났다가 사라지는 방식으로 작동되기 때문이다. 시계의 모양은 위, 아래 2개의 원으로 이루어져 있다. 이러한 형태는 당시에 유행한 천동설을 반영한 것이다. 즉 위에 있는 원은 '칼렌다륨' 이라 말해지며, 천동설의 원리에 따른 해와 달과 천체의 움직임을 나타낸 것이다. 1년에 한 바퀴씩 돌면서 연, 월, 일, 시간을 표시한다. 아래 쪽에 있는 원은 '플라네타륨' 이라 말해지며, 12개의 계절별 장면과 더불어 당시 보헤미아 농부들의 계절별 농사짓는 모습을 나타낸 것이다. 매시 정각이 되면 칼렌다륨의 오른 쪽 해골모형이 움직이면서 예수의 12사도들이 2개의 창을 통해 천천히 나타났다가 돌면서 사라진다. 이어서 시계 위쪽의 황금색 닭이 나와 울면서 시간을 나타내는 벨이 울리게 된다.

구시청사의 천문 시계

천문시계가 완성되자, 시계가 너무 아름다웠기에 유럽 각국에서 똑같은 시계를 만들어 달라는 주문이 쇄도했다고 한다. 그러나 프라하 시청에서는 시계탑을 독점하기 위해 더 이상 시계를 만들 수 없도록 이 시계를 완성한 하누슈의 눈을 멀게 만들었다. 하누슈는 자신이 만든 시계탑을 볼 수 없게 되자, 만져 보기라도 할 생각으로 시계탑에 올라가 시계를 만졌고, 그 뒤로 시계는 400년 동안 작동하지 않았다고 한다. 시계가 다시 움직인 것은 1840년부터이며, 그 때부터 다시 이 시계는 프라하 사람들이 가장 사랑하는 명소가 되었다. 시계탑 앞에는 노천 까페가 있어 차를 한잔 마시면서 시계가 돌아가는 모습을 바라볼 수 있다. 또한 구시청사 타워에 올라가면 구시가지 광장 주위의 뛰어난 풍경을 조망할 수 있다.

틴 성당

틴 성당(Tnsky chram)은 1365년에 건립된 구시가의 상징적인 성당이다. 이 성당은 시청사 동쪽 맞은 편, 골즈 킨스키 궁전 바로 옆에 위치해 있다. 이 성당은 건축 초기 얀 후스가 이끌던 카톨릭 교회 개혁 운동인 후스파의 거점이 되었으나, 후스 운동이 실패로 끝난 뒤 바로크 양식의 화려한 교회로 재탄생하였다. 처음 건축된 이후 17세기까지 다양한 건물 양식이 가미되었다. 외관은 고딕 양식으로 되어 있어 정교하면서도 화려하다. 성당의 상징은 80m 높이를 지닌 2개의 첨탑이다. 첨탑은 높이 치솟아 있어 멀리서도 쉽게 발견할 수 있다. 성당의 내부는 바로크 양식으로 되어 있어 비교적 어두운 느낌을 준다. 성당 내부에서 볼만한 것으로는 북쪽 벽에 있는 로코코 양식의 제단과 아름다운 동북쪽 출입문, 첨탑에 부착된 황금 성배聖杯를 녹여 만든 성모마리아상像, 고딕 양식으로 조각된 실내의 십자가에 매달린 예수그리스도상, 백랍으로 만든 세례 받침 등이다. 성당 안에는 루돌프 2세를 위해 일했던 덴마크의 천문학자 브라헤(Tycho Brahe)가 묻혀 있다.

바츨라프 광장(Vaclavske Namesti)은 프라하시의 중심 광장이다. 프라하 역에서 남쪽으로 500m 지점에 위치한 이 광장은 일반적인 광장이 아니라, 대로에 가까운 곳이다. 다시 말해 광장 양쪽의 대로에 호텔, 백화점, 레스토랑 등이 즐비하고, 여름철에는 노천 까페가 늘어서는, 프라하 제1의 번화가라고 할 수 있다. 광장의 길이는 750m, 폭은 약 60m에 달한다. 광장의 위쪽으로는 신르네상스 방식으로 지어진 국립박물관이 있고, 광장의 중앙에는 성 바츨라프의 기마상이 있다. 바츨라프는 체코의 영웅으로서 10세기경 보헤미안의 기사들과 함께 적군을 물리치고 체코의 국난을 극복한 인물이다. 이 광장에서는

바츨라프 광장

1968년 체코 민주화의 상징인 "프라하의 봄"이 일어나기도 했다. 1968년 체코인들은 이곳에서 자유, 인권, 민주를 외쳤는데, 이 운동은 "프라하의 봄"이라 불린다. 체코인들은 1969년에 얀 팔라흐라는 청년과 또다른 청년이 소련침공에 맞서 분신 자살한 것을 계기로 소련에 대항하여 자유를 외친 바 있다. 그리고 당시에 분신한 2명의 청년 사진과 그들을 기념하기 위해 바츨라프 동상 앞에 나무가 심어 놓았다. 그러나 그들의 거사는 구소련의 탱크에 의해 무참히 짓밟히고 말았다. 지금은 바츨라프 동상 앞에 무대가 마련되어 각종 집회나 콘서트 등이 열리고 있다.

국립박물관은 체코박물관이라고도 불리기도 하는, 바츨라프 광장의 정면 위쪽에 위치한 박물관이다. 요제프 슐츠(Josef Schulz)가 체코의 재건을 상징하기 위해 1885년부터 공사를 시

국립박물관

작하여 1890년에 완공한 신르네상스 양식의 건물이다. 건물의 높이는 70m이고, 넓이는 100m이며 3층으로 이루어져 있다. 건물 내부는 대리석으로 장식되어 있고, 주로 광물학, 인류학, 고고학 등 역사와 관련된 유물이 전시되어 있다. 프라하의 봄이 일어나던 해에 탱크에 의해 포격당한 자국이 아직도 남아 있는 이 건물은 겉의 화려함 만큼이나 실내도 화려하게 장식되어 있다. 유물은 층별로 그리고 테마별로 전시되고 있다. 1층에는 체코의 역대 인물들의 회화와 청동 흉상, 역사 자료, 고고학, 화폐, 연극, 자연과학에 관한 자료가 전시되어 있다. 2층은 2개의 테마로 구성되어 있는데, 하나는 역사관으로서 체코의 문학, 음악, 희곡, 중세에 씌어진 원고, 시대별 인장, 제1,2차 세계대전과 공화국 수립시기, 사회주의 시대의 투쟁자료 및 사진 등을 전시한 곳이고, 다른 하나는 선사시대관으로서 석기시대, 청동기 시대의 토기, 보석, 도구와 무덤 모형 등을 전시한 곳이다. 3층은 자연박물관으로 각종 해상, 육상 동물들의 박제 견본을 전시해 놓고 있다. 전시물 가운데는 덴마크 천문학자인 브라헤(Tycho Brahe)의 관측기구인 육분의六分儀가 있으며, 1961년에는 여기서 교향곡의 아버지인 하이든(Franz Joseph Haydn)의 첼로 협주곡 제1번 C장조의 필사본 악보가 발견되기도 했다.

화약탑

화약탑((Prasna Brana)은 높이 65m의 탑으로서, 구시가지와 신시가지가 구분되는 지점, 곧 바츨라프 광장과 무스테크 광장의 오른쪽에 위치해 있다. 이 탑은 1475년에 지금의 구시가지를 지키는 13개 성문 가운데 하나이자, 대포 요새로 건설되었다. 이후 총기 제작공이자 종(鐘) 주조공이었던 야로스(Tomas Jaros)의 거처

겸 작업실로 개축되었다가, 루돌프 2세 때인 17세기 초에 연금술사들의 화약창고 겸 연구실로 쓰이면서 '화약탑'이라 불리게 되었다. 고딕 양식으로 되어 있으며, 높이는 65m이고, 총 186개의 계단으로 이루어져 있다. 대부분의 건축물이 화려한 장식과 다양한 색상으로 구성된 것과는 달리, 이 화약탑은 어둡고 칙칙한 느낌을 준다. 그러나 이곳은 왕과 여왕의 대관식을 거행하는 장소이자, 외국 사신들이 프라하성(城)으로 들어올 때는 반드시 거쳐야 하는 관문이었다. 1960년대부터는 연금술이나 종 주조와 관련된 유물을 전시하는 박물관으로 사용되고 있다.

***체코의 국민 문학가, 프란츠 카프카**

프란츠 카프카(Franz Kafka, 1883년~1924년)는 체코의 국민 문학가이다. 수도인 프라하에서 유대인 부모의 장남으로 태어나 독일어를 쓰는 유대인 사회에서 성장한 그는 1906년 법학으로 박사학위를 취득하고, 1907년 프라하의 보험회사에 취직하였다. 그러나 곧 그 직장이 적성에 맞지 않는다는 사실을 발견하고, 삶의 유일한 의미를 문학 창작에 두게 되었다. 1917년 결핵 진단을 받고, 1922년 보험회사에서 퇴직했으며, 그 뒤인 1924년에 오스트리아 빈 근교의 결핵요양소 키얼링(Kierling)에서 사망하였다.

카프카는 평생 불행하게 살았던 것으로 보인다. 프라하의 상층부를 차지하던 독일인에게는 유대인이라는 이유로 배척받았으며, 같은 유대인들로부터도 시온주의에 반대한다는 이유로 배척받았다. 이 때문에 카프카는 소설을 쓰는 데서 삶의 의미를 발견했다. 그가 쓴 작품으로는, 『실종자』(1912년) (이 소설은 나중에 『아메리카』로 게재되었다), 『변신』(1913), 『유형지에서』, 『심판』(1914), 『시골 의사』(1916년), 『성城』(1922년)이 있으며, 그 밖에도 『실종자』, 『유형지에서』, 『시골에서의 결혼 준비』 등이 있다.

카프카는 자신이 쓴 글을 세상에 내놓기를 꺼려했다. 출판업자들의 강한 요청이 있을 경우에만 마지 못해 발표할 정도였다. 그리고 발표한 작품들도 당시의 독자들로부터 큰 호응을 얻지 못했다. 카프카는 친구이자 유산 관리인이었던 막스 브로트(Max Brod)에게 자신이 죽고 난 뒤 모든 글을 소각하라고 유언했으나, 막스 브로트는 그의 유작, 일기, 편지 등을 출판하였고, 그의 작품들은 평론가들의 호평을 받았다. 그 결과 카프카의 이름이 현대 문학사에 남겨지게 되었다. 그의 연인이었던 도라 디아만트는 부분적으로 그의 유언을 따랐지만, 20편의 노트와 35편의 편지를 비밀리에 숨기고 있었다. 그러나 그녀는 1933년 자신이 갖고 있던 원고를 게슈타포에 압수당하고 말았다. 현재 유실된 원고에 대해 국제적인 조사가 진행 중에 있다.

02

헝가리

헝가리는 유럽 중동부, 다뉴브강 중류에 위치한 국가로서, 정식 명칭은 헝가리 공화국(Republic of Hungary)이다. 서쪽으로는 오스트리아, 북쪽으로 슬로바키아, 북동쪽으로는 우크라이나, 동쪽으로는 루마니아, 남쪽으로는 크로아티아, 유고슬라비아, 세르비아와 국경을 접하고 있다. 헝가리는 1001년에 통일 국가를 이루었지만, 제1차 세계 대전까지 오스트리아 헝가리 제국의 일부로 있었다. 그러다 제2차 세계대전이 끝난 뒤 소련의 세력권에 들어갔으며, 1946년에 공화제를 실시하였다.

헝가리의 면적은 약 93,000㎢로서, 우리나라 남한(99,700㎢) 보다 약간 작은 크기이다. 국토의 3/4이 저평원 지대에 위치해 있으며, 또한 국토의 2/3가 온천 지역으로 되어 있다. 기후는 대륙성 기후를 나타내고 사계절을 지니고 있으나, 대체로 온난한 편이다. 남부는 지중해성 기후, 동부는 대륙성 기후, 서부는 대서양성 기후를 보이고 있다.

헝가리의 국기는 빨강색, 하얀색, 초록색이 수평으로 배치된 삼색기이다. 이 기는 프랑스의 삼색기를 본따 만든 것이라 한다. 빨강색은 힘을 상징하고 하얀색은 성실함을 나타내며 초록색은 희망을 상징한다. 이 삼색기는 1848년부터 1849년 사이에 있었던 오스트리아와의 독립전쟁 때 처음으로 사용되었다.

1. 헝가리의 음식

헝가리는 음식 문화가 매우 발달한 나라이다. 그것은 이웃 나라들의 다양한 음식 요리법이 수입되었기 때문이다. 전통 농업 국가여서 대부분의 헝가리인들은 대식가로 알려져 있다. 헝가리 레스토랑에서 1인분을 주문할 경우, 우리의 2인분 수준의 양이 나온다. 대체로 고기와 야채를 많이 사용하며, 향신료로서 파프리카를 많이 사용한다. 헝가리인들은 매운 음식도 즐기며, 음식에 대한 편견이나 금기가 비교적 적은 편이다.

헝가리인들은 아침 식사로 주로 차나 커피에 전통적인 빵인 크로와상, 그리고 신선한 과일이나 야채, 버터나 잼, 햄, 계란 후라이 등을 먹는다. 점심 식사는 12시에서 1시 사이에 하는데, 대부분의 직장인들은 집에서 가지고 간 빵 등을 먹으며 특별히 점심 식사를 하기 위해 외출하지 않는다. 초등학교나 중등학교에서도 점심식사 시간을 따로 두지 않는다. 대신에 저녁 식사는 하루 식사 중 가장 중요한 식사로서 가족들이 모여서 대화를 나누며 먹는다.

굴라쉬

헝가리의 대표적인 음식으로는, 굴라쉬(Goulash)를 들 수 있다. 이 전통 음식은 쇠고기 덩어리에 감자, 양파, 피망, 토마토 등의 야채를 넣고 파프리카로 양념하여 만든 것이다. '굴라쉬' 라는 명칭은 '구아쉬' (Gulyas)라는 헝가리 말에서 왔는데, '구아쉬' 라는 말은 소떼를 의미하는 '구야' (Gulya)에서 유래한 것이다. 옛날 양치기와 소몰이꾼들이 모닥불 위에 가마솥인 보그라취(Bogracs)라는 통을 걸어 음식을 만들어 먹은 데서 발전한 음식이 바로 오늘날의 굴라쉬이다. 이 요리에는 국물이 있기에, 스프를 뜻하는 '레베스' (Leves)라는 말을 붙여 '굴라쉬 레베스' (Gulyas Leves)라고도 한다. 그 맛이 우리의 육개장과 비슷하며, 진하고 걸죽하고, 칼칼한 맛을 가지고 있다. 특히 파프리카의 맛과 향기를 살려 몸을 훈훈하게 만들어 주기에 겨울 음식으로 많이 이용된다.

헝가리에서는 음식을 만들 때 일반적으로 파프리카를 많이 사용한다. 파프리카는 농업국가인 헝가리에서 도시를 조금만 벗어나면 쉽게 볼 수 있는 야채이다. 헝가리인들의 집의 대문이나 처마에 걸려 있는 모습을 자주 볼 수 있는 파프리카는 그 종류가 많아서 대략 50여 종에 이른다. 종류가 많은 만큼 매운 것에서부터 단 것까지 그 맛도 다양하다. 크기가 작을수록 매운 맛에 가깝다.

파프리카를 이용하는 가공식품도 다양하다. 그 가운데 우리나라의 고추장에 해당하는 파프리카 소스가 별미이다. 특히 헝가리에서 유통되는 소시지와 햄에는 대개 파프리카가 들어 간다. 그래서 헝가리의 소시지와 햄은 다른 유럽 국가의 그것에 비해 색깔이 유난히 검붉다. 붉은 색 파프리카를 가미한 소시지나 햄은 독특한 맛을 지니고 있어 유럽 최고의 품질로 인정받는다. 헝가리인들은 돼지고기를 요리할 때도 파프리카를 버무려서 요리하며, 우리나라의 순대에 해당하는 '콜바스' 라는 식품을 만들 때도 파프리카를 섞어서 가공한다.

헝가리인들은 음식을 먹을 때 예절을 매우 중시한다. 즉 그들은 음식을 먹을 때 후루룩 소리를 낸다든지 음식을 입안에 넣고 쩝쩝하는 소리를 내는 것을 실례라고 생각한다. 그래서 헝가리에서 식사할 때는 가능한 한 조용하고 차분하게 먹는 것이 좋다. 그러나 대화하는 것은 문제가 되지 않고, 오히려 더 좋아한다. 또한 식사하는 중에 코를 푸는 것도 실례가 아니다. 포크와 나이프질을 할 때에도 가능하면 소리가 나지 않도록 해야 하고, 식사 도중 음료수를 마실 때도 입에 묻은 음식이 컵에 묻지 않도록 주의해야 한다. 식사할 때는 건배를 자주하며 서구의 다른 나라와 마찬가지로 왼손에는 포크를, 오른손에는 나이프를 든다. 양손은 식사를 하는 도중 테이블 위에 둔다. 가정집에 식사 초대를 받았을 경우에는 스프, 메인 메뉴, 디저트 순으로 제공되기 때문에 양을 조절하여 조금씩 끝까지 먹는 성의를 보일 필요가 있다. 그리고 음식은 먹을 양만큼 덜어 남기지 말아야 하며 맛있게 먹어 주면 된다.

3. 헝가리의 관광지

(1) 부다페스트

부다페스트 시내 전경

부다페스드(Budapest)는 헝가리의 수도로서 다뉴브강(Danube, 녹일어로는 도나우 Donau임) 연안에 위치해 있다. 원래 별개의 지역인 부다와 페스트로 구분되어 있었으나, 1872년에 합쳐져서 부다페스트가 되었다. 합쳐진 뒤인 1950년에는 인근의 소도시들을 다시 합병하여 대 부다페스트가 되었다. 14세기부터 헝가리의 수도였던 부다 지역에는 왕궁, 마챠시 교회, 어부의 요새 등 역사적인 건축물이 많이 산재해 있고, 페스트 지역에는 상업과 공업과 관련된 건물들이 많이 들어서 있다. 그 밖에도 페스트 지역에는 관공서, 국회의사당, 대학, 도서관, 박물관, 국립극장 등이 흩어져 있다. 부다페스트는 도시를 가로지르며 흐르는 다뉴브강으로 인해 그 풍광이 아름답기로 유명하다. 그래서 부다페스트는 "다뉴브의 진주"라고 불린다. 도시 전체가 세계문화유산으로 등록된 부다페스트에서 반드시 둘러보아야 할 장소로는 부다 왕궁, 겔레스트 언덕, 치타 델리, 어부의 요새, 마챠시 교회, 국립박물관, 성 이슈트반 대성당, 국회의사당, 세체니 다리, 바치 거리, 영웅광장 등이 있다.

부다 왕궁(Kiralyi Palota)은 벨라 4세에 의해 부다의 언덕 위에 13세기에 세워진 네오 바로크 양식의 왕궁이다. 벨라 4세는 몽고의 침입을 받은 뒤 에스테르곰(Esztergom)에서 이곳으로 피난을 왔는데, 그 때 방어를 위해 높이 솟은 부다 언덕에 왕궁을 짓게 되었다. 그 뒤로 마챠시왕이 재임하던 시절 모든 건물들이 르네상스 양식으로 변화했고, 궁전은 중부 유럽의 문화, 예술, 정치의 중심지로 부상했다. 부다 왕궁은 17세기에 들어서는 합스부르그 왕가(The House of Habsburg)의 마리아 테레지아(Maria Theresia) 여왕에 의해 현재의 크기로 개축되었다. 그 뒤 2 차례의 세계 대전을 겪으면서 막대한 피해를 입었으나, 1950년에 다시 현재의 모습으로 재건되었다. 부다 왕궁은 지금 역사박물관, 국립미술관, 국립도서관 등으로 쓰이고 있다. 역사박물관에서는 제2차 세계대전 당시 파괴된 현장을 복구하면서 발견된 많은 유물들을 전시하고 있으며, 국립미술관에는 11세기부터 현재까지의 미술품들을 전시하고 있다.

부다 왕궁

겔레르트 언덕(Gellert Hegy)은 부다페스트 시내를 아래로 조망할 수 있

겔레르트 언덕

겔레르트 언덕 입구

는 해발 235m의 바위산이다. 왕궁의 언덕 바로 남쪽에 위치한 이 언덕은 원래 '케렌 언덕'이라고 불렸으나, 바로 이 겔레르트를 기리기 위해 '겔레르트 언덕'이라고 불리게 되었다. 왕궁의 언덕 부근에는 겔레르트 언덕 외에도 마챠시 언덕, 마르노티비치 언덕 등이 있지만, 겔레르트 언덕이 가장 좋은 전망을 가지고 있다. 겔레르트 언덕 위에는 11세기 헝가리에 카톨릭을 전파하려다 순교한 선교사인 겔레르트의 동상이 세워져 있다. 또한 이 언덕에는 1848년 혁명 때 오스트리아에서 가져온 돌로 만든 치타델라 요새가 있다. 부다페스트 최고의 전망을 자랑하는 이 언덕과 다뉴브 강변, 그리고 부다성 일대는 풍광이 특히 빼어나 1987년 세계문화유산으로 등록되었다.

치타델라 요새(Vitadella)는 겔레르트 언덕의 정상에 위치한 요새이다. 이곳은 외부의 침입을 막기 위해 세운 요새가 아니라, 합스부르크 제국이 헝가리를 감시하기 위해 만든 것이다. 즉 합스부르크 제국은 1848년에 발생한 헝가리의 독립운동을 진압한 뒤, 헝가리를 감시하기 위해 1851년에 이 요새를 세웠다. 치타델라 언덕의 가장 끝 지점으로 가면 모스코바를 바라보는 동상이 있는데, 그것이 바로 14m 높이의 자유의 여신상이다. 이 여신상은 소련군이 헝가리를 독일로부터 해방시킨 것을 기념하여 만든 것으로, 독일과 싸우다가 죽은 소련 병사들을 위한 위령탑이다. 헝가리는 2차 대전의 종전과 더불어 해방될 것으로 기대했으나, 소련이 들어옴에 따라 원치 않는 사회주의를 겪게 되었다. 치타델라 언덕 위에 위령탑을 아직도 남겨 놓은 까닭은, "우리는 당신들의 죄를 용서한다. 그러나 그 죄를 잊지는 않겠다"라는 헝가리인의 정신을 표현하기 위해서이다. 유스호스텔, 레스토랑 등이 즐비하게 들어서 있는 이 요새에서 페스트 지구와 도나우 강을 한눈에 내려다 볼 수 있다.

어부의 요새(Halaszbaztya)는 마챠시 성당을 끼고 왼쪽으로 돌아 내려오면 볼 수 있는 요새이다. 헝가리 건국 1000년을 기념하여 1896년에 착공하여 1902년에 완공한 이 요새가 "어부의 요새"라고 불리게 된 것은, 19세기 시민군들이 왕궁을 지키고 있을 때, 주변의 어부들이 강을 건너 기습하는 적을 막기 위해 요새를 만들었기 때문이다. 이 요새에는 네오 고딕 양식과 네오 로마네스크 양식이 혼합된 7개의 고깔 모양 독특한 탑이 있는데, 이 탑의 숫자인 7은 건국 당시 마자르족 일곱 부족을 상징한다. '헝가리 애국정신의 상징' 이자, 마챠시 성당까지 뻗어 있는 계단과 화려한 성벽이 매력적인 이 요새에서 바라보는 풍경은 매우 아름답다. 특히 다뉴브 강과 부다페스트 시내 전경을 조망할 수 있다. 야간이 되면 이곳에서는 거리의 악사들이 팝송을 비롯한 민속 음악을 연주하고 노래도 부른다.

마챠시 성당

마챠시 성당(Matyas Templom)는 13세기 중엽에 세워진 고딕 양식의 아름다운 성당이다. 헝가리의 가장 위대한 왕이었던 마챠시왕을 기리기 위해 그의 이름을 붙인 성당이다. 마챠시 왕은 2번 결혼했는데 그 결혼식을 모두 이 성당에서 거행했다. 또한 이 성당에서는 합스부르크 최후의 황제인 카를 4세(Karl IV)의 대관식을 포함하여 3번의 대관식이 이루어졌다. 이 때문에 마챠시 성당은 '대관식 성당' 라고도 불린다. 16세기에 오스만 투르크의 지배를 받게 되면서 이슬람 사원으로 사용되었다가, 17세기에 다시 카톨릭 성당이 되었다. 그 뒤인 18세기에 이르러 바로크 양식으로 개축되었다. 그래서 이 성당은 이슬람적인 분위기와 카톨릭적인 분위기를 동시에 갖고 있다. 성당의 지붕은 원색

마챠시 성당의 제대

마챠시 성당의 삼위일체 동상

타일로 모자이크되어 있어 강렬한 인상을 주며, 내부는 헝가리 역사의 중요한 장면을 담은 아름다운 프레스코화로 장식되어 있다. 이 성당에서 여름밤에 열리는 오르간 콘서트는 뛰어난 음향과 완벽한 분위기를 자랑한다.

헝가리 국립박물관(Hungrian National Museum)은 "가장 위대한 헝가리인"으로 추앙받는 세체니 이슈트반(Szechenyi Istvan) 백작이 자신의 저택을 1802년에 개축하고, 자신이 갖고 있던 수많은 수집품들을 전시함으로써 개관된 박물관이다. 그 뒤 헝가리의 유명한 건축가인 미하이 폴라(Mihaly Pollack)에 의해 개축되었으며, 1846년에 현재의 모습으로 완공되었다. 이 박물관에서는 고대로부터 1849년에 이르기까지의 헝가리 역사를 한 눈에 볼 수 있는데, 주제 전시관은 고대, 중세, 근대, 옛 동전, 초상화 등 5개로 나누어져 있다. 유물 가운데 가장 오래된 전시물은 헝가리에서 발견된 5만년 된 두개골이다. 그 밖에 특기할 만한 것으로는, 헝가리를 가톨릭화한 이슈트반 1세(Stephen I)이 로마 교황으로부터 하사받은 "거룩한 왕관"과 베토벤(L. B. Beethoven)이 사용한 피아노, 그리고 프란츠 리스트가 사용한 황금 지휘봉 등이다. 특히 거룩한 왕관은 제2차 세계대전 때 미국으로 반입되었다가 반환된 것이다.

성 이슈트반 대성당(Szent Istvan Bazilika)은 이슈트반 성왕을 기리기 위해 세운 부다페스트 최대의 성당이다. 이 성당의 탑은 부다페스트에서 가장 높은 탑으로 무려 96m에 달한다. 이슈트반이란 인물은 기독교를 헝가리에 전파하여 성인으로 추대된 인물이다. 그를 기리는 이 성당은 50년에 걸친 공사 끝에 완공되었으며, 내부 기둥이 비징상직으로 비대하세 만들어서 있다. 기둥이 비대해진 것은 기둥이 지탱하는 아치가 너무 많기 때문이다. 이 성당의 탑이 96m의 높이로 되어 있는데, 그렇게 만든 까닭은 헝가리가 건국된 해인 896년을 상징하기 위해서였다. 그러나 이 탑 이외에는 다뉴브 강변의 건축물은 도시 미관을 위해 높이 지을 수 없게 규제받고 있다. 성당의 정문 위에는 오른손에 홀을, 왼손에 구슬을 들고 있는 성 이슈트반의 동상이 있다. 그리고 주제단의 뒤쪽에는 성이슈트반의 오른손이 봉헌된 "신성한 오른손 예배당"이 있다.

헝가리의 국회의사당

헝가리 국회의사당(Orszaghaz)은 고딕양식으로 된 건물로서, 영국의 국회의사당에 이어 세계에서 두 번째로 규모가 큰 것이다. 건국 1000년을 기념하여 1884년에서부터 1902년 사이에 건축되었으며, 외벽에는 헝가리 역대 통치자 88명의 동상이 세워져 있고, 지붕에는 1년 365일을 상징하는 365개의 첨탑이 하늘을 찌를 듯이 서 있다. 국회의사당의 내부에는 총 691개의 집무실이 있으며, 실내에 깔린 카페트의 길이도 무려 3,456m에 이른다. 국회의사당 앞에는 코슈트 광장이 있는데, 그 광장에는 헝가리의 영웅인 코슈트(Kossuth)와 라코지(Rakoczi)의 동상이 세워져 있다. 이 광장은 1956년 혁명 당시 소련군의 철수와 헝가리 민주화를 요구하면서 연좌 데모를 벌이던 부다페스트의 대학생들과 시민들이 소련군의 총탄에 쓰러져간 곳이었다. 코슈트와 라코지도 바로 이런 사람들 가운데 대표적인 인물이었다. 그래서 이 광장은 헝가리 민주 의회 정치의 현장으로 알려져 있다.

세체니 다리(Szechenyi Lanchid)는 부다페스트의 서쪽 지구인 부다와 동쪽 지구인 페스트 사이에 있는 다뉴브 강을 가로 지르는 현수교이다. 이 다리는 1849년에 부다페스트의 다뉴브 강을 가로질러 놓인 최초의 다리이자, 8개 다리 가운데 가장 아름다운 다리이다. 헝가리의 국민적 영웅인 이슈트반 세체니 공이 후원하고, 영국 템스 강의 런던 다리를 성공적으로 건설한 영국의 설계기사 클라크(William Tierney Clark)와 건축가 애덤 클라크(Adam Clark)를 초빙해 건설한 것이다. 건설될 당시만 해도, 세계에서 경이로운 다리로 여겨졌던 이 다리는 여러 가지 이름으로 불리고 있다. 원래 이름은 이 다리를 건설하기 위해 헌신한 세체니 백작을 기리기 위해 붙여진 이름인 '세체니 다리' 였다. 그러나 이 다리가 시작되는 부분에 양쪽으로 혀가 없는 두 마리의 사자상이 설치되어 있어서 '사자 다리' 라고 불리기도 하고, 아울러 쇠로 된 사슬인 체인으로 만들어져 있어 '체인교' 라고 불리기도 한다.

세체니 다리

세체니 다리는 부다페스트의 발전과 연관이 있다. 1848년에 개통되어 부다와 페스트를 최초로 연결시킴으로써 이 양 지역이 본격적으로 발전하기 시작하였다. 이런 의미에서 이 다리는 부다페스트의 경제와 사회의 발전을 상징하는 다리라고 할 수 있다. 이 다리가 건설된 이후 1945년에 독일군에 의해 다리가 폭파되었으나, 다리를 만든 지 100년 만인 1949년에 다시 개통되었다. 주철로 만들어진 장식물과 구조물은 잔잔한 기품과 안정적인 모습을 발산하고 있어 유럽에서 가장 아름다운 건축물 가운데 하나로 손꼽힌다. 밤이 되면, 380m의 케이블로 이어진 수천 개의 전등이 다뉴브 강의 수면을 비추게 된다.

영웅 광장

영웅 광장(Hosok Tere)은 헝가리 건국 1,000년을 기념하기 위해 1896년에 만든 광장이다. 부다페스트 최대의 광장으로서, 안드라시(Andrassy) 거리의 북쪽 끝에 위치해 있다. 1956년에 발생한 헝가리 혁명의 중심지였던 바로 이 광장의 중앙에는 36m 높이의 건국 1000년 기념비가 서 있다. 그리고 그 꼭대기에는 대천사 가브리엘(gabriel) 조각상이 있다. 지구 위에 서 있는 형태를 하고 있는 천사 가브리엘은 오른손엔 헝가리 왕관을, 왼손엔 로마 교황의 십자가를 들고 있다. 이것은 헝가리 왕국과 기독교 문화의 동일성을 상징하는 것이다. 전설에 의하면 헝가리 초대 기독교 왕이 된 슈테판(Stephan)은 꿈 속에서 천사 가브리엘을 만났는데, 천사 가브리엘은 꿈속에서 이교도였던 마자르인들을 기독교로 개종시키라고 명령했다고 한다.

'청동천사' 라는 애칭을 지닌 동상의 하부 받침대에는 헝가리의 선조인 마자르의 7개 부족장들의 기마상이 세워져 있고, 기념비 바로 앞에는 무명용사의 묘지가 있다. 기둥을 기준으로 반원형의 구조물 2개가 양편으로 감싸고 있는데, 그 구조물의 기둥 사이에는 헝가리 왕과 영웅들이 7명씩 모두 14명이 연대순으로 조각되어 있다. 또한 2개의 부채모양 석조물의 양끝에는 2개씩 모두 4개의 조각상이 있는데, 마주 보았을 때 왼쪽부터 '노동과 번영', '전쟁', '평화', '학문과 예술' 을 상징한다. 광장의 왼쪽에 있는 건물은 600년 헝가리 역사에 대한 7천 여점의 작품이 보관하고 있는 예술사 박물관이며, 오른쪽 건물은 현대적 회화 작품을 전시한 현대미술관이다.

세체니 온천(Szechenyi Gyogyfurdo)은 고대 로마시대부터 온천으로 유명한 부다페스트에서 가장 규모가 큰 온천이다. 네오바로크 양식으로 지어진 고풍스러운 건물로 되어 있는 이 온천은 내부가 온천이라기보다 스파시설이라고 할 수 있다. 수영복을 입고 들어가 온천에서 수영과 물놀이를 즐길 수 있다. 수영복이 없으면 대여할 수도 있다. 노천 온천이기에 야외에서 온천을 즐길 수 있다. 물이 들어있는 풀에 각

세체니 온천

기 차가운 물, 뜨거운 물, 미지근한 물의 세가지 물이 들어 있어 자신이 원하는 온도에서 온천을 즐길 수 있다. 노천 온천은 가운데 탕을 수영장이고, 양 옆은 온천으로 되어 있는데, 실내 온천은 노천 온천 보다 온도가 높은 편이지만, 우리나라의 온천에 비하면 아주 약한 편이다. 체스를 두는 공간도 별도로 마련해 두고 있다.

바이다후냐드 성(Vajda Hungad Castle)은 헝가리 건국 1000년을 기념하여 세운 성으로서, 설계자는 이그나츠 알파르이다. 이 성은 처음에 건국 1000년 기념 전시 건물용도로 임시로 지어졌다. 그러나 사람들의 관심이 커지자 영구적인 건물로 지어지게 되었고, 1907년에 완성되었다. 성은 헝가리 전역에 있는 특징적인 건물들을 표현하고 있다. 따라서 이 성은 헝가리 1000년의 동안의 건축양식을 상징한다. 호수 주변에 위치한 이 성은 원래 루마니아에 있는 바이다후냐드 성을 모방한 것이다. 그래서 그 이름도 바이다후냐드 성이 되었다. 성 안에는 작은 예배당, 바로크양식의 궁전 등이 있으며, 현재 농업박물관으로도 이용되고 있다.

바이다후냐드 성

오페라 하우스(Magyar Allami Operahaz)는 이탈리아 밀라노에 있는 세계적인 오페라의 메카인 스칼라 극장(Teatro alla Scala) 다음으로 음향 시설이 좋은 곳이다.

오스트리아의 왕 죠세프 프란츠(Josef Franz)는 이 오페라 하우스를 만들 때 두가지 조건을 제시했다고 한다. 그것은 비엔나의 오페라 하우스보다 못해야 하며, 헝가리에서 나는 재료만을 사용해야 한다는 것이었다. 그러나 건물이 1884년에 이탈리아풍으로 완성되었을 때, 이 건물은 다른 유럽의 오페라 하우스보다 규모가 작았지만, 그 아름다움 만은 최고로 여겨질 정도였다. 황제와 황후만이 앉을 수 있는 부스와, 귀족들이 관람하는 v.i.p. 석 등은 온통 금으로 치장되어 화려한 느낌을 준다. 정문 바로 위에는 음악의 거장들인 그리그, 모차르트, 차이코프스키, 베르디, 바그너, 베토벤들의 인물상이 창문 앞에 세워져 있다. 특히 헝가리 광시곡 19편을 쓴 프란츠 리스트는 헝가리의 국민 음악가로 추앙받고 있다.

바치 거리

바치 거리(Vaci Utca)는 부다페스트의 세체니 다리와 엘리자베스 다리 사이에 있는 페스트 지구에 위치한 거리로서, 유럽의 어느 거리에도 뒤지지 않는 화려함을 지닌 번화가이다. 보행자 거리인 이곳에는 각종 상점과 레스토랑들이 줄시어 있고, 그 싱점과 레스토랑들은 밤늦게 까지 영업하고 있다. 이 거리는 공항과 열차역과도 가까운 위치에 있는 중심거리이다.

* 헝가리의 국민 음악가, 프란츠 리스트

프란츠 리스트(Franz Liszt, 1811~1886)은 헝가리 출생의 피아니스트이자 작곡가이다. 헝가리식 이름은 리스트 페렌츠(Liszt Ferenc)이다. 어려서부터 뛰어난 음악적 재능을 보였으며, 파리에 가서는 훌륭한 연주가로 인정받아 '피아노의 왕'이라 불리었다. 뛰어난 기교로 유럽에 명성을 떨쳤고, 지금도 역사상 가장 위대한 피아니스트들 중 한 사람으로 추앙받고 있다. 낭만시대 음악에 큰 공헌을 했다.
리스트는 여섯살 때 아버지에게 처음 피아노를 배우기 시작했고, 그 뒤로 베토벤의 제자였던 칼 체르니에게서 피아노를 배웠으며, 12살이 되던 1822년 12월 데뷔했다. 칼 체르니는 리스트의 첫 정식 피아노 교사이자 마지막 스승이었다. 리스트는 음악가인 베를리오즈, 슈만, 장차 그의 사위가 되는 바그너 등과, 화가인 앵그르, 시인인 하이네, 동화작가인 한스 크리스티안 안데르센 등과 친분을 다졌으며, 연주 활동을 하면서 특히 작곡에 힘을 쏟아 많은 피아노곡을 발표했다. 1847년에는 바이마르의 궁정에서 케펠마이스터로 일하게 되었는데, 이 시기에 리스트는 자인-비트겐슈타인 (Sayn-Wittgenstein) 공작 부인과 깊은 사랑에 빠졌고, 이 때 가까이 지내던 다구 백작부인과 헤어졌다. 피아노 공연보다는 작곡에 주력할 것을 권한 사람도 공작 부인이었다. 두 사람은 결혼하려 했으나 비트겐슈타인 부인의 남편이 아직 살아 있었기에, 교황청은 공작부인의 이혼을 허락하지 않았다. 그 후 리스트는 1861년 로마로 옮겨 갔으며, 1865년에는 예전의 희망대로 로마 가톨릭 성직자가 되어 교회음악 작곡에 헌신했다. 1869년부터는 로마, 바이마르, 부다페스트를 돌아다니며 공연했다. 같은 해 리스트의 딸 코지마가 음악가인 바그너와 결혼하면서 개신교로 개종하자, 그는 그의 딸과 몇 년 동안 연락을 하지 않았다. 1886년 7월 31일 리스트는 영국을 거쳐 프랑스로 최후 연주 여행을 가던 도중에 감기에 걸렸는데 이것이 폐렴이 되어 둘째 딸인 코지마의 품에 안겨 세상을 떠나고 말았다.
리스트는 19세기의 대표적인 피아노 연주가로, 그의 기교는 피아노에 오케스트라의 색채를 가미해서 생기가 넘치도록 했다. 작곡가로서 신낭만파에 속한 그는 교향시를 창시하고 음악에 문학적 요소를 도입하였으며, 자유스러운 화성을 사용하였다. 그 작곡의 수는 매우 많고, 그 평가는 오늘에 있어서 각각 다르나, 교향시곡의 형식의 완성, 또 근대적 색채의 관현악법의 일면을 개척한 것은 동일하게 인정받고 있다. 주요 작품으로 〈파우스트 교향곡〉, 〈단테 교향곡〉 등이 있다.

03

폴란드

바르샤바 시내

폴란드는 유럽의 중심부에 위치한 나라로서, 정식 명칭은 폴란드 공화국(Republic of Poland)이다. 동쪽으로는 러시아, 리투아니아, 벨라루스, 우크라이나와 국경을 접하고 있고, 남쪽으로는 슬로바키아, 체코와 마주하고 있으며, 서쪽으로는 독일과 접하고 있고, 북쪽으로는 리투아니아, 발트해와 면하고 있다. 면적은 31만 2,685㎢이고, 남북의 길이는 649㎞, 동서의 길이는 689㎞이다. 영토의 모양은 사각형에 가까우며, 영토의 2/3가 호수와 넓은 평야로 이루어져 있다. 북쪽으로는 사구를 포함한 저지대로 되어 있으며, 남쪽으로는 빙하에 의한 퇴석과 호소가 산재하는 구릉성 저지대가 이어진다.

기후는 해양성 기후와 대륙성 기후가 혼재해 있으며, 강수량과 기온의 분포가 다양하다. 대서양의 습기 많은 바람의 영향으로 강수량이 많은 편이며, 여름을 제외하면 대륙성 고기압의 영향으로 한랭 건조한 기후를 보인다. 겨울은 매우 춥고 눈도 많이 내린다. 특히 남부 지방은 겨울 내내 눈으로 덮여 있다. 연평균 기온은 7℃~10℃이며, 겨울 최저기온은 -21℃, 여름의 최고 온도는 34℃이다. 연평균 강수량은 500

mm~750mm 정도이다. 인구는 대략 3,860만명 정도이다. 인구 구성은 슬라브인에 속하는 폴란드인이 약 97%, 독일인이 0.4% 등이다.

폴란드의 국기는 흰색과 붉은 색이 같은 넓이의 가로선으로 되어 있다. 18세기부터 폴란드를 상징하는 기로 쓰였으며, 정식 국기로 채택된 것은 1919년이었다. 국기 속의 흰색은 환희를 상징하고, 빨간색은 독립을 상징한다. 그러나 흰색이 국민의 결백성과 성실성을 나타내고, 빨간색은 국가를 위해 흘린 피를 상징한다는 견해도 있다.

1. 폴란드의 음식

폴란드의 음식의 가장 큰 특징은 조미료를 거의 사용하지 않고 재료의 맛을 살린다는 데 있다. 그러면서도 건조하고 마른 음식보다 걸쭉한 음식을 위주로 한다. 폴란드 음식 가운데 대표적인 것으로는, 수프, 소시지, 돼지고기 커틀릿을 들 수 있다. 먼저 수프는 그 종류가 매우 다양하며 식사 대용으로 많이 이용되고 있다. 저녁 식사에 수프를 즐기는 경우도 다반사이다. 그래서 "폴란드는 수프의 나라이다"라고 말해지기도 한다. 수프 가운데 가장 대표적인 것은 비고스(Bigos)인데, 이 수프는 돼지고기나 쇠고기에 양배추, 양파 등의 야채를 넣고 끓인 것이다. 양배추는 소금에 절인 것을 사용하며, 신맛이 나는 특징이 있다. 그러나 이 양배추가 고기의 담백한 맛과 어울리게 되면 그 맛이 일품이다. 지방에 따라 고춧 가루 등 매운 소스를 넣어 얼큰한 맛을 내기도 한다. 또한 러시아의 영향을 받아 바르시치(Barszez)도 대중적인 수프로 사랑을 받고 있다. 그 밖에도 양배추를 넣은 카푸시니

비고스

악(Kapusniak), 감자가 주 원료인 크루프닉(Krupnik), 경단이 든 고기 수프인 로수우(Rosu), 면이 들어간 자치에르카(Zacierka), 양배추와 버섯이 주 원료인 쿨레비악(Kulebiak), 귀리로 만들고 시큼한 맛이 나는 쥬렉(Zurek) 등이 유명하다.

다음으로 폴란드인들이 많이 먹는 소시지는 주로 19세기에 독일의 지배를 받은 기간에 대중화되었다. 폴란드에서 만들어지는 소시지는 뛰어난 훈제 기술로 인해 맛이 구수하며, 매콤하고 붉은 것이 특징이다. 폴란드인들은 인접국인 독일의 영향을 받아 쇠고기 보다 돼지 고기를 즐겨 먹으며, 돼지고기는 주로 커틀릿해서 먹는다. 돼지고기 커틀릿은 돼지고기에 빵가루를 입혀서 구운 것으로, 이것을 양배추 절임과 무우 종류를 갈아서 만든 샐러드와 함께 먹는다. 그 밖의 폴란드 요리로는 육회인 타타르(Tatar), 꼬치구이인 샤슈윅(Szaszlyk), 양배추 절임인 카푸스타 키쇼나(Kapusta Kiszona) 등이 있다.

2. 폴란드의 관광지

(1) 바르샤바

비슬라 강 중류에 위치한 바르샤바(Warsaw)는 폴란드의 정치, 경제, 문화의 중심지이자, 수도이다. 폴란드 최대의 도시이기도 한 바르샤바는 오랜 역사를 가진 아름다운 도시이다. 중세 이후로 문화와 예술의 중심지였으며, 1596년부터 폴란드 왕국의 수도가 되었고, 그 뒤인 17세기 후반부터 크게 발전하였다. 제2차 세계대전 때는 도시의 80% 정도가 파괴되었지만, 현재는 재건되어 있다. 바르샤바에서 반드시 둘러볼 만한 곳으로는 문화과학궁전, 성십자가 교회, 사스키 공원(Ogrod Saski), 잠코비 광장 바르샤바 역사박물관 등이 있다.

먼저 문화과학궁전(Palac Kuturyi Nauki)은 바르샤바 중앙역의 동쪽에 위치한 궁전으로, 바르샤바에서 가장 높은 건물이다. 1952년에 착공하여 1955년에 완공한, 사회주의 시대의 대표적인 건물이다. 건물의 높이는 234m이고, 층수는 37층이다. 궁전 동쪽 정문에는 코페르니쿠스(Nikolaus Kopernikos)와 마리 퀴리(Marie Curie)의 좌상이 나란히 앉아 있다. 건물 안에는 3,288개의 방이 있으며, 거기에는 과학아카데미를 비롯하여 과학박물관, 극장, 텔레비전 방송국, 외국문화협회, 영화관, 콘서트홀, 극장, 전망대, 대형회의실 등이 있다. 건물의 상부에는 4개의 오벨리스크가 있으며, 과학박물관에서는 퀴리의 연구 업적, 자동차 모형, 폴란드인이 발명한 암호해독기 등 과학 발달사와 관련된 각종 자료를 볼 수 있다. 특히 30층의 전망대에 오를 수 있는 엘리베이트는 건축 당시 세계 최신을 자랑했다고 한다. 전망대에서는 바르샤바 시가지 전역을 한눈에 바라볼 수 있다. 궁전의 외부에는 4개의 분수가 있다.

성십자가 교회

성십자가 교회 입구의 조각상

성십자가 교회(True Cross Church)는 바르샤바 남쪽에 위치한 교회로서, 1655년에 스웨덴의 침공으로 파괴되었다가, 1679년~1696년에 다시 지어진 것이다. 정면에 우뚝 솟은 2개의 쌍둥이 첨탑은 그보다 훨씬 뒤인 1760년에 완성된 것이며, 금과 은이 많이 사용되어 전체적으로 장중하고도 화려한 느낌을 준다. 이 교회가 유명해진 까닭은 작곡가이자 피아니스트인 프레드릭 쇼팽(Fryderyk Chopin)의 심장이 교회 내부에 묻혀 있기 때문이다. 그 심장은 본당 중앙의 왼쪽 돌기둥 아래 묻혀 있다. 쇼팽이 39살의 젊은 나이로 파리에서 죽자, 폴란드인들은 그의 주검을 조국 폴란드로 가져오기를 희망했다. 그러나 그들의 바램은 한동안 이루어지지 않았다. 그 후로 쇼팽의 여동생이 파리를 방문하여 겨우 심장만을 가져와 이곳에 안치했고, 그 뒤로 이 교회는 폴란드인들의 큰 사랑을 받게 되었다. 지금도 쇼팽의 심장이 묻힌 돌기둥은 언제나 꽃으로 장식되어 있고, 그를 기리는 사람들의 발길이 끊이지 않는다.

성십자가 교회 안의 쇼팽 무덤

샤스키 공원(Ogrod Saski)은 바르샤바 구시가지의 중앙광장 근처에 있는 공원으로 일명 "승리의 광장"이라고도 불린다. 와지엔키 공원(Ogrod Wazienki)과 함께 바르샤바를 대표하는 이 공원은, 원래 귀족들의 수렵장소였으나, 18세기에 공원으로 조성되었다. 공원 안에는 1925년에 선립된 무명용사의 묘가 있다. 무명용사의 묘는 과거 130년 동안 폴란드의 독립을 위해 각종 전쟁에서 죽은 이름없는 용사들의 넋을 기리기 위한 것으로, 제2차 세계대전 당시 각 전장에서 가져온 흙을 14개의 항아리에 담아 유해와 함께 묻은 것이다. 묘 앞에는 평화를 기원하기 위해 성화가 타오르고 있으며, 위병들이 하루 종일 묘 앞을 지키고 있다. 위병들의 교대식이 한 시간마다 이루어지고 있다. 또한 격주로 일요일 오전 11시에 군악대 연주가 있을 때는 많은 관광객들이 찾는다. 인근에는 2000명을 수용할 수 있는 대 극장이 있다.

잠코비 광장(Plac Zamkowy)은 바르샤바 구시가지 입구에 위치한 광장으로, 옛날 왕성이 있던 자리였기에 '왕성 광장'이라 불리기도 한다. 바닥이 돌로 포장된 이 광장은 현재 바르샤바 시민들의 만남의 장소로 이용되고 있다. 잠코비 광장을 대표하는 상징물은 도로 가운데 솟아있는 지그문트 3세의 청동 입상이다. 이 입상은 17세기

잠코비 광장

에 세워진 것으로, 바르샤바에서 가장 오래된 것이다. 지그문트 3세(Zygmunt Ⅲ)는 1596년 폴란드 수도를 크라쿠프에서 바르샤바로 옮긴 인물로서, 손에는 커다란 십자가를 들고 있다. 지금의 모습은 제2차 세계대전 당시 파괴된 것을 복구한 것이다.

광장의 오른편에는 폴란드 왕가의 거주지로 사용되던 붉은 색 왕궁(Palac)이 있다. 이 왕궁 역시 제2차 세계대전 당시 독일군에 의해 완전히 파괴되었으나, 1972년에 국민들이 성금을 모아 다시 지어진 것이다. 왕궁은 유럽에서 처음으로 상원에서 성문법을 통과시키고, 이교도들의 자유를 허용하는 법안을 통과시킨 역사적인 장소이지만 지금은 박물관으로 쓰이고 있다. 예전에는 노천시장으로 이용되던 바로 옆의 중앙 광장에는 노천 화랑과 카페가 있고, 거리의 화가와 악사들이 예술 활동을 벌이고 있다.

바르샤바 역사박물관(Muzeum Historyczne Miasta Wasszway)은 바르샤바 구시가지 광장의 북쪽을 거의 차지할 만큼의 규모를 지닌 큰 박물관이다. 이 박물관은 1936년까지 구시가지 광장 일대에 있던 12개의 르네상스식 건물을 모두 포함하고 있었는데, 제2차 세계대전 때인 1944년 독일군에 의해 완전히 파괴되고 말았다. 현재의 박물관은 전쟁이 끝난 뒤 다시 건립한 것이다. 그러나 초기에는 전시할 만한 유물들이 적어서 개장하지 못하다가, 바르샤바 국립박물관과 폴란드 국민들의 기증을 받아 1955년에 문을 열게 되었다. 직사각형 형태의 4층 건물로 된 박물관에는 60 여개의 홀이 있고, 바르샤바 역사를 일목요연하게 볼 수 있도록 유물들을 진열해 놓았다. 1952년부터 1989년에 걸쳐 발굴한 바르샤바의 초기 유적을 비롯하여, 바르샤바 역사와 관련된 각종 문서, 회화, 조각, 건축, 고고학 유적 등을 시대별 종류별로 전시해 놓고 있다. 뿐만 아니라, 전쟁으로 일관된 폴란드의 역사를 사실적으로 보여주는 사진과 전몰자들의 유품 등 많은 전쟁 관련 자료들을 전시하고 있다.

퀴리부인 박물관(Muzeum Marii Sklodowskiej Curie)은 바르샤바 출신의 물리학자이자 화학자로서 노벨물리학상(1903년)과 노벨화학상(1911년)을 받은 퀴리(Marie Curie)의 탄생 100주년을 기념하기 위해 그의 생가를 개조하여 만든 박물관이다. 1967년에 문을 연 박물관은 바르샤바 구시가지의 북쪽, 그러니까 신시가지가 시작되는 프레타 거리에 위치해 있다. 박물관은 퀴리가 프랑스로 가기 전에 생활하던 방과 연구에 임했던 작업실 등 4개의 방으로 구성되어 있으며, 거기서 퀴리가 사용하던 각종 실험기구와 기념사진 등을 볼 수 있다. 그리고 퀴리와 그의 가족과 관련된 기록 사진이나 역사적인 문서들을 볼 수 있는데, 이 소장품들은 일반인에게 공개되지만, 보기 위해서는 예약을 해야 한다. 여기에는 퀴리가 받은 많은 메달도 전시되어 있고, 퀴리의 생애를 다룬 기록영화와 다른 노벨상 수상자들의 역사영화를 볼 수도 있다. 박물관 안의 기념품점에서는 여러 언어로 인쇄된 퀴리와 관련된 책자를 비롯하여 편지봉투, 우표, 메달 등이 판매되고 있다.

퀴리부인 박물관

쇼팽 생가는 작곡가이자 피아니스트인 쇼팽을 기리기 위해 1945년에 그의 생가를 개조하여 박물관으로 만든 곳이다. 젤라조바 볼라(Zelazowa Wola)의 공원 한 가운데 있는 생가에서는 쇼팽이 평소 사용하던 악보, 악기, 가구를 비롯하여 가족 사진, 쇼팽 자화상 등을 볼 수 있다. 입구에는 1969년에 세워진 쇼팽 동상이 있다. 쇼팽은 1810년 3월 1일 여기에서 태어나 7살 때 바르샤바로 이사하기 까지 어린 시절을 보냈다. 쇼팽이 떠난 뒤 생가는 농장의 마구간으로 쓰이다가 19세기 말에 쇼팽을 흠모하던 한 러시아 음악가에 의해 복원되었다. 그 후 제2차 세계대전 때 다시 파괴되었으나, 1945년에 다시 지금의 모습으로 복구되었다.

빌라노프 궁전(Palac Wilanowski)은 바르샤바에서 남쪽으로 7㎞ 정도 떨어진 빌라노프 지역에 위치해 있는, 폴란드에서 가장 아름다운 건축물 가운데 하나이다. 특히 프랑스 파리의 베르사이유 궁전을 모델로 삼아 건축했기에 규모는 작지만 모양은 거의 비슷하다. 이 때문에 빌라노프 궁전은 "폴란드의 베르사이유 궁전"이라고 불린다. 궁전을 지은 사람은 1683년 9월 오스트리아 수도 빈을 오스만 투르크 군의 포위에서 구출해 유럽 문명을 구한 군주라는 명성을 얻은 얀 3세, 즉 얀 소비에스키(Jan Sobieski)였다. 그가 이 궁전을 짓게 된 것은 부르봉 왕가 출신의 왕비를 위해서였다. 처음에는 17세기 바로크 양식으로 지었지만, 여러 차례 증축되면서 다양한 양식이 가미되었다. 이 건물 외에 이탈리아식, 프랑스식, 중국식으로 구분해 아담하게 꾸민 정원도 궁전의 볼거리 가운데 하나이다. 궁전 주위에는 넓고 울창한 숲, 주변 환경과 어우러지도록 조성한 인공호수가 있어 건축, 자연, 인간이 잘 조화를 이루고 있다는 평가를 받고 있다. 제2차 세계대전 당시 독일군이 사무실 겸 병원으로 이용했기 때문에 바르샤바의 건물 유적 가운데 유일하게 전쟁의 해를 입지 않은 건축물이다.

(2) 크라쿠프

크라쿠프(Krakow)는 1320년부터 1609년까지 폴란드의 수도였던 곳으로, 비스와강이 구릉지에서 평지로 흘러나오는 분지에 자리 잡은 도시이다. 1759년에 오스트리아령이 되었다가, 1815년에 빈 회의에 의해 크라쿠프 공화국이 성립되면서, 폴란드 공화국의 수도가 되었다. 수도로 있을 때는 빠른 속도로 성장했으나, 수도가 바르샤바로 옮겨지면서 시세가 위축되기도 했다. 크라쿠프에서 볼만한 장소로는 구시가지 중앙에 있는 크라쿠프 중앙광장, 길드관, 바벨성, 바벨대성당, 비엘리치카 암염광산,

성모마리아 성당, 아우슈비츠 수용소 등이 있다.

크라쿠프 중앙광장(Krakow)은 이탈리아 베네치아의 산마르코 광장에 이어 유럽에서 두 번째로 큰 광장으로서, 면적이 40,000㎡에 달한다. 크라쿠프 구시가지의 중앙부에 위치한 이 광장은 중세 때부터 광장으로 이용되었으며, 인근에 소재한 많은 역사 유적과 건축물로 인해 현재 크라쿠프를 방문하는 관광객들이 반드시 찾는 명소가 되어 있다. 폴란드어로는 '리네크 광장'(Rynek Gloeny)이라 불리기도 하는 광장의 중앙에는 길이 100m에 달하는 직물 길드관(Sukiennice)이 있다. 외관이 흰 색으로 되어 있는 길드관은 고딕과 르네상스 양식이 혼합된 건물로서, 이곳에는 관광객들을 상대로 민속 인형, 가죽 제품, 목 조각, 테이블 보 등의 기념품을 파는 잡화점들이 들어서 있다. 직물 길드관 옆에는 옛 시청 사옥이 있으나, 지금은 18세기와 19세기에 제작된 조각과 회화 작품들을 전시하는 국립 박물관의 분관으로 사용되고 있다. 그 밖에도 광장 안에는 13세기에 건립된 고딕 양식의 성모 마리아 성당이 있고, 광장 주변으로는 크라쿠프에 살았던 옛 귀족들의 저택이 늘어서 있다.

성모마리아 성당

바벨성(Zamek Krolewski na Wawelu)은 크라쿠프 남쪽 비스와 강의 상류 강변에 위치한 성으로서, 크라쿠프 주교에 의해 1000년 경에 처음 건설되었다. 처음 건설된 이후 알렉산데르 왕과 지기스문트 1세(Sigismund Ⅰ) 때인 1504년부터 1535년까지

바벨 대성당

전면적으로 개조되면서 르네상스 양식이 가미되었고, 그 결과 현재 로마네스크 양식, 고딕 양식, 르네상스, 바로크 등 다양한 양식이 혼합된 모습을 갖게 되었다. 그 가운데서도 특히 르네상스 양식이 두드러진다. 붉은 색 지붕을 하고 있는 바벨성은 11세기 중반부터 17세기 초반까지 500년 이상 폴란드 왕들의 거주지로 사용되었으며, 지금은 박물관으로 사용되고 있다. 성 주위에는 아름드리 나무들이 줄지어 늘어서 성을 에워싸고 있다. 성 내부에는 71개의 홀이 있고, 각각의 홀은 고딕식 회랑으로 연결되어 있다. 그리고 홀 안에는 15세기에서 19세기까지의 각종 진귀한 유물들이 가득 들어있다. 성 외에 바벨 대성당과 주변 건물들, 커다란 정원으로 이루어져 있으며, 전체적으로는 타원형을 하고 있다. 성 위에서는 비스와 강과 크라쿠프의 전경을 한눈에 볼 수 있다.

비벨성 왼쪽에는 2개의 첨탑을 가진 건물이 있는데 그것이 바로 바벨 대성당이다. 고딕 양식으로 지어진 바벨 대성당에는 20개의 예배당이 있는데, 이 가운데 황금색 돔으로 덮인 지기스문트 예배당이 가장 아름답다. 성당 안에는 폴란드 왕의 석관과 예술품들이 많이 들어있고, 지하에는 왕과 영웅들의 무덤이 있다. 지붕에 있는 지기스문트 종은 음색이 맑고 음폭이 넓은 것으로 유명하다.

비엘리치카 암염광산(Wieliczka Salt Meins)은 현재까지 채굴이 계속되고 있는 가장 오래된 암염광산이다. 13세기 무렵부터 암염 채굴이 본격화되었는데, 이 암염은 오랫 동안 폴란드 왕국의 수입 가운데 큰 비중을 차지해 왔다. 그리고 700년 동안 약 2,600㎢의 암염을 채굴해 왔지만, 17세기 무렵부터 쇠퇴하기 시작하였다. 갱은 9층으로 나뉘어 여러 갈래로 갈라져 있고 갱도의 깊이는 약 300m, 총길이는 약 300㎞에 달한다. 갱 안에는 광산노동자들이 만든 예배당들이 있는데, 그 가운데 가장 오래된 것이 성 안토니우스 예배당이다. 땅속 100m 지점에 있는 킹가공주 예배당에는 성서 장면을 묘사한 부조와 성가족 조각, 소금 결정으로 조각한 아름다운 샹들리에가 있다. 18 세기에는 지하 136m까지 내려가기 위해 길이 3㎞의 협궤철도가 부설되기도 했다. 광산 안에는 광산기술의 역사를 알 수 있는 박물관도 설치되어 있으며, 거기에는 굴대, 수차, 윈치를 비롯한 다양한 도구와 기계, 17세기에 만들어진 광산지도, 장식이 있는 무기류 등이 전시되어 있다.

비엘리치카 소금 광산의 입구

아우슈비츠(Auschwitz) 수용소는 제2차 세계대전을 일으킨 독일의 히틀러가 세운 악명 높은 수용소이다. 크라쿠프 서쪽으로 61km 떨어진 곳에 위치한 이 수용소는 일반적으로 '아우슈비츠'로 알려져 있다. 그러나 아우슈비츠 수용소의 정확한 지명은 '오슈비엥침'(Oswiecim)이다. 이곳은 원래 폴란드 군사들이 주둔했던 군영이었다. 그러나 독일이 폴란드를 점령한 뒤인 1947년에 유럽 각지에서 나치

아우슈비츠 수용소 입구

아우슈비츠 수용소 정문

수감자들이 일터로 향하는 모습

즘 반대자와 유대인 그리고 공산주의자와 독일의 정치범들을 감금하기 위한 수용소로 바뀌게 되었다.

아우슈비츠가 수용소로 바뀌게 된 것은 독일의 하인리히 히틀러가 첫 번째 수용소의 건립을 명령한 1940년 4월 27일부터였다. 이때부터 아우슈비츠는 수용소로 개조되었고, 같은 해 6월 14일 최초로 폴란드 정치범들이 아우슈비츠 제1수용소로 수송되었다. 초기만 해도 아우슈비츠 제1수용소에는 주로 폴란드와 독일의 정치범들이 수용되었다. 아우슈비츠에 수용소가 이곳에 위치하게 된 가장 큰 이유는, 이곳이 지리적으로 유럽의 중앙에 해당하기 때문이었다. 유럽의 중심부에 해당하기에 유럽 어디에서든 일주일 또는 열흘 안에 사람들을 수송해 올 수 있었다.

제1수용소 입구의 철문에는 독일어로 "ARBEIT MACHT FREI"(노동이 자유롭게 만들어 주리라)라는 나치의 슬로건이 붙어 있다. 원래 B자는 위가 작고 아래가 큰데 이곳 철문에 붙이있는 B자는 위가 크고 아래가 작은 형태로 되어 있다. 그것은 유대인들이 저항의 표시로 일부러 거꾸로 B자를 붙였기 때문이라 한다. 빨간 벽돌로 이루어진 아우슈비츠 제1수용소 건물들은 전체 28개 동으로 이루어져 있으며, 현재는 박물관과 전시관으로 꾸며져 있다. 제4호실에는 가스실과 희생된 사람들이 몸에 지니고 있던 유품들이 전시되어 있고, 제5호실에는 수용자들의 숙박시설과 그들이 사용했던 기구들이 전시되어 있다.

나치들은 수용자들의 탈출을 막기 위해 고압선 울타리를 설치했으며, 가스실로 이

동하는 길에도 고압선 울타리를 설치했는데, 당시 가스실로 이동하던 수용자들이 가스실의 고통을 두려워하여 고압선에 몸을 던지기도 했다고 한다. 아우슈비츠 제1수용소는 전체 28동으로 되어 있고, 대략 150 만명의 목숨이 여기서 목숨을 잃었다. 당시 나치들은 자신들이 개발한 치클론 B(Zyklon B)라는 독가스 한 통으로 400명을 죽였다. 1947년에 세워진 희생자 박물관은 1979년에 유네스코에 의해 세계유산으로 지정되었다.

나치들은 아우슈비츠 유태인 제1수용소에 수용 인원이 넘치자 이곳에서 3km 떨어진 브제진카(Brzezinka, 독일식 표기는 비르케나우임) 마을에 제1수용소의 10 배 규모의 브제진카 제2 수용소를 만들게 되었다. 이 곳의 입구는 '죽음의 문' 이라고 불렸으며 열차 노선이 끝나는 부분에 '국제 위령비' 가 놓여 있다.

04

루마니아

루마니아(Romania)는 유럽 남동부에 있는 발칸 반도의 동쪽 절반을 차지하는 나라이다. 면적은 약 238,400㎢이고, 가장 넓은 지점의 동서 길이는 약 680km이고, 남북 길이는 약 480km이다. 북쪽은 우크라이나 · 몰도바와 접해 있고, 동쪽은 흑해와 몰도바와 마주하고 있으며, 서쪽은 헝가리, 남서쪽은 세르비아와 접해 있고, 남쪽은 불가리아와 경계를 이루고 있다.

루마니아는 산과 언덕이 많은 나라이다. 약 1/3이 산악 지형이고, 또 1/3 정도가 산림지형이며, 나머지는 언덕과 평원으로 이루어져 있다. 지형의 중간에 카르파티아 산맥이 지나가고 있다. 기후는 온화하고 사계절이 뚜렷하다. 봄과 가을은 짧고 여름은 무더우며 겨울은 매우 춥다. 말하자면 전형적인 대륙성 기후를 나타내는 것이다. 특히 중부 산악지역에는 대륙성 기후가 두드러지고, 동남부의 흑해 연안에는 지중해성 기후가 나타난다.

루마니아는 풍부한 자연자원을 가지고 있다. 농업에 알맞은 비옥한 토양, 가축 사육에 적당한 목초지, 다양한 목재를 공급해주는 삼림, 풍부한 광물자원을 지닌 산맥, 수력 발전이 가능한 강, 항구와 휴양지가 늘어서 있는 해안선 등 매우 풍부한 자연자원을 갖고 있다.

루마니아는 1944년 소련 군대에 의해 점령당했고, 1948년에는 소련 연방공화국의 위성국가가 되었으며 그 때부터 공산주의의 통치를 받았다. 그러나 1989년 루마니아 지도자 니콜라이 체아우셰스쿠(Nicolai Ceausescu) 정권의 몰락으로 그 체제는 막을 내렸다. 그 뒤인 1990년 보통선거가 실시되었다. 루마니아는 2004년에 북대서양조약기구(NATO)에 가입했고, 2007년에는 유럽 연합(EU)의 회원국이 되었다.

루마니아의 국기는 파란색, 노란색, 빨간색이 같은 폭으로 되어 있는 삼색기이다. 1861년에 처음으로 국기가 만들어졌을 때는 빨간색, 노란색, 파란색이 가로 순으로 배치되어 있었다. 그러나 왕국이 세워진 뒤인 1877년에 지금과 같은 형태로 바뀌게 되었다. 1947년 공산주의 정권이 들어선 후, 공산주의를 상징하는 문장이 추가되었으나, 1989년에 문장을 삭제하고 지금과 같은 모습으로 바뀌었다. 이 깃발은 옛날의 몰다비아(파란색), 왈라키아(노란색), 트란실바니아(빨간색)의 통합을 상징한다.

1. 루마니아인의 기질

루마니아인은 발칸반도에서는 유일한 라틴계 민족으로서 유난히 강한 민족의식을 가지고 있으며 사람을 사귀기를 좋아한다. 아울러 협동정신과 단합정신이 뛰어난 편이다. 또한 라틴계 특유의 소박하고 밝고 쾌활한 성격을 지니고 있다. 춤과 노래를 좋아하며, 예술에 각별한 재능을 갖고 있어서 수많은 예술가들이 배출되었다. 그러나 한번 한 약속을 어기는 경우가 종종 있다. 그러므로 약속을 할 경우 구두 약속 보다는 문서로 약속을 하는 것이 좋다. 루마니아인들은 대체로 학력이 높고 자신의 업무에 빨리 적응하지만, 기회주의적 성격이 강하다. 집이 협소한 편이고 시간적으로 여유가 없는 관계로 가정에 초대하는 경우는 드물다. 남자들은 매우 가정적이어서 업무 외의 시간은 가급적 가족과 함께 보내려 하고, 업무상의 저녁 약속은 별로 좋아하지 않는다. 노인을 공경하거나 배려하는 것을 좀처럼 볼 수 없으며, 여성을 낮추어 보는 태도 역시 찾아보기 어렵다. 결혼식이나 장례식 등도 요란하지 않고 검소하게 하는 편이며, 참석자들도 대개 금전으로 축하한다.

대화를 시작할 때는 한국과 비슷한 루마니아의 날씨를 자연스레 언급한다든지 가벼운 현지 인사말로 대화를 이끌어 나가는 것이 좋다. 간단한 루마니아어를 구사할 경우 대부분의 루마니아인들은 따뜻하게 반겨준다. 한국에 대해서는 경제성장이 빠르고 잘사는 나라로 인식하고 있다. 그래서 루마니아 현지 사람을 만날 때 크게 부담없이 대화에 임할 수 있다. 일상적으로 남에게 부탁할 때나 어려운 일을 맡기는 경우, 심지어 거래은행의 계좌관리 요원에게도 꽃이나 담배 등 조그만 선물을 주는 경향이 있다.

2. 루마니아의 음식

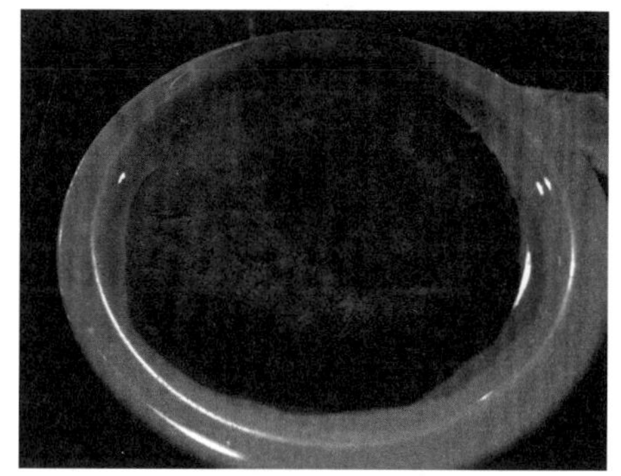
전통 빵

루마니아는 유럽의 다른 나라와 마찬가지로 빵과 감자, 육류와 옥수수를 주식으로 하며, 옥수수 죽을 많이 먹는다. 그러나 루마니아 음식의 가장 큰 특징은 신 맛을 가지고 있다는 것이다. 향신료 문화가 발전하지 않았기에 기본 양념으로 식초와 소금을 가미한다. 특히 식초는 루마니아에서 거의 모든 음식에 가미되는 조미료라고 할 수 있다. 대표적인 음식이자 전통적인 스프인 치오르버(Ciorba) 역시 신맛을 기본으로 하며, 신선한 야채를 모아 놓은 샐러드도 식초와 소금 그리고 식용유로 맛을 낸다.

루마니아의 대표적인 음식에는 전통스프인 치오르버(Ciorba), 미띠떼이(Mititei), 사르말레, 머멀리거, 또끼뚜러, 프리거루이 등이 있다. 여기서 치오르버는 신맛이 나

치오르버

는 음식이다. 수뻐(Supa)가 신맛이 없는 음식이라면, 치오르버는 신맛을 가진 음식이다. 닭, 생선, 소고기, 돼지고기, 소내장 고기경단 등을 주원료로 만드는 치오르버에는 6종류 이상이 있다. 통상 점심 때 빵과 함께 먹으며, 입맛에 따라 생크림의 일종인 스믄뜨너(Smantana)나 고추, 마늘 등을 첨가해서 먹는다. 그중 치오르버 데 부르떠(Ciorba de burta)는 소 내장, 양 등을 잘 다듬어 하얀 생크림과 식초 비슷한 발효액을 넣고 끓인 스프로서, 신맛이 가미된 곰탕과 비슷하다. 식초와 매운 고추를 곁들이면 해장국이 되기도 한다.

미띠떼이

미띠떼이(Mititei)는 곱게 간 고기, 마늘, 소금, 후추 등을 뼈로 우려낸 국물로 반죽을 해 가늘고 긴 경단으로 만든 후 숯불에 구워먹는 음식이다. 이 음식은 시장의 한 켠이나 길거리의 휴게소 등 어디서나 파는 대중음식으로 겨자 소스를 찍어 빵과 함께 먹는데, 한국인의 식성에도 잘 맞는다.

사르말레

사르말레(Sarmale)는 원래 크리스마스 이브 등 명절 때 먹던 귀한 음식이지만, 결혼식이나 장례식, 손님이 올 때 별식으로 많이 나온다. 이 음식은 다진 돼지고기나 쇠고기에 쌀, 양파 등을 섞어 속을 만들고 겉을 포도잎으로 싸서 쪄낸 것이다. 역시 속은 식초와 소금으로 양념을 한다. 겉을 쌀 포도잎을 구하기 힘들면 양배추 잎으로 대신하는 경우도 있다. 생긴 것은 우리나라 만두보다는 조금 크지만 속을 겉으로 싸서 만든 음식이라는 점에서 만두와 크게 다를 것이 없다. 이 음식은 주로 빵과 함께 먹는다.

머멀리거(Mamaliga)는 빵의 대용품으로 질게 끓인 일종의 옥수수 가루 범벅(죽)

이다. 즉 옥수수를 빻아 만든 가루인 멀라이(Malai)를 물에 섞어 냄비에 넣어 끓여서 만든 음식이다. 통상 여자가 주 음식을 만들 때, 손재주 없는 남자들이 이 머멀리거를 만든다. 그것은 죽이 눋지 않도록 계속 휘저어야 하기 때문이다. 이 음식은 만들기 쉬워 보여도, 완성될 때까지 쉬지 말고 일정한 속도로 계속 저어주어야 하기 때문에 막상 만들려면 힘이 많이 들어 간다. 잘 저어주지 않으면 옥수수 죽이 냄비에 들러 붙고, 아래 쪽은 타서 못먹게 된다. 계속 저어주어야 잘 익은 죽을 만들 수 있기에 보기 보다 만들기 힘든 음식이다. 어느 음식과도 잘 어울리지만 일반적으로 또끼뚜러와 함께 먹는다.

또끼뚜러(Tochitura)는 닭, 소시지, 소고기, 돼지고기, 간 등을 작은 깍두기 모양으로 토막친 후 토마토 소스 등과 함께 버무려 볶은 음식이다. 맛이 좋으며, 통상 머멀리거와 함께 먹는다. 프리거루이(Frigarui)는 기다란 꼬챙이에 먹음직스럽게 쓴 고기토막과 양파, 당근 등의 채소를 번갈아 차곡 차곡 끼운 후 숯불에 구워먹는 음식이다. 남동 유럽에 보편적으로 널리 퍼져있는 음식이다.

3. 루마니아의 축제

루마니아에서는 화창한 새 봄이 되면 봄을 맞이하기 하기 위한 축제인 머르찌쇼르(Martisor)를 연다. 이 축제의 이름은 3월을 뜻하는 마르티에(Martie)에 축소형 명사어미 쇼르(-sor)를 합성해서 만든 것으로, "작은 3월"이라는 의미를 갖고 있다. 그러나 실제로 머르찌쇼르는 3월 1일에서 9일 사이에 주고 받는 작은 부적을 가리킨다. 말하자면 머르찌쇼르를 주고받음으로써 봄이 왔다는 것을 서로 축하하고 한 해의 행복을 기원하는 것이다. 원래 이 작은 부적은 은이나 금 동전에 구멍을 뚫어 그것을 양털로 만든 빨간 실과 하얀 실을 꼬아 만든 끈에 매달아 놓는 것이었다. 그러나 나중에 다양한 모양의 부적이 생겨나게 되었다. 현재는 작은 마스코트들이 동전을 대신하여 별자리를 상징하는 모양, 작은 동물들의 모양, 꽃과 하트 모양 등 다양한 모양으로 만들어지고 있다. 여기에는 금속 뿐만 아니라 깃털, 동물 뼈, 나무, 천, 두꺼운 종이 등 매우 다양한 재료가 쓰인다. 그러나 빨간 실과 하얀 실을 꼬여 만든 걸이 끈만은 바뀌지 않는다. 끈의 빨간 실은 피와 생명을 상징하고, 하얀 실은 태양의 순수함과, 봄에 피는 첫 꽃을 상징한다. 일부 지역에서는 어린 소녀들이 선물로 받은 머르찌쇼르를 태양을 향해 힘껏 던지며, 얼굴이나 몸에 나있는 주근깨가 없어지길 기원하기도 한다.

루마니아의 다른 전통 축제인 루살리(Sarbatoarea Rusaliilor)는 부활절 이후 50일이 지난 일요일에 여는 축제이다. 지역에 따라 명절 기간에 약간씩 차이는 있지만, 보통 3일에서 일주일 동안 축제를 벌인다. 이 축제의 이름에서 보이는 '루살리' 는 루마니아 민담에서 자주 등장하는 사악한 여자 요정인 루살리(Rusali) 또는 루살릴레(Rusaliile)를 의미한다. 여름에 숲 속의 허공을 날아다니는 사악한 이 요정은 눈부시도록 화려한 춤을 추는 특징을 가지고 있다. 루살리들은 여름밤 숲 속에서 둥그런 원을 그리고 둘러앉아 서로 춤 솜씨를 겨누며, 허공 높이 솟아올라 화려한 춤을 선보인다. 이들이 춤을 추고 지나간 자리에는 풀이 말라 죽는다는 속설이 있다. 또한 춤추던 자리를 잘못 밟고 지나 가는 사람은 중병에 걸린다고도 전해진다. 그리고 루살리를 직접 본 남자들은 혼이 빼앗겨 미쳐버린다는 말도 있다.

축제 기간 중에는 사악한 요정들을 물리치고 마을 사람들의 건강과 마을의 행복을 비는 각종 행사들이 열린다. 시골 마을에서는 루살리 기간 동안 총각들로 구성된 춤꾼인 껄루샤리(Calusari)들이 루살리에게서 옮아온 병을 치료하기 위해 주술적인 춤을 추기도 한다. 껄루샤리에 입단하고자 하는 총각들은 루살리 일주일 전에 강가나 호숫가 등 마을의 신성한 장소에 모여서 껄루샤리에 입단하는 서약을 하고 지켜야 할 여러 의식과 규약들을 준수하겠다는 맹세를 해야 한다. 그리고 껄루샤리들은 루살리 기간 동안 특별한 민속의상과 복장을 갖춘다. 다리에는 마구에 다는 작은 종을 동여매고, 손에는 작대기를 쥐며, 마늘과 약쑥으로 장식된 긴 장대 깃발을 앞세우고 나아간다. 이 때 마늘과 약쑥을 동여 매는 것은 이것들이 악귀를 물리치는 힘을 가지고 있다고 믿기 때문이다. 주술적 성격을 가진 이 집단춤은 대지의 풍요와 여인들의 다산을 기원하는 제례의식의 일종으로 받아들여져 오늘날 일부지역에서 계승되고 있다.

루마니아에서 여름이 되면 쓴지에네(Sanziene)라는 축제가 열린다. 일년 중 긴장감이 최고점에 달하는 시기인 유월의 끝에 열리는 이 축제는, 해가 가장 긴 하짓날 저녁에 행해진다. 그러나 일부 지역에서는 성 세례 요한 축일인 6월 24일 밤에 개최하기도 한다. '쓴지에네' 라는 말은 "꽃들의 밤" 또는 "요정들의 밤"이라고 하는 라틴어 싼크타 디아나(Sancta Diana)에서 유래된 말이다. 싼크타 디아나는 과수원, 건초 밭 숲의 가장자리 부근에 서식하는 진한 향기가 나는 노란색의 들풀을 가리킨다.

쓴지에네의 밤이 오면 많은 여인들은 경건한 마음으로 새벽이 올 때까지 숲을 향해 그림자 같이 긴 행렬을 이룬다. 이날 밤 린네천으로 끝을 감싼 나뭇가지를 든 여인들은 막대기를 조심스럽게 꽃망울로 가져가 새로 맺힌 이슬이 린네천에 스며들게 한 후, 그 이슬을 짜서 새로 만든 항아리 속에 담는다. 이렇게 모여진 액체에는 신비스러운 힘이 있어서, 그 물로 얼굴을 씻으면 언제까지나 젊고 싱싱한 피부를 간직할 수 있다고 믿는다. 아울러 여인들은 숲을 돌아다니며 온갖 약초를 모으는데, 약초들로 만든 약은 사랑을 가져다 줄 뿐만 아니라 건강과 행운 그리고 무엇보다도 악령들로부터 자신을 보호해 준다고 여겼다. 이슬과 약초를 모을 때 여인들은 주문을 읊조리는 놀이를 하며, 시골 농부들은 그 날 저녁에 모은 쓴지에네 꽃으로 즙을 짜내 해열제나 진통제로 사용하기도 한다. 쓴지에네 축제는 지역마다 그 이름과 풍습이 조금씩 다르지만 참여자 모두가 흥겨운 노래를 부르고 함께 춤을 추며 즐긴다.

4. 루마니아의 관광지

(1) 부카레스트

루마니아의 수도인 부카레스트(Bucharest)는 전설 속 시조인 부커(Buch)라는 목동의 이름을 딴 도시로서, 파티아 기슭과 다뉴브 강 사이에 있는 왈라키아(Wallachia) 평원에 위치한 인구 약 210만명이 거주하는 도시이다. 이 도시는 1930년대까지만 해도 "동유럽의 파리"라고도 불릴 만큼 아름다운 경관을 자랑했으나, 그 뒤 지진, 제2차 세계대전, 차우셰스쿠(Ceausescu) 독재 등이 이어짐으로써 전쟁 전의 아름다움을 상당 부분 잃고 말았다. 그러나 승리의 광장에서 방사형으로 뻗어나가는 도로들은 마치 프랑스 파리의 에뚜왈 광장에서 보는 방사형 도로를 연상케 한다. 부카레스트 시내는 넓지 않아서 걸어서도 충분히 둘러볼 수 있다. 현대적인 정원도시로 불릴 만큼 공원과 가로수가 잘 조성되어 있으며, 승리의 광장에서 30분 정도 걸어 가면 산책하기 좋은 호수 공원을 만날 수 있다. 부카레스트에서 살펴볼 만한 곳으로는 의회궁전, 개선문, 혁명광장, 국립군사박물관, 루마니아 역사 박물관, 옛 왕궁터, 루미니아 미술관, 부카레스트시립박물관, 농촌박물관 등이 있다.

의회 궁전

먼저 의회 궁전(Casa Poporului)은 미국의 펜타곤 다음으로 큰 건물, 즉 세계에서 두 번째로 큰 건물이다. 그 지역 사람들은 이 건물을 '차우시마'(Ceausima), 즉 '차우세스쿠 궁전'이라고도 부르는데, 그것은 독재자인 차우세스쿠(Nicolae Ceausescu, 1918년~1989년)가 이 건물을 세웠기 때문이다. 차우세스쿠는 김일성과 의형제를 맺고 평양을 방문할 때 마다 제도를 고쳐 개인 숭배를 강화해 나간 인물이었다. 아울러 김일성도 무려 3번이나 루마니아를 방문한 바 있었다. 차우세스쿠는 북한에 있는 김일성 주석궁을 보고 차우세스쿠 궁전을 지으려 하였다. 그리고 의회 궁전이 완성될 즈음 궁전의 내부를 호화롭게 꾸미고, 이곳에 대통령 집무실, 중앙 위원회, 그외 모든 정부 부처를 만들고자 했다. 그러나 그는 궁전을 마무리하기 전에 발생한 유혈 혁명으로 1989년 12월 25일 총살당하고 말았다. 궁전이 다 만들어지면 앞 발코니에 나와서 국민들에게 손을 흔들고 싶어 했으나, 그곳에서 최초로 손을 흔든 사람은 미국의 가수 마이클 잭슨이었다. 이 건물을 만들기 위해 차우세스쿠는 1980년대 역사적인 남부 부카레스트의 7,000여개 집과 15개 교회를 허물고, 7만명의 사람들을 강제 이주시켜야 했다

의회 궁전의 내부

그 뒤에 들어선 일리에스쿠(Iliescu) 정부는 이 거대한 건물을 어떻게 활용해야 할지 몰랐고, 사람들의 의견을 묻기도 했다. 이 때 많은 사람들이 이 건물을 철거하기를 원했지만, 많은 논란 끝에 1994년 이곳을 의회와, 국제 회의장으로 사용하기로 결정하였다. 이 궁전은 265,000㎡의 부지에 높이 85m, 가로 270m, 세로 240m, 지하 3층, 지상 11층의 건물로서 6,000개의 방으로 이루어져 있다. 순수한 루마니아 기술자와 자재만을 이용하여 건설했다고 하는 이 궁전은, 약 50m는 떨어져야 건물 전체를 카메라에 담을 수 있을 정도로 거대한 규모를 자랑한다. 건물 내부를 둘러보는 가

부카레스트의 개선문

이드 투어가 있어, 내부의 1,000여개의 방과, 멋진 외관을 감상할 수 있다. 현재는 국제회의장과 하원 사무실로 이용되고 있다.

개선문(Arc de Triomphe)은 1차 세계대전의 승리를 기념하기 위해 파리의 개선문을 본떠 만든 것으로, 공항에서 부카레스트로 들어오는 길목인 키셀로프 거리에 있다. 파리의 상젤리제 거리를 떠올리게 하는 키셀로프 거리는 1차 세계대전의 승리를 기념하여 만들어진 것이다. 그 거리에 있는 개선문은 처음에는 목조 건물이었으나 1930년대에 루마니아의 대표적인 조각가에 의하여 석조 건물로 재건축된 것이다. 근처에 있는 헤라스트라우 공원 역시 산책하기에 좋은 장소이다.

혁명 광장(Piata Revolutiei)은 이전에 '공화당 광장'으로 불렸던 광장으로서, 복잡한 시가지 외곽에 있는 빅토리에이 거리(Victoriei Street)에 위치해 있다. 차우세스쿠는 광장에 모인 시민 데모대를 해산시키기 위해 시민들에게 무차별 사격을 가했는데, 당시의 시위 광경은 전파를 통해 전세계로 방송되었다. 광장을 둘러 싸고

빅토리에이 광장

있는 석조 건물들에는 아직까지도 총탄의 흔적이 남아 있어 당시의 상황을 말해 주고 있다. 광장의 주변에는 현재 미술관으로 이용되고 있는 공화국 궁전과 구 공산당 본부 등이 위치해 있다.

국립군사박물관

국립군사박물관(National Muzeul de Militarie) 국립 군사 박물관은 루마니아에서 일어났던 수많은 전투에서 사용되었던 무기들을 전시한 곳이다. 이 박물관에는 오스만 터키와의 전쟁, 그리고 그 밖의 역사적인 전쟁 광경을 인형을 통해 재현해 놓았다. 마지막 전시실에는 민주 혁명중에 자유를 위해 희생당한 젊은 사람들의 유품과 사진이 전시되어 있다.

역사박물관

루마니아 역사 박물관 (Muzeul de Istorie Romaniei)은 빅토리에이 거리의 남쪽에 위치해 있는, 고전 양식의 돔이 인상적인 석조 건물이다. 발라키아 평원의 교역로가 놓였던 시기부터 발라키아 공국, 왕정시대, 공산당 시대 그리고 현대에 이르기까지의 루마니아의 역사를 전시해 놓고 있다.

옛 왕궁 터(Curtea Veche)는 부카레스트에서 가장 오래된 구시가지에 위치한 장소로서, 소설 드라큐라 백작의 모델이라고 불리는 블라드 체페슈(Vlad Tepes)가 15세기에 건설한 성터이다. 건물은 지진과 화재로 대부분 없어졌지만 남아있는 부분을 현재는 박물관이 되어 일반인들에게 공개되고 있다. 왕궁 주변에는 16세기의 전형적인 발라키아 건축 양식을 도입한 교회가 있고 부쿠레시티에서 가장 오래된 여인숙도 남아 있어 중세의 분위기를 느낄 수 있다.

루마니아 미술관

루마니아미술관(Muzeul de Arta al Romaniei)은 루마니아 최대의 규모의 미술관이다. 공화국 궁전의 일부를 개조하여 만든 이 미술관에는 주로 루마니아 화가의 작품을 비롯하여 판화, 페르시아 카페트, 조각가 콘스탄틴 브란쿠시(Constantin Brancusi)의 작품 등이 전시되어 있다. 회화, 프레스코화, 조각, 도자기, 직물, 자수, 은세공품에 이르기까지 약 11만 5천여점을 소장하고 있다.

부카레스트시립박물관(Muzeul de istorie al Municipiului Bucuresti)은 부카레스트가 도시로 발전하기 전부터 현재까지의 역사를 전시한 박물관이다. 이곳에는 고고학적인 유물과 유적 사진을 비롯하여 지도, 의복, 우표, 동전 등이 전시되어 있다. 또한 부쿠레시티 역사에서 빼놓을 수 없는 1989년 12월 혁명에 관한 자료도 전시하고 있다.

농촌박물관(Muzeul Satului)은 부카레스트 시내의 개선문 근처에 위치한 박물관으로서, 우리나라의 민속촌에 해당한다. 루마니아 각지의 농가와 농기구, 물레방아 등을 그대로 재현해 놓았으며 목조 교회도 있다. 루마니아 농촌의 가옥 구조나 생활 모습 등을 볼 수 있는 이곳은 유럽 각국의 민속 박물관 중에서도 그 규모나 전시물의 수준에서도 높은 평가를 받고 있다. 루마니아의 시골에 가 볼 기회가 없는 사람은 직접 시골에 가 본 것 같은 느낌을 가질 수 있다.

농촌박물관

그밖에도 부카레스트에서 둘러 볼만한 장소로는 음악가들의 작품과 개인 소장품이 전시된 조지 에네스쿠(George Enescu) 박물관, 차우셰스쿠가 잠들어 있는 겐시아(Ghencea) 시민 묘지가 있다.

민속박물관

(2) 브라쇼브

브라쇼브(Brasov)는 동화에나 나올 만큼 소박한 아름다움을 지닌 곳이다. 뾰족한 지붕을 한 교회와 성이 어우러져 있어서 마치 중세 도시에 들어와 있는 느낌을 가지게 된다. 도시의 외곽을 둘러싸고 있

브라쇼브 시내 모습

드라큐라성 외부 모습

드라큐라 백작 생가

는 성벽은 15세기에 투르크족 침략을 막기 위해 만든 것이었다. 그런데 브라쇼브를 유명하게 만든 것은 바로 여기에 '드라큐라 성' (Dracula Castle)이 있기 때문이다. '브란성' (Bran Castle)이라고도 불리는 700여년 된 '드라큐라 성' 은 흡혈귀 소설인 '드라큐라' 의 모델인 블라드 3세가 잠시 머물렀던 곳으로서, 브라쇼브 시내에서 버스로 약 40분 정도의 거리에 위치해 있다. 이 블라드 3세가 바로 블라드 테페스 드라큐라(Vlad Tepes Dracula)라는 사람으로, 브라쇼브에서 기차로 2시간 정도 떨어진 거리에 있는 시기쇼아라에서 1431년에 태어난 실제 인물이다.

1950년부터 박물관으로 이용되고 있는 드라큐라 성 안에는 세월의 흔적이 짙게 밴 왕족들의 방과 거실이 있고, 고풍스러운 침대와 가구들이 전시되어 있다. 거대한 바위 속을 뚫어 만든 좁은 계단을 통해 5층까지 오를 수 있고, 5층에서 계속 가파른 계단을 올라가면 탑이 나오는데, 이 탑에서 산과 언덕, 그리고 뱀처럼 구불구불 휘어진 도로를 한 폭의 풍경화처럼 관망할 수 있다. 성 주변에는 드라큐라와 관련된 기념품 가게가 곳곳에 있다.

*드라큐라의 전설

소설 '드라큐라'의 모델은 실존한 인물이었던 왈라키아 공국의 왕자였던 블라드 테페스 드라큐라(Vlad Tepes Dracula)였다. 드라큐라가 이 성에 유폐되었다는 얘기가 전해지지만, 실제로 이곳에 유폐된 적은 없었다. 원래 이 성은 1377년 브라쇼브 상인들이 쌓았고 14세기 말 드라큐라 테페스의 조부가 한 때 살았지만, 그가 유폐되었다는 것은 한낱 근거 없는 소문에 불과하다. 그렇다면 왜 드라큐라에 대한 그런 소문이 퍼져나갔던 것일까? 거기에는 여러 가지 이유가 있겠지만, 특히 그의 잔학한 성격이 한몫했던 것으로 보인다. 15세기에 드라큐라는 오스만 투르크와 싸웠는데, 당시 그는 사로잡은 투르크 포로들을 매우 잔인하게 대했다고 한다. 즉 포로들의 몸을 날카로운 말뚝으로 뚫어 죽인 다음 공중에 매달아 놓았다고 한다. 또한 자신이 다스리던 왕국 내의 가난한 자와 병자들도 성대한 잔치를 베풀어준 다음, 가난과 질병으로부터 해방시켜 준다는 명분으로 불태워 죽였다고 한다. 이런 잔혹한 일이 발생한 뒤로, 흡혈귀들이 무덤에서 나와 돌아다닌다는 얘기가 떠돌기 시작했으며, 특히 문맹률이 높았던 동유럽 오지에서 이런 미신이 더욱 광범위하게 유포되었다. 이런 분위기 속에서 테페스 드라큐라에 관한 나쁜 소문이 가세했으며, 특히 18세기 페스트가 유럽에 창궐하면서 흡혈귀에 대한 소문은 전 유럽에 퍼져나가게 되었다.

물론 괴소문은 계몽주의가 나타나면서 가라앉고 말았다. 그러나 19세기에 들어서 작가들이 사라져가는 흡혈귀에게 생명을 불어 넣어 작품 속에서 흡혈귀를 부활시켰으니, 그 가운데 가장 유명한 것이 바로 브람 스토커(Bram Stoker)가 1897년에 발표한 '드라큐라'라는 작품이었다. 브람 스토커는 트란슬바니아의 역사와 풍습, 전설 등을 연구한 뒤, 블라드 테페스 드라큐라를 모델로 작품을 썼다. 그 후 드라큘라는 흡혈귀의 대명사가 되었고 그것이 영화화되면서 우리에게 각인되기에 이르렀다.

05

불가리아 

불가리아는 흑해를 끼고 발칸 반도의 동쪽 중간에 위치한 나라로서, 공식 명칭은 불가리아 공화국(Republic of Bulgaria)이다. 동쪽으로는 흑해와 마주하고 있고, 서쪽으로는 세르비아, 마케도니아와 접하고 있으며, 남쪽으로는 그리스 및 터키와 경계를 이루고, 북쪽으로는 다뉴브강을 경계로 루마니아와 국경을 접하고 있다. 면적은 약 111,000㎢로서 남한 보다 약간 큰 규모이고, 인구는 약 780만 명 정도이다. 불가리아는 지형이 복잡하고 산지와 평야가 섞여 있기 때문에 지역에 따라 기후차가 심하다. 전반적으로 사계절이 뚜렷하며 온난하지만 북쪽 지방은 대륙성 기후의 영향으로 겨울에 매우 추운 편이다.

불가리아 국민은 슬라브 계통의 불가리아인이 전체의 약 85%를 차지하며, 나머지는 소수민족으로 되어 있다. 소수 민족 가운데 가장 많은 민족은 터키족으로 인구의 약 10%를 차지하고 있다. 그 밖에도 집시족, 아르메니아인, 러시아인, 루마니아인이 섞여 있다.

불가리아의 국기는 1878년에 처음 제정되었으나, 현재의 국기는 1990년 9월 22일에 채택된 것이다. 흰색, 초록색, 빨간색의 3가지 색의 가로 줄무늬로 구성되어 있다. 흰색은 자유와 평화를 의미하고, 초록색은 삼림을 나타내며, 빨간색은 자유를 위해 전쟁터에서 흘린 피를 상징한다. 불가리아 인민 공화국 시절인 1948년부터 1990

년까지는 하얀색 줄무늬 왼쪽에 불가리아 인민 공화국의 국장이 그려져 있었으나, 1990년에 국장 디자인이 삭제되었다.

1. 불가리아의 음식

불가리아는 세계적인 낙농국가이다. 그래서 어디를 가나 신선한 야채와 고기를 이용하여 만든 음식을 즐길 수 있다. 특히 수도인 소피아에서는 다양한 요리를 즐길 수 있다. 불가리아 음식의 특징은 약한 불로 푹 쪄서 익히는 것이다. 이렇게 만든 햄이나 송아지 요리는 그 맛이 부드럽고 섬세하여 별미로 여겨진다. 또한 음식을 먹을 때는 대개 치즈와 와인을 곁들인다. 와인은 전통적으로 불가리아에서 많이 만들어져 왔으며, 그 품질이 뛰어난 것으로 유명하다. 불가리아에서 먹을 만한 음식으로는 바니차, 타라토르, 스터프트 토마토, 추스카 브렉, 카뜩, 샵스카 샐러드, 메샤나 스카라, 스터프트 칼라마리 등을 들 수 있다.

먼저 바니차(Banitza)는 명절 때 먹는 음식으로 지방마다 다양한 조리법이 있다. 거품을 일게 한 달걀 흰자와 다른 재료를 섞고 부풀려서 오븐에 구운 프랑스 요리인 수플레와 빵의 중간 형태의 음식이다. 이 음식을 만들기 위해서는 먼저 오븐을 데운 후 기름을 두르고, 작은 볼에다 계란과, 염소 젖으로 만든 페타 치즈를 넣어 잘 섞은 다음, 물과 우유를 반죽해서 얇게 편 것(필로)을 팬 밑 부분에 펴서 20분에서 25분 정도 노릿 노릿할 때까지 구운 것이다. 이것은 따뜻할 때 요구르트와 함께 먹는다. 타라토르(Tarator)는 유명한 수프로서, 발칸 지역의 정통 음식이다. 이것은 마늘, 오이, 요구르트, 그리고 견과류를 넣어서 만든 것으로, 주로 여름에 차게 해서 먹는다. 스터프트 토마토(Stuffed Tomatoes)는 신선한 토마토 속을 치즈, 채소, 허브로 채운 것이다. 신선하고 향긋한 맛을 지니고 있을 뿐만 아니라, 웰빙 다이어트를 할 수 있는 음식이다. 츄스카 브렉(Chuska Burek)은 치즈를 넣어 오븐에 구운 다음에 피망 위에 요구르트와 허브, 마늘을 얹은 요리이다. 즉 피망 속을 불가리안 페타 치즈로 채운 뒤에 바삭하게 구워낸 것이다. 토마토 소스가 가득한 피자에 부드럽고 진한 요구르트의 맛이 살아 있는 음식이다.

메샤나 스카라

메샤나 스카라 (Meshana Skara)는 돼지 소시지, 닭 가슴살, 미트볼, 돼지 갈비 등을 꼬치로 꽂아 푸짐한 고기요리를 모은 것이다. 이 요리는 오랜 전통을 가진 음식으로 제 1불가리아 제국(679-1018)의 수도 프리 슬라브시대부터 유래되었고 감자, 밥과 함께 곁들여 먹는 음식이다. 카뜩(Katak)은 물기를 짜낸 건조한 플레인 요구르트, 화이트 치즈, 구운 피망과 호박으로 만든 불가리아 정통 애피타이저이다. 7세기경 불가리아 유목민(Proto Bulgarian)에서 부터 이어온 오랫 동안의 음식인 이 카뜩은 양의 젖이 발효된 것을 열을 가하여 보존성을 향상시킨 요구르트의 일종이다. 피망과 호박의 조화로운 맛과 쫀득한 치즈맛을 느낄 수 있다. 샵스카 샐러드(Shopska)는 썰은 오이, 토마토, 올리브에 불가리안 화이트 치즈를 수북히 쌓아 올린 샐러드이다. 이 요리는 불가리아 정통 요리로 이름의 어원은 소피아에 사는 일반 서민계층을 일컫는 소피(Shopi) 에서 따온 말이다. 그만큼 불가리아에선 대중들에게 널리 사랑받는 요리라고 할 수 있다. 이 샐러드를 먹으면, 치즈의 시큼한 맛과 오이등 야채의 신선함을 느낄 수 있다.

그 밖에도 양파와 가지, 후추, 콩, 완두콩 등을 넣은 야채 스튜인 쥬베취(Gjuvetch), 오징어의 탱글 쫄깃한 씹는 맛, 그리고 밥의 고소함이 어우러진 맛을 느껴게 하는 스터프트 칼라마리(Stuffed Calamari), 고기를 숯불에 구운 케바프체, 돼지고기를 찐 케바프, 소의 위로 만든 스프 등도 불가리아인들이 즐기는 음식이다.

2. 불가리아의 관광지

(1) 소피아

네델리아 광장

소피아는 불가리아 서부의 비토샤 산지의 고도 550m에 위치한, 불가리아에서 가장 큰 도시이자, 수도이다. 불가리아의 정치, 경제, 문화, 상업의 중심지인 소피아에는 많은 공원과 녹지가 있으며, 도처에 유적이 산재해 있다. 제2차 세계 대전 후 세련되게 재건된 시내 중심가는 노란 벽돌로 포장된 넓은 광장을 비롯하여 많은 매력적인 장소를 갖고 있다. 시내 곳곳에서 이슬람 사원과 그리스 정교 사원을 볼 수 있고, 과거의 공산주의 체제를 상기시키는 9월 9일 광장, 레닌 광장, 러스키 거리를 걸어다닐 수 있다. 아울러 당나귀가 끄는 짐마차, 집에서 키운 농산물을 파는 노점상, 거리의 카페 등이 교묘하게 뒤섞인 분위기를 연출하기도 한다. 소피아에서 둘러볼 만한 곳은 네델리아 광장, 알렉산더 네브스키 교회, 레닌 광장 등이 있다.

소피아 여신상

먼저 네델리아 광장(Saint Nedelya Square)은 소피아의 중심거리이자 중심광장이다. 소피아의 주요 간선도로가 지나가는 이 광장에는 지혜의 여신인 소피아 여신상이 서 있으며, 그 주변으로는 역사적 건물들이 즐비하다. 발칸 투어리스트 본부를 비롯하여 춤백화점, 발칸 호텔 등도 이 광장 주위에 있다. 소피아 여신상은 오른손엔 월계관을 들고 있고 왼손엔 부엉이를 들고 있는 모습을 하고 있다. 희랍과 로마의 신화에 나오는 지혜의 여신은 언제나 부엉새를 어깨에 얹고 다니는데, 그것은 부엉이가 밤 눈이 밝아서 캄캄한 어둠 속에서도 사물을 바로 볼 수 있기 때문이다. 이 광장은 이전에는 '레닌 광장'(Lenin Square)이라 불렸는데, 그것은 광장 가운데 러시아의 혁명가인 레닌의 거대한 동상이 서 있었기 때문이다. 그러나 지금은 레닌 동상이 있던 자리에 소피아 여신상이 세워져 있다. 또한 네델리아 광장에서는 오스만 터키와의 전쟁(1877년~1878년)에서 승리하여 불가리아를 500년 동안 지배한 터키로부터 해방시킨 러시아 황제

네프스키 성당

국립극장

인 알렉산드르 2세(Aleksandr Ⅱ) 황제를 기리기 위한 높이 14m의 기마 동상도 볼 수 있다.

알렉산더 네프스키 성당(Alexander Nevski Cathedral)은 시 중심가 동쪽 끝에 위치한 네오 비잔틴 양식의 성당이다. 성당을 지은 사람의 이름을 딴 이 성당은 불가리아 독립을 위한 전쟁, 곧 터키와 러시아 간의 전쟁(1877~1878)에서 전사한 러시아 군인들을 기리기 위해 지은 것이다. 13세기에 생존한 러시아의 황제인 알렉산드르 2세는 성인인 네프스키(Aleksandr Nevski)를 동경하여 자신의 이름을 알렉산드르 네프스키로 바꾸고, 전쟁에서 죽은 20 만명의 러시아 군인을 기리기 위해 1882년부터 40년간 공사한 끝에 1912년에 발칸 반도 최대의 성당을 완성하였다.

현재 소피아의 상징으로 되어 있는 이 성당은 내부는 1,300㎡로서 5,000명을 수용할 수 있는 규모로 설계되었으며, 6개의 다른 나라의 예술가와 도예가들의 작품들인 프레스코화, 거대한 샹들리제 등 다양한 작품들이 전시되어 있다. 내부 장식도 동서양의 혼합 양식으로 되어 있다. 즉 동방정교(Eastern Orthodox)의 전통과 이탈리아 대리석, 이집트의 설화석고(alabaster), 브리질 마노(onyx), 목재조각과 금으로 인테리어 되어 있다.

성당의 외부 광장에서는 불가리아 문학의 창시자인 이반 바조프(Ivan Vazov)의 묘를 볼 수 있다. 성당의 앞에 있는 공원에는 조각상들이 있고 조각 상 건너편에 벼룩 시장이 있는데, 거기서는 과거 공산주의 시절에 사용하던 군화, 군모, 계급장, 칼을 비롯하여 조각품, 옛날 지폐와 동전들. 그리고 각종 수예용품, 숟가락 등의 생활 일용품 등 다양한 물건들을 구경할 수 있다.

마리아 루사 거리(Maria Rusa Street)는 소피아의 번화가이다. 현대적인 모습과 옛 모습이 공존하는 이 거리에는 전기버스와 전차가 운행되고 있어서 매연이 없다. 전기줄이 지저분해 보이긴 하지만 공기가 오염되지 않은 거리이다. 거리의 가로수는 모두 마로니에 나무로 되어 있다.

바냐바시 모스크

바냐바시 모스크 (Banya bashi Mosque)는 소피아에 있는 유일한 이슬람 사원이다. 레닌 광장에서 게오르기 디미트로프 거리를 따라가다 보면 오른쪽에 둥근 돔과 뾰족한 첨탑(미나렛)이 눈길을 끄는 이 모스크는 당시 최고의 건축가인 미마르 시난(Mimar Sina)이 터키 시대의 번영을 상징하기 위해 1576년에 지은 것이다. '바냐' 라는 모스크 이름은 건물 옆에 터키의 목욕탕인 '바냐' 가 있었던 데서 나온 것이다. 과거 소피아에는 70개에 달하는 이슬람 사원이 있었으나, 현재는 바로 바냐바시 모스크가 유일하다. 이 모스크는 여행자에게 개방되지 않는다.

성니콜라스 정교회

성니콜라스 정교회

모스크 주변에서는 터키가 번영했을 때 이주해서 살았던 터키계 주민들이 아직도 살고 있어 그들의 생활을 엿볼 수 있다.

세인트 페트카 지하 교회(Underground Church of St. Petka)는 네델리아 광장이 보이는 앞에 지붕만 나와 있는 반지하의 교회이다. 이 지하 교회는 투르크 제국의 지배를 받던 14세기(1390년 경)에 불가리아인들이 투르크인들의 눈을 피하기 위하여 지하에 지은 것이었다. 최근 이곳 아래에 있던 중세 교회의 내부에서 석고로 만들어진 벽화가 발견되었는데, 그 벽화는 예수의 출생과 기적, 고난과 십자가에 못 박히고 부활하는 장면들을 그린 것이었다. 그림이 발견된 뒤 이곳에 불을 밝혀져 관광객들이 쉽게 구경할 수 있다.

세르디카 유적지

그 밖에도 소피아에서는 고대 도시의 성벽 유적인 세르디카(Serdica)도 볼 수 있다. '세르디카' 라는 말은 비잔틴 시대의 소피아의 지명이었다. 3세기경 로마인들은 이 지역에 강력한 성벽을 건립하였는데, 현재 그 일부분이 발견되었다. 성벽 유적은 시내의 지하도를 건너면서 구경할 수 있다. 그러나 유적의 많은 부분이 현대식 건물 아래 매몰되어 있다. 성벽 유적은 고대 로마 도시의 모습을 잘 보여준다.

세르디카 유적지

II 서유럽

01

프랑스 

프랑스는 유럽의 중심에 위치해 있고, 유럽에서 가장 큰 영토를 갖고 있는 나라이다. 총면적은 약 544,000㎢로서, 그 크기는 스페인이나 태국보다 조금 크고 아프가니스탄 보다 조금 작다. 한반도와 비교하면, 한반도 전체의 2.5배, 남한의 6.5배에 해당한다. 국토의 모양이 육각형으로 되어 있어, "육각형의 나라"라고 불리기도 한다. 육각형 가운데 3면은 바다와 접해 있고, 나머지 3면은 산으로 둘러싸여 있다. 국토의 2/3가 평야와 구릉으로 이루어져 있다. 북서쪽은 낮은 지대로, 남동쪽은 4,807m 높이의 유럽 최고봉인 몽블랑을 포함한 높은 지대로 이루어져 있다. 프랑스는 많은 나라와 국경을 마주하고 있는데, 동쪽으로는 이탈리아 · 스위스 · 독일, 서쪽으로는 바다 건너 영국, 남쪽은 스페인, 북쪽은 룩셈부르크 · 벨기에와 국경을 접하고 있다.

기후는 지중해와 접하고 있는 남부 지역(마르세유와 니스)은 온난한 지중해성 기후를 보이고, 서쪽의 대서양과 접하고 있는 지역은 여름에는 덥지 않고 겨울에는 춥지 않은 해양성 기후를 나타낸다. 그리고 독일의 국경 지역과 알프스 접경 지역은 겨울이 긴 대륙성 기후를 보이고 있다.

프랑스의 인구는 약 6,000 만명으로 독일, 이탈리아, 영국에 이어 유럽에서 4위를 차지하고 있으며, 다민족 인종으로 구성되어 있다. 선주민은 켈트족이었으나, 나중에 로마인과 프랑크인이 들어와 켈트, 라틴, 게르만계의 혼합족을 이루어 오늘날의 프랑스인들이 되었다. 프랑스는 다민족으로 구성되어 있기 때문에 인종차별이 심하지 않는 나라로 알려져 있다. 유럽에서는 가장 많은 이민자를 받아들이는 나라이기도 하다.

프랑스의 국기는 파란색, 흰색, 빨간색의 삼색으로 이루어져 있으며, 이 깃발은 프랑스 혁명 이후에 정식 국기로 인정되었다. 국기에 있는 파란색, 흰색, 빨간색의 3가지 색깔은 각각 자유, 평등, 박애를 상징한다. 원래는 이 세가지 색깔이 가진 의미는 지금과 달랐다. 즉 원래는 흰색이 왕을, 파랑색과 빨강색은 파리를 상징하여, "파리 안에 있는 왕"을 의미했으나, 프랑스 혁명 이후로 국민 주권이 인정됨에 따라 그 의미가 자유, 평등, 박애로 바뀌게 되었다.

1. 프랑스인의 기질

프랑스는 다민족 국가이다. 따라서 프랑스인의 기질을 한마디로 규정하기는 어렵다. 그렇지만 프랑스인의 대체적인 기질이나 습관을 살펴보면 대략 다음과 같은 특징을 발견할 수 있다.

첫째, 프랑스인들은 개성과 자유를 존중하고 획일성을 싫어한다. 이런 사실은 그들이 제복을 좋아하지 않는다는 사실에서 확인할 수 있다. 프랑스에서는 중 · 고등학생들이 교복을 입지 않으며, 학교에서도 형식을 갖춘 졸업식을 하지 않는다. 영국이나 미국에서는 대학을 졸업할 때 사각모를 쓰고 학위복을 입은 채 졸업식을 거행하지만, 프랑스에서는 학위복도 없고 졸업식도 하지 않는다. 즉 졸업장을 받는 것으로 모든 것이 마무리된다. 또한 프랑스인들은 직장에서도 제복이나 유니폼을 입는 사람들을 싫어한다. 그것은 제복이 개인의 개성을 말살시킨다고 보기 때문이다. 경찰, 군인, 사제도 프랑스 사람들이 싫어하는 부류에 속한다.

프랑스인들이 개성을 존중한다는 사실은, 레스토랑에서 음식을 주문하는 데서도 확인할 수 있다. 한국인의 경우, 음식을 주문할 때 음식 종류를 통일하는 경우가 많지만, 프랑스 사람들은 모두 다르게 음식을 주문한다. 같은 테이블에서 같은 음식을 주문하는 것을 개성이 없는 것으로 생각한다. 그래서 프랑스인들은 10명이면 10명이 각기 다른 음식을 주문하고, 이 때문에 음식을 만드는데 시간이 좀 많이 걸린다. 프랑스인들이 그들이 얼마나 개성을 중시하는가는 향수를 고르는 데서도 알 수 있다. 거의 모든 사람이 향수를 체취를 없애는 위생용품이라기 보다, 개성을 드러내는 장식품 쯤으로 생각한다. 따라서 그날의 외출 장소, 만나는 사람, 그리고 자신의 기분에 따라 다른 향수를 선택한다.

프랑스인들은 개성을 중시하기에 유행을 따르지 않는다. 그들은 개성을 존중해서 남과 똑같이 하는 것을 싫어한다. 그래서 프랑스의 거리에는 같은 패션을 한 사람을 찾아볼 수 없다. 프랑스인들은 유행을 따르지 않고 세계의 유행을 창조하는 것이다. 프랑스에서 패션과 예술이 발달할 수 있었던 것도 바로 이러한 자유로운 정신이 있었기 때문이다.

프랑스인들은 개성을 존중하기에 취향이 없다는 말을 가장 싫어한다. 예컨대 음악을 좋아한다고 할 때 어떤 음악을 왜 좋아하는지 구체적으로 말해야 한다. 그렇지 않으면 음악을 좋아한다는 사실을 인정받지 못한다, 프랑스 사람들은 그 밖에도 집, 가구, 영화 등 거의 모든 분야에서 각자의 독특한 취향과 기호를 존중하여 취사 선택하며, 그것을 자신의 개성을 드러내는 일로 여긴다.

둘째, 프랑스인들은 즐겁게 이야기하기를 좋아하는 수다쟁이라 할 수 있다. 독일인이나 영국인들은 프랑스인들이 수다스럽다고 생각하고, 프랑스인들은 독일인들을 무뚝뚝하다고 여기고, 영국인들을 위선적이라고 생각한다. 프랑스인들이 이처럼 이야기하는 것을 즐기지만, 모든 이야기를 즐기는 것은 아니다. 다시 말해 프랑스인들은 재미있는 주제에 대해 재미있게 이야기하는 것을 좋아한다. 상대방이 어떤 주제에 대해 재미있게 이야기하지 않으면 시선을 다른 데로 돌리거나 하품을 하기도 하며, 심지어 당치도 않은 핑계를 대며 자리를 떠나버리기도 한다. 이것은 그의 이야기가 재미없다는 것을 암시하는 행동이다. 이처럼 재미없는 이야기를 하는 것에 자신의 감정을 노골적으로 표현하는 것은, 재미없는 이야기를 하는 것은 상대방의 시간을 뺏는 염치없는 행위라고 여기기 때문이다. 그래서 프랑스인들은 이야기를 재미있게 하기 위해 어릴 때부터 재치있고 재미있게 이야기하는 법을 배운다.

셋째, 프랑스인들은 대체로 낙천적이고 친절하며 느긋하게 살아간다. 프랑스인들은 늘 표정이 밝고 즐거운 인상을 하고 있다. 사람이 넘쳐나는 주요 관광지에서는 그들의 친절함을 경험하기 어렵지만, 조금만 시골로 내려가도 프랑스인들이 매우 친절하다는 사실을 느낄 수 있다. 프랑스인들은 매사에 서두르지 않는다. 돈을 벌려고 조급해 하지 않는다. 왜냐하면 프랑스는 영토가 넓어서 굶주림 때문에 고민한 적이 없었기 때문이다. 즐거운 삶을 위해 취미생활도 하고 놀기도 한다. 한마디로 놀기 위해 산다고 말할 수 있을 정도로 생활을 즐기려 한다.

넷째, 공적인 면에서는 원칙을 존중한다. 프랑스인들은 원칙을 존중하고 매사를 규정과 법에 따라 처리한다. 따라서 사회의 모든 일처리가 예측 가능하다. 한국의 경우에는 일처리에 융통성이 많지만, 프랑스에서는 대부분의 일이 명쾌하고 분명하게 처리된다. 프랑스인들이 원칙을 중시한다는 사실은, 제2차 세계대전이 끝난 뒤의 일처리를 통해 확인할 수 있다. 일제 치하에 35년간 있었던 우리나라에서는 일제로부터 해방된 뒤 새로이 들어선 정부에서 처벌받은 사람이 단 한명도 없었지만, 프랑스는 제2차 세계대전이 끝나자 마자, 4년 2개월 동안 독일 지배하에 있는 동안 나찌에 협력한 사람들을 철저히 처단했다. 그들을 공직에서 추방하고 재산을 몰수하는 단호한 조처를 취했다.

다섯째, 금전문제는 정확히 처리한다. 프랑스인들은 돈을 걷어야 할 경우 정확히 계산하여 오차 없이 나누어서 낸다. 예를 들어 식사비 술값 등을 지불할 때 정확히 계산한다. 이 점에서 프랑스인들은 매우 정확하다고 말할 수 있다. 정확하게 자기 몫을 챙기면서도 다른 사람에게 피해주는 것을 싫어한다. 그렇다고 인정머리가 없는 것은 아니다. 친한 사이에서는 하나를 받으면 자기도 하나를 주려고 하고, 오히려 더 큰 것을 주려고 한다.

여섯째, 성 문제에 있어서 자유롭다. 프랑스인들은 섹스에 관대한 편이다. 프랑스 부모들은 자녀가 성장하여 청소년이 되면 성 관계를 가질 수 있음을 인정한다. 설문 조사에 의하면, 프랑스인들은 대개 17, 18살 정도면 첫 성경험을 하게 되며, 평생 성 관계를 갖는 파트너의 수는 남성은 평균 12명, 여성은 3명 정도라고 한다. 성 관계를 맺는 대상은 주로 동거하는 상대이다. 프랑스에서는 결혼하지 않고 동거하는 남녀의 숫자가 400만명이 넘는다. 프랑스인들이 자유로운 성 의식을 갖게 된 것은 성에 대한 욕구를 자연스런 욕구으로 인정하기 때문이다. 또한 성생활을 통해서 자아를 확립하고 실현할 수 있다고 생각한다. 프랑스에서는 1967년 피임을 합법화하는 법안이 통과되었다. 1971년부터는 피임도구를 약국이나 상점에서 쉽게 살 수가 있다. 남녀가 상대를 선택할 때, 남자는 여자의 아름다움을 선호하고 여자는 남자의 경제적 능력을 중시하는 경향을 보인다. 특히 여자들은 지적인 능력을 중시하여 상상력을 자극하는 창조직인 대화를 재미있게 이끌어가는 남자를 좋아한다고 한다.

프랑스인들은 동성애에 대한 이해의 폭도 넓은 편이다. 그들은 이성 대신 동성을 사랑하는 것을 개인의 선택이고, 국가가 개입할 성질의 것이 아니라고 여긴다. 동성을 사랑하는 운명으로 태어났다면, 그들의 삶도 존중해야 한다는 것이다. 그래서 프랑스에서는 50만명 넘는 사람이 남자와 남자, 여자와 여자가 같이 사는, 이른 바 '호모 커플' 을 이루고 산다.

2. 프랑스의 음식 문화

프랑스 요리는 세계적으로도 유명하여 중국 요리와 더불어 세계 2대 요리로 여겨진다. 세계 어디를 가도 프랑스 식당은 최고로 간주되며, 음식의 가격 또한 매우 비싸다. 프랑스 요리가 유명한 까닭은 요리의 종류가 다채롭고 맛과 모양이 뛰어나다는데 있다. 재료도 다채롭고, 요리법 또한 매우 다양하다. 재료가 다채로운 이유는 프랑스가 위치상 한대성 식물과 열대성 식물을 모두 기를 수 있기 때문이다. 프랑스는 유럽 가운데서도 온 국민이 먹고 남은 식량을 수출해서 큰 돈을 버는 나라 가운데 하나이다. 그래서 기름진 평야에서 품질좋은 곡식이 나고 포도가 생산되며, 소, 돼지, 양, 닭 등의 가축도 풍부하다. 또한 프랑스는 위치상으로 북해와 대서양에 접하고 있어서 한류의 물고기와 해산물을 구할 수 있고, 또한 지중해에서는 난류의 물고기와 해산물을 구할 수 있기 때문이다. 이처럼 온갖 재료에다가 켈트족, 라틴족, 게르만 족 등이 모여살면서 각 민족의 요리법까지 첨가되었기에, 프랑스 요리는 다양한 재료와 요리법이 종합되어 세계 최고의 요리가 되었다. 이 때문인지 요리사의 자부심 또한 세계 최고이다. 프랑스 요리사들은 자신들의 요리를 하나의 예술품으로 간주하는 경향이 있다.

그렇다면 프랑스 요리가 매우 다양하지만, 요리 방법에 근거하여 등급을 따져본다면 가장 고급으로 여겨지는 요리는 주로 오븐에 넣어 구워내는 요리라고 할 수 있다. 오븐에 넣어 구우면 느끼한 기름기가 빠지고 재료가 골고루 익혀져서 재료의 맛을 제대로 느낄 수 있다. 다시 말해 오븐에 구운 요리는 재료의 맛을 살리는 장점을 지니고 있다. 다음 등급은 직접 불에다 굽거나 프라이팬에서 구운 것이다. 이렇게 불로 구운 것은 재료의 맛을 크게 변화시키지 않아 맛있는 요리로 여겨진다. 반면에 냄비에 끓인 요리는 하급 요리로 간주된다. 재료에다 물을 보태어 끓이게 되면 음식의 양은 늘어나지만 재료의 맛이 떨어지게 된다. 따라서 프랑스인들은 이러한 끓인 음식을 좋아하지 않는다. 이렇게 음식을 만든다면 그 집은 매우 가난한 집에 해당한다.

따라서 손님을 초대해서는 절대로 끓인 요리를 내놓아서는 안되고, 반드시 오븐이나 불에 구운 요리를 내놓아야 한다. 만약 끓인 요리를 내놓게 된다면, 손님을 주인을 가엾은 눈초리로 보게 된다.

그러나 물 대신에 포도주를 넣고 끓이게 되면, 전혀 다른 요리가 된다. 프랑스인들이 좋아하는 요리인 '코코뱅'은 닭고기에다 포도주 1병 또는 2병을 넣어 끓인 것이다. 이 요리는 많이 먹어도 술에 취할 염려는 없다. 왜냐하면 포도주를 넣고 끓이면 알콜은 다 날아가고 그 술의 독특한 향기와 맛만 남기 때문이다. 여기서 코냑이나 샹파뉴(우리나라에선 '샴페인'이라고도 함)을 넣어서 끓인 요리도 고급 요리로 간주된다.

프랑스의 일품 요리 가운데 유명한 것으로는, 푸아그라(Foie gras)와 에스카르고(Escargot)를 들 수 있다. 여기서 푸아그라는 거위간 요리로서, 전채요리이다. 이 요리는 살이 오동통하게 오른 거위의 간을 이용해 만든 요리로서 프랑스 3대 전채요리에 속한다. 또한 에스카르고는 달팽이 요리로서 이것 역시 더운 전채 요리에 속한다. 달팽이를 데친 것에 마늘과 파슬리, 그리고 버터를 넣어서 구운 음식이다. 달팽이가 껍질 채 식탁에 올려지게 되면, 왼손으로 달팽이 요리용 집게를 잡고서 오른 손으로 포크로 껍질 안에 있는 달팽이를 빼서 먹는다.

푸아그라

에스카르고

3. 프랑스인의 식사

프랑스 사람들의 식사는 통상 4가지 코스로 이루어진다. 그것은 바로 전채, 본 요리, 치즈, 입가심의 순서이다. 이것이 프랑스 요리의 기본 코스지만, 그것은 기본적 순서일 뿐, 각 코스에 음식이 몇가지 씩 더해지면 전체 음식은 20가지 정도로 늘어나게 된다. 그래서 식사 시간이 보통 3, 4시간씩 걸린다.

손님을 초대하여 식사할 경우, 통상 전채 요리부터 시작한다. 입맛을 돋우는 음식인 전채는 불에 요리하지 않은 먹을 거리가 제공된다. 곧 토마토나 상추를 버무린 샐러드나 얇게 저민 햄 또는 삶은 달걀 위에 멸치 얹은 것 등을 먹는다. 다음으로 앙트레라는 두 번째 전채가 나온다. 여기에는 생선 또는 고기 즉 육류가 섞이지 않은 요리가 있다. 여기에 버섯을 섞어 구운 파이나, 왕새우나 바닷 가재, 굴 같은 고급 해산물이나 연어를 얇게 저민 것 또는 거위 간 같은 것들이 보태진다. 두 번째 전채가 나올 때 통상 포도주가 곁들여진다. 다음으로 본 식사가 이어지는데, 본 식사는 생선요리가 먼저 나오고, 쇠고기 또는 돼지고기나 양고기가 다음으로 나온다. 여기에 포함되는 다른 본 요리로는 닭고기를 들 수 있는데, 이 닭고기는 대개 일요일에 먹는 것으로 되어 있다. 본 식사를 마치게 되면 디저트인 후식이 나오는데, 여기에는 대개 초록색 야채를 약간의 기름에 버무린 샐러드가 나온다. 샐러드를 먹고 나면 프로마주라고 하는 치즈가 나오고, 이 프로마주를 먹고 나면 과일을 얹고 구운 파이나 아이스크림이 나온다. 그 뒤로는 커피를 마시고, 다시 코냑을 마시게 된다. 프랑스 음식은 이처럼 순서가 많고 먹는 음식도 많다. 이러한 순서는 식사의 전형적인 순서이기에, 아무리 가난한 프랑스 가정이나 싸구려 식당이라도, 전채인 앙트레, 생선 또는 고기, 그리고 프로마주, 디저트의 순서만은 꼭 지킨다. 이 가운데 하나만 빠져도 아주 허전해서 식사를 끝내지 않은 기분이 든다고 한다.

4. 프랑스의 와인

프랑스는 와인의 나라이다. 와인의 생산량과 품질의 면에서 프랑스는 세계 최고를 자랑한다. 국민들도 평소 와인을 즐겨 마시고 있다. 따라서 와인하면 프랑스를 연상하게 된다. 프랑스에서는 와인의 등급을 아펠라시옹(Appellation)이라고 부른다. 여기에는 네가지 등급이 있다. 첫 번째 등급은 최고급인 AOC 또는 아펠라시옹 도리진 콩뜨롤레(Appellation d'Origine Controlee)이다. 이 등급의 와인은 포도 생산량을 규제하고 잘 익은 포도로 만든 와인으로서, 특정한 지역에서 생산되는 고급 와인이다. 프랑스 전체 와인 가운데 약 39% 정도가 이 등급에 속한다. 이 등급에 속하는 포도주는 생산 지역, 허가된 포도 품종, 포도재배법, 헥타르당 최대 생산량, 양조 방법, 최소 알콜 함유량이 엄격하게 통제되고 있다. 두 번째 등급은 고급으로서 VDQS 또는 뱅 델리미테 드 쿠알리트 쉬페리에(Vin Delimites De Qualites Superieure)이다. 이 등급의 와인은 AOC 급에 비해 규제가 덜하지만, 고급 VDQS는 AOC로 승격될 수도 있다. 말하자면 AOC로 격상하기 위해 반드시 거쳐야 할 단계의 포도주로서, 규제 사항은 AOC와 비슷하지만, 최대 산출량과 포도 품종에 대한 규제가 비교적 느슨한 편이다. 공식적인 시음을 거친 뒤에 결정되는데 생산량은 전체의 1% 미만이다. 세 번째 등급은 뱅드 빼이(Vin de Ppays)로서 AOC급, VDQS급에 이어 세 번째 등급이며, 라벨에 포도 품종을 표시하기도 한다. 라벨에 반드시 뱅드 빼이라고 표시해야 한다. 이 등급의 생산량은 전체 생산량의 25% 정도가 된다. 네 번째 등급은 뱅드 따블(Vin de Table)이다. 테이블 와인이란 뜻으로 보통 와인(Vinordinaire)이라고 불리기도 한다. 말하자면 집에서 식사할 때 테이블 위에 올려 놓고 부담없이 마실 수 있는 가격 대의 와인이라는 뜻이다. 프랑스

프랑스 와인

포도주의 상표에는 생산물의 명칭, 알콜 정량, 함량, 포도주를 병속에 담은 곳의 이름과 주소, 포도주의 제조 연도 등이 기재되고 있다.

5. 프랑스의 주요 관광지

(1) 파리

에펠탑에서 바라본 파리

예술의 도시로 알려져 있는 파리는 관광객들이 가장 많이 찾는 세계적인 명소이다. 유서깊은 건축물, 예술적인 구조물, 다양한 쇼핑 공간, 낭만적인 명소 등이 어우러져 있어 세계 최고의 도시로 손꼽힌다. 볼거리가 너무 많아 도시 전체가 세계문화유산으로 등록되어 있다. 그 가운데 특히 잘 알려진 명소로는 에펠탑, 개선문, 노틀담 성당, 몽마르뜨 언덕, 샤크레쾨르 성당, 샹젤리제 거리, 루브르 박물관, 알렉산드르 3세 다리, 베르사이유 궁전, 그랑 트리아농 등이 있다.

에펠탑

먼저 에펠탑(Tour Eiffel)은 파리의 상징이다. 이 탑은 1889년 파리에서 개최된 만국박람회를 기념하기 위해 구스타프 에펠(Gustave Eiffel)이란 사람이 만든 철탑으로서, 높이가 312.27m이고 탑의 건축에 들어간 철의 무게는 7,500톤에 달한다. 3개의 전망대를 가진 이 탑은 1884년 공사를 시작하여 2년 2개월 5일만인

1889년 3월 31일에 완성되었다. 이 탑에는 3개의 전망대가 있다. 가장 낮은 곳의 전망대는 지상 57m에 위치해 있으며, 여기에는 레스토랑이 있다. 다음의 전망대는 지상 115m 지점에 위치해 있으며, 가장 높은 전망대는 지상 276m에 있다. 이 세 번째 전망대에는 엘리베이트로 오를 수 있으며, 별도로 1,652개의 계단이 설치되어 있다. 이 탑은 처음 만들어질 당시 파리의 미관을 해치는 흉물로 간주되었다. 모파상의 경우, 평소 에펠탑을 너무 싫어해서 에펠탑 쪽을 보지 않으려 했으며, 에펠탑이 보이지 않는 에펠탑 위의 레스토랑의 식사 초대에만 응했다고 전해진다. 그러나 지금의 에펠탑은 파리의 상징이자 파리 시민의 자랑이 되어 있다. 매년 1억 5천만 이상의 관광객이 에펠탑에 오르고 있으며, 특히 에펠탑 위에서 바라보는 석양 풍경은 압권이다.

개선문

개선문(Arc de Triomphe)은 파리의 중심부에 위치해 있는 샤를르 드골 광장 또는 에트왈(etoile) 광장 가운데 있는 문으로서 나폴레옹(Bonaparte Napoleon)이 1806년 전쟁에서의 승리를 기념하기 위해 만든 것이다. 이 문의 높이는 49.54m이고 폭이 44.82m로서, 개선문으로서는 세계 최대이다. 벽면에는 나폴레옹 군대의 승전도가 부조로 새겨져 있고, 내부에는 고문서들을 보관한 박물관이 있다. 이 문을 건립하기 시작한 지는 1806년도였으나, 1836년에야 완공되어 나폴레옹은 이 문의 완성을 보지 못하였다. 1920년에는 문의 중앙 아랫 부분에 제1차 세계대전에서 전사한 무명 용사의 무덤을 만들기도 했다. 그리고 엘리베이트나 계단을 이용해서 꼭대기에 오르면, 파리 시내의 모습을 한눈에 볼 수 있다. 특히 이 문이 위치한 드골 광장은 12개의 방사선 도로가 뻗어 나가는 파리의 중심지이다.

노틀담 대성당(Place du Parvis Notre-Dame)은 세느강 가운데 있는 시테섬에 위치한 프랑스 카톨릭 신앙의 중심지이다. 프랑스 최초의 고딕식 성당이자, 고딕 건축의 걸작이라 할 수 있다. '노틀담' 이란 말은 '성모 마리아' 를 의미한다. 그러니까 이 성당은 성모 마리아를 위해 지은 성당이라 할 수 있다. 모리스 파리 신부가 1163년에 기공하여 182년 만인 1344년에 완성하였다. 성당의 외부는 좌우로 균형이 맞춰져 있으며, 외벽에는 조각된 부조물들이 붙어 있다. 성당의 내부에는 성경을 내용을 주제로 한 수많은 조각품이 있고, 특히 4가지 색깔의 스테인드글라스로 만든 장미창이 유명하다. 높이 69m의 탑 위에서 보는 파리 전망도 빼놓을 수 없는 코스이다. 나폴레옹 등 많은 국왕들이 이곳에서 대관식을 올렸으며, 지금은 파리의 대주교가 이곳에서 살고 있다. 이 성당은 빅톨 위고의 "노틀담의 꼽추"라는 소설로도 유명하다.

노틀담 대성당

몽마르트 언덕(Montmartre Hill)은 그림을 그리는 무명화가가 활동하는 문화 예술의 중심지이다. '몽마르트' 라는 이름은 파리의 주교였던 성 드니라는 사람이 순교한 땅, 곧 순교자의 언덕이란 뜻과, 로마신화에 나오는 전쟁의 신 마르스의 영혼을 모신

몽마르트의 테르트르 광장

산이라는 말에서 왔다. 베를리오즈, 네르발 등 가난하고 자유로운 예술가들이 한 동안 이곳에서 예술활동을 하였다. 미술 사조의 흐름을 느낄 수 있을 만큼 문화, 예술적인 정체성을 간직하고 있다. 테르트르 광장에는 지금도 초상화를 그리는 신인화가들이 모여 있다. 저녁 무렵에는 언덕에서 노을에 물들어가는 멋진 파리 시가지의 모습을 바라볼 수 있다.

사크레쾨르 성당

사크레쾨르 성당(La Basillque de Sacre Coeur)은 몽마르트 언덕 위에 세워진 하얀 돔을 가진 성당이다. 세 개의 비잔틴 양식의 돔을 가지고 있는 이 성당은 프러시아와 프랑스간에 벌어진 보불전쟁 이후 국민들의 사기를 높이기 위해 만들어진 것이다. 즉 프러시아와 전쟁에서 패배와 파리 코뮨으로 심각한 피해를 입은 파리 시민들에게 정신적인 위로와 희망을 불러일으키기 위해 지은 성당이다. 1876년부터 건축하기 시작하여 40년 만인 1919년에 완공하였다. 처음에는 에펠탑처럼 파리의 미관을 해친다는 이유로 반발을 샀으나, 지금은 시민과 관광객들로부터 많은 사랑을 받는

상젤리제 거리

휴식처가 되고 있다.

샹젤리제 거리(Avenue des Champs-Elysee)는 프랑스어로 '엘리시온 거리' 라는 뜻이다. 여기서 엘리시온(Elision)은 그리스 신화에서 영원한 생명을 부여받은 영웅들이 보내지는 낙원, 다시 말해 신에게서 특별한 은총을 받은 사람이 죽은 뒤에 안식할 수 있는 이상향이다. 그러니까 휴식 또는 안식할 수 있는 거리라는 뜻이다. 이 거리는 세계적으로 유명한 패션의 거리, 명품의 거리이다. 이 거리는 드골 광장과 콩코드 광장 사이에 있으며, 폭은 약 70m이고 길이는 1.88km이다. 거리의 양쪽으로는 유명한 상점, 레스토랑, 영화관, 노상 카페, 나이트클럽, 은행 등이 줄지어 서있어 매우 화려하고 아름다운 거리로 손꼽힌다.

바로 이곳에 캉캉춤으로 유명한 리도 극장이 있다. 초여름에는 마로니에와 플라타나스 가로수가 무성하여 볼만하며, 겨울에는 그 나무들에 작은 전구가 장식되어 화려한 모습을 연출한다.

루브르 박물관

루브르 박물관(Musee du Louvre)은 프랑스의 대표적인 박물관이자, 세계 최고 박물관 가운데 하나이다. 이 박물관은 원래 필립 오귀스뜨 왕의 요새로 시작하여 나중에 궁전으로 되었다가, 다시 16세기에 프랑수와 1세가 르네상스 양식으로 개축하여 박물관으로 사용하였다. 규모가 크고 작품 수 또한 워낙 방대하여 하루 이틀로는 다 볼 수 없을 정도의 규모를 자랑한다. 1989년에는 중국인 페이(I. M. Pei)가 프랑스 혁명 200주년을 기념하여 박물관안의 나폴레옹 광장 한복판에 높이 22m의 유리 피라미를 만들었는데, 이 유리 피라미드가 바로 박물관 입구의 역할을 하고 있다. 유리 피라미드를 통해 지하로 내려가면 미술관으로 들어가는 입구가 여러 개가 나온다. 내부로 들어가면 강당, 시청각실, 레스토랑, 나폴레옹홀, 각종 상점이 있는 카루젤 뒤 루부르 등이 있다. 루브르 박물관에 소장된 작품으로는 레오나르도 다빈치의 '모나리자', 밀로의 '비너스 상', 들라크로아의 '민중을 이끄는 자유의 여신상', 다비드의 '나폴레옹 대관식' 등이 있다.

알렉산드르 3세 다리

알렉산드르 3세 다리(Pont Alexandre III)는 파리의 세느강에 있는 다리 가운데 가장 아름답고 가장 유명한 다리이다. 이 다리는 원래 1892년 프랑스와 러시아의 동맹을 기념하고 1900년에 개최된 국제 박람회를 축하하기 위해 러시아의 황제인 차르 알렉산드르 3세의 이름을 따서 만든 다리로서 1896년에 공사를 시작하여 5년만인 1900년에 완공한 다리이다.

베르사이유 궁전(Le Chateau de Versaille)은 파리 서남쪽 23km 지점에 위치해 있는 대궁전이다. "짐이 국가다"라고 말한 루이 14세가 1662년부터 1710년까지 무려 50년에 걸쳐 지은, 규모가 웅장하고 화려함의 극치를 보여주는 궁전이다. 이후로 루이 16세와 왕비 마리 앙트와네트가 살던 곳이기도 하다. 그들은 결국 프랑스 대혁명으로 비운을 맞았다. 건물의 규모면에서나 절대 왕정의 예술품에서나 세계에서 가장

베르사이유 궁전

크고 화려한 궁전이며, 100만 ㎡나 되는 대정원은 이곳을 방문하는 사람들로 하여금 탄성을 자아내게 한다. 궁전의 대접견실은 "헤라클레스의 방"(Salon d'Herkule), "다이애나의 방"(Der Saal der Diana), "군신의 방"(Salon de Mars), "머큐리의 방"(Salon de Mercure), "아폴로의 방"(Salon d'Apollon), "전쟁의 방"(Salon de Guerre)의 6개의 방과 유명한 "거울의 방"(Galerie des Glaces) 등 모두 7개의 방으로 되어 있다. 왕과 왕비의 공적인 생활을 위한 주거 공간이 있었으며, 여기서 극에 달한 사치와 향락의 생활이 이루어졌다.

그 가운데서도 특히 "거울의 방"은 국가의 주요 행사가 개최되던 방이었다. 망사르(Francois Mansart)가 1687년에 완성한 "거울의 방"은 길이 75m, 높이 12m의 넓은 방이며, 벽면을 17개로 나누어 578개의 거울로 장식하여 화려함의 극치를 보여준다. 바로 이 방에서 궁중의 대연회나 왕족의 결혼식 및 외국의 대사를 접견하는데 사용되었다.

"거울의 방"의 천정에 있는 둥근 그림은 루이 14세가 어머니인 마리로부터 권력을 되찾고 친정을 선언하던 1661년부터 니메그 평화 조약이 체결된 1678년까지의 정황을 묘사하고 있다. 이 방은 왕이 예배당으로 향하는 통로이자, 왕과 왕비의 거처를 연결하는 통로이기도 하다. 주요한 행사가 열릴 때는 “거울의 방”에 바로 왕좌가 놓였다. 그리고 이 방에서 1919년에 제1차 세계 대전을 종식시킨 베르사이유 조약이 체결되었다. “거울의 방”을 나가면 대정원이 나온다.

그랑 트리아농(Grand Trianon)은 베르사이유 궁전의 정원 인근에 있는 2개의 작은 섬 가운데 큰 섬에 지어진 장미 빛 대리석으로 된 별궁이다. 이 궁전은 루이 14세가 애첩이었던 망테팡(Madame de Montespan)과 지내기 위해 망사르(Jules Hardouin-Mansart)로 하여금 만들게 한 것인데, 루이 14세는 궁정의 공무에서 벗어나 가족과 사적인 시간을 보냈다고 한다. ‘트리아농’이란 이름은 루이 14세가 휴양을 위해 갔던 산마을의 이름을 딴 것이다. 원래 이 곳은 1670년부터 1687년까지 외관이 자기로 장식되어 있었으나, 자기는 견고하지 않아 오래지 않아 파손되었다. 그 후 망사르는 6개월 만에 견고한 대리석으로 트리아농을 새로 지었으며 지금까지 그 아름다운 자태를 유지하고 있다. 장미빛 대리석으로 된 외관과 실내 장식은 눈이 부실 정도로 화려하다.

02

영국

영국은 대서양 한가운데 있는 나라로서, 공식 국가명은 '연합 왕국'(United Kingdom, 줄여서 UK라고도 함)이다. 영국은 본섬인 그레이트 브리튼섬의 잉글랜드, 잉글랜드 서쪽의 웨일즈, 북쪽의 스코틀랜드, 아일랜드 섬의 북부의 북아일랜드 지역, 이렇게 4개 지역이 합쳐져 하나의 국가를 이루고 있다. 다시 말해 대서양에 있는 큰 2개 섬에서 아일랜드를 제외한 지역이 영국이다. 10억 인구가 쓰는 영어가 나온 나라인 영국은 식민지 개척의 전성기 때 세계 1위의 영토를 지배하던, 해가 지지 않는 나라였다. 미국, 호주, 뉴질랜드 등을 식민지로 갖고 있었다. 영국이 이처럼 세계 최대의 식민지 경영국가가 된 것은 18세기에 발생한 산업혁명 때문이었다. 영국의 황금시대는 빅토리아 여왕(Queen Victoria) 때 절정에 달했다. 그러나 19세기 후반부터 쇠퇴하기 시작하여 2차 대전 후에는 정치, 경제의 주도권을 미국에 넘겨주게 되었다.

영국의 기후는 대개 서안 해양성 기후를 나타낸다. 여름에 선선하고 겨울에도 혹독한 추위가 없으며 따뜻한 편이다. 겨울에 따뜻한 이유는 난류인 북대서양 해류와 편서풍의 영향을 받기 때문이다. 영국의 날씨는 하룻 동안 4계절이 있다는 말이 있을 만큼 변덕스럽다. 한여름에도 해가 가려지거나 비가 내리면 한기가 느껴진다. 그러나 겨울에는 북위 50°에서 60°에 위치해 있음에도 불구하고 온난한 편이다. 영국을 여행하려면 봄, 여름, 가을을 택하는 것이 좋지만 여름철도 무덥지 않아 여행하기에 무난하다. 영국의 인구는 대략 6,100 만명 가량이며, 종교는 성공회가 가장 많은 50%를 차지하고, 로마 카톨릭교 11%, 그리고 개신교 및 기타 종교가 39% 정도를 차지하고 있다.

영국의 국기는 연합왕국을 형성하는 잉글랜드, 스코틀랜드, 아일랜드의 3국의 기를 조합하여 만든 것으로, '유니온 기'(Union Flag)라는 이름으로 불린다. 3국의 기는 모두 그리스트교에서 기원한 십자기로서, 중세 십자군 원정 때부터 사용되었다. 당시 잉글랜드 기는 흰색 바탕의 적십자기였고, 스코틀랜드기는 파란색 바탕에 흰색의 비낀 십자가, 아일랜드기는 흰색 바탕에 빨간색의 비낀 십자가였다. 그것을 모두 합쳐서 현재의 영국 국기가 되었다.

1. 영국인의 기질

영국인은 섬나라의 사람들로서 대륙의 유럽인과는 좀 다른 기질을 가지고 있는데, 그들의 기질은 대략 다음과 같이 정리할 수 있다.

첫째, 영국인들은 전통을 존중하고, 보수적이다. 과거에 큰 영광의 시간들을 보냈기에 대체로 과거지향적이고, 보수적인 성향을 지니고 있다. 또한 전통이 있는 장소라든가, 오래된 물건을 전시하고 있는 박물관을 좋아한다. 그리고 골동품을 경매하는 경매장도 발달해 있다. 런던의 소더비 경매장이나, 크리스티 경매장은 골동품 거래의 메카로서 세계적인 명성을 지니고 있다.

둘째, 영국인들은 감정을 잘 드러내지 않는 경향이 있다. 속마음을 잘 드러내지 않으며, 참을성이 강하다. 한마디로 속마음과 겉의 표현이 다르다. 이러한 태도는 다른 섬나라 사람인 일본인과도 같다. 섬나라 사람들이 감정을 억제하고 냉정함을 유지하는 까닭은, 감정의 충돌로 인해 싸움이 발생하면 힘이 부족한 쪽이 반드시 제거되어

야 하기 때문이다. 즉 대륙에서처럼 다른 곳으로 도망갈 데가 없기 때문에 싸움은 하나가 반드시 없어져야만 끝나게 된다. 그러므로 섬나라 사람들은 가능한 한 싸움을 피하려 하며, 이를 위해 감정을 잘 표현하지 않는 경향이 있다.

셋째, 영국인들은 개인의 사생활을 매우 존중한다. "영국인의 가정은 그의 성이다"라는 말처럼, 영국인들은 살고 있는 집에 대해 각별한 애정을 갖고 있다. 그리고 그 집들이 매우 폐쇄적이다. 집이 아무리 작아도 현관이 있고, 복도가 있으며, 복도를 지나야 응접실로 들어갈 수 있다. 식당과 응접실도 벽으로 차단되어 있고, 방마다 독립성이 확보되어 있다. 그만큼 개인주의적이다. 그래서 영국인들은 타인의 행동을 간섭하지 않으며, 타인에게 불편함을 주지 않도록 각별히 애를 쓴다.

넷째, 영국인들은 모험심이 강하다. 대개 여행을 좋아하고, 세계 각지를 탐험하기를 좋아한다. 히말라야산을 가장 먼저 정복하고, 아마존 밀림을 가장 먼저 여행하며, 남극과 북극을 가장 먼저 다녀온 신기록을 세운 사람이 바로 영국인이다. 블레이크(Peter Blake)라는 사람은, "세계 어느 오지, 뭔가 탐험할 것이 있는 장소에 가면 꼭 영국인의 뒤통수를 보게 된다"라고 말한 바 있다.

다섯째, 영국인들은 시, 뮤지컬, 영화를 좋아한다. 프랑스인들이 미술을 좋아하고, 이탈리아인들이 가곡을 좋아하며, 독일인들이 음악을 좋아하는 반면에, 영국인들은 시 · 뮤지컬 · 영화를 좋아한다. 런던의 웨스트 엔드(West End)에는 뉴욕의 브로드웨이의 2배의 극장이 있다. 다시 말해 런던의 극장가에서는 언제든 세계적인 명성을 가진 배우가 무대 위에서 생생하게 연기하는 것을 볼 수 있다.

여섯째, 영국인들은 유머감각이 있고, 스포츠를 좋아한다. 영국인들은 유머와 스포츠를 통해 일상의 피곤함에서 벗어나고자 하는 경향이 있다. 이것은 그들이 축구에 열광하고, 그 밖의 각종의 스포츠를 즐기는 이유이기도 하다.

일곱째, 영국인은 질서를 잘 지키고 줄을 잘 선다. 공직사회는 청렴하며, 뇌물이 통하지 않는다. 모든 사람이 법 앞에 평등하다는 인식이 공유되어 있으며, 사람을 많을 때 어디서든 반드시 줄을 서는 관습이 있다. 쇼핑할 때도 줄을 선다. 물건을 살 때

흥정을 하지 않는 것으로도 잘 알려져 있다. 그 밖에도 영국인들은 약속을 미리하고 반드시 지키는 경향이 있다.

2. 영국인과 차

영국인들은 차를 즐겨 마시는 경향이 있다. 대륙의 독일, 프랑스, 이탈리아 사람들이 커피를 즐겨 마시는데 반해, 영국인들은 차를 즐겨 마신다. 그리고 영국인들은 차를 마실 때도 우유를 섞어 뿌옇게 된 차를 즐겨 마신다. 차에다 우유를 타게 되면 차의 맛이 매우 부드러워지는데, 그것을 "밀크 티"(Milk Tea)라고 부른다. 차가 서양에 알려진 것은 대략 17세기 무렵이었다. 네덜란드 상인들이 중국에서 차를 들여온 것이 시초였다. 그 뒤로 영국에서 차가 인기를 끌자, 영국 상인들이 중국으로부터 많은 양의 차를 수입하게 되었다.

차는 지금도 영국인들이 가장 즐겨 마시는 음료이다. 한마디로 그들은 하루 종일 차를 마신다고 할 수 있다. 우선 눈뜨자 마자 한잔을 마시는데, 이것을 '모닝 티' 라고 한다. 오전 11시경에도 한잔을 마시는데 이것을 "티 브레이크"(Tea Break)라고 말한다. 이것은 공식적으로 차를 마시는 시간이다. 그 밖에도 1, 2번 차를 마시며, 오후 4, 5시에는 다시 '티 타임' 이라 하여 차마시는 시간을 둔다. 이 때는 온 국민이 일손을 놓고 여유롭게 차를 마시며 피로를 푼다. 이 시간을 거의 모든 영국인들이 지키고 있어서, 이 시간에 남의 집을 방문하는 것은 실례가 된다. 이 시간에는 영국 전체가 올스톱된다고 말할 수 있다. 그래서 영국에는 전쟁도 '티 타임' 뒤에 한다는 농담이 있다. 또 저녁을 먹은 다음에도 잠자리에 들기 전에 한잔한다. 이런 식으로 차를 마시니, 하루에 4~7잔 정도 마시는 꼴이 된다. 그러므로 차는 영국인의 국민 음료라 할 수 있다. 미국 독립전쟁의 발단도 바로 이 차에 그 원인이 있었다. 차가 미국인에게 인기를 끌면서 밀수가 늘어나자, 영국에서 미국인에게 영국에게만 차를 사도록 하라는 법을 만들었고, 차에 무거운 세금을 매겼다. 이로 인해 보스톤 차사건이 발생했고, 이 때 영국에서는 대규모 군대를 파견하여 무력 진압했다. 이에 미국이 반발하면서 독립전쟁이 벌어졌고, 그 결과 미국이 영국으로부터 독립하게 되었다.

3. 영국의 음식

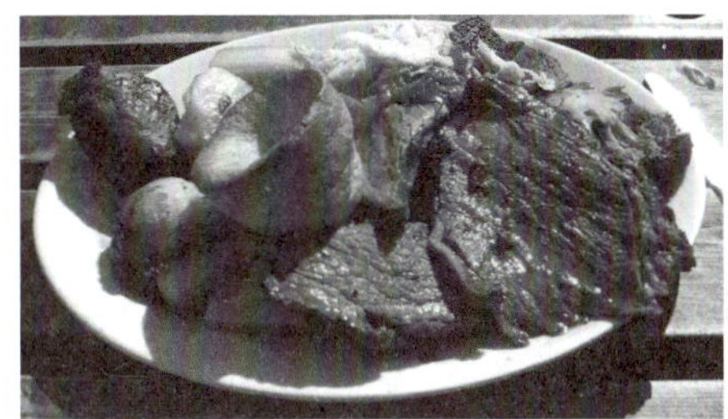
로스트 비프

영국인들이 먹는 음식은 비교적 소박한 편이다. 평소에 먹는 음식의 종류도 그다지 많지 않다. 영국을 대표하는 음식으로는 단연 로스트 비프(Roast Beef)를 들 수 있다. 이 음식은 기름기 있는 쇠고기를 덩어리 채로 오븐에 구운 요리로서, 쇠고기의 본래의 맛을 음미할 수 있는 고급 요리이다. 이 요리에는 육즙에 포도주를 넣어서 만든 소스가 곁들여 진다. 로스트 비프는 따뜻한 요리로 먹기도 하지만, 차게 해서 먹기도 한다. 특히 차게 해서 먹을 경우, 그것을 '콜드 미트' 라고 말한다. 보통의 영국가정에서는 이 요리를 일요일 점심식사로 주로 먹는다. 레스토랑에서는 고기를 주로 웨이트가 잘라주지만, 가정에서는 대개 가장이 잘라서 나누어준다. 그리고 서양 겨자나 소스를 얹어서 먹으며, 요크셔 푸딩이 곁들어 나온다. 여기서 요크셔 푸딩은 주 요리에 곁들여지는 음식으로, 주로 꽃가루, 고기기름, 물을 혼합하여 만든 것이다. 영국의 요크셔 지방에서 만들어지기 시작해서 이런 이름이 붙었다. 맛은 좀 느끼하지만, 주요리에 곁들여져서 인기가 있다.

영국인들이 좋아하는 다른 요리로는 생선 요리인 피쉬엔칩스(Fish & Chips)가 있다. 피시엔칩스는 물가가 비싼 영국에서 비교적 싸게 먹을 수 있는 서민음식이다. 대구나 가자미 등의 생선에 소금과 후추를 뿌리고, 밀가루, 달걀노른자, 맥주, 우유 등을 넣어 만든 튀김옷을 입혀서 기름에 튀겨낸 음식이다. 여기에 소금이나 식초를 뿌려서 먹는다. 이 음식에 곁들여지는 포테이토 칩스는 감자를 막대 모양으로 갸름하게 썰어서 튀긴 것으로, 영국인의 대표적인 서민음식이다. 피쉬엔칩스를 파는 가게를 '치피'(Chippy)라고도 부르는데, 아무리 작은 동네라도 이 가게가 하나 정도는 있다. 영국인이 즐겨 먹는 다른 음식으로는 살짝 구운 넙치에 소금과 레몬즙을 뿌려먹는 도버 솔(Dover Sole), 쇠고기와 콩팥을 끓여서 만든 파이인 키드니 파이(Kidney Pie) 등이 있다.

4. 영국의 술, 스카치 위스키

영국에서 생산된 제품 가운데 가장 유명한 것은 스카치 위스키일 것이다. 스카치 위스키는 세계적으로 명성을 지닌 술인데, 이 술은 이름에서도 알 수 있듯이, 스코틀랜드 지방에서 생산되고 있다. 영국의 자존심을 지켜주는 술이라고 할 수 있을 정도로, 세계적으로 많이 수출되고 있는데, 그 판매 수입이 관광객들이 찾는 수입보다 많다고 할 정도이다. 영국에서 스카치 위스키가 만들어진 것은 다음과 같은 배경이 있다. 유럽과는 달리 영국에서는 포도가 생산되지 않고, 보리가 많이 자라고 있었다. 12세기 경 십자군 전쟁에 참여한 카톨릭 수사들에 의해 아랍의 증류 기술이 도입되면서 스코틀랜드 지방에서 보리를 증류하여 술을 만드는데 성공하였다. 당시 스코틀랜드 사람들은 증류한 알코올을 "생명의 물"이라는 의미의 '우스케바'(Usquebaugh)라고 부르며 마셨는데, 이것이 뒤에 위스키가 되었다.

위스키

위스키의 수요가 급증하자, 이에 부응하기 위해 새로운 제조법을 개발하였는데, 그것은 소량의 맥아를 이용하여 다른 곡물을 발효시키는 방식이었다. 이런 방식으로 대량 생산을 하였는데, 이것이 바로 연속식 증류기이다. 이렇게 만들어진 위스키를 그레인 위스키(Grain Whisky)라고 한다. 이 그레인 위스키는 가격을 저렴하지만, 원래의 몰트 위스키보다 맛이 떨어졌다. 그래서 두 위스키를 섞어서 판매하게 되었는데, 이것이 바로 블렌디드 위스키(Blended Whisky)이다. 현재 판매되고 있는 위스키는 모두 이러한 블렌디드 위스키이다. 대표적인 스카치 위스키의 브렌드로는 커티샥, 시바스 리갈, 발렌타인, 조니 워커 등이 있다.

5. 영국의 축제

영국은 많은 축제가 열리는 나라이다. 그 가운데서도 런던의 노팅힐 거리축제, 에든버러 국제 페스티발, 템즈 페스티발 등이 특히 유명하다. 각 축제마다 나름의 특징을 갖고 있지만, 여기서는 런던 노팅힐 거리 축제에 대해 알아보기로 하자.

(1) 런던 노팅힐 거리 축제

런던의 노팅힐 거리 축제(Notting Hill Canival)는 유럽 최고 축제의 하나이자, 가장 큰 거리 축제이다. 매년 8월 말경, 곧 8월 마지막 토요일, 일요일, 월요일까지 3일간 열리는 난장 파티이다. 런던의 노팅힐 거리에서 열리기에 노팅힐 거리 축제라고 불려진다. 이 축제는 1965년 카리브해 지역에서 이주해 온 흑인 이주자들이 자신들의 고향에 대한 향수를 달래기 위해 전통 복장을 하고 노래와 춤을 추면서 거리를 행진한 데서 시작하였다. 그 뒤로 이 지역의 흑인들은 해마다 8월 마지막 일요일인 뱅크 홀리데이 때가 되면 노래와 춤을 추며 가두행진을 벌였는데, 이 가두행진이 널리 알려지면서 지금의 세계적인 축제로 발전하게 되었다.

노팅힐 거리 축제는 축제가 열리기 전부터 이미 그 서막이 오른다. 축제가 시작되기 1달 전부터 춤, 음악, 의상쇼, 밴드 경연대회 등이 열리고, 일주일 전부터는 다양한 의상과 특수 분장을 선보이는 다양한 행사가 열리게 된다. 이 행사에는 대개 카리브해 흑인들의 가장무도회, 흑인들의 사회적 풍자와 비판을 담은 밴드 연주, 민요의 일종인 칼립소, 전통 카니발 음악인 소카(Soca), 레게의 한 형태인 스태틱사운드 시스템 등의 주요한 테마로 이루어진다. 해마다 행사의 주제가 달라지며, 본격적인 퍼레이드가 열리는 날이 되면 140여개 팀이 거기에 참여하게 된다. 퍼레이드는 노팅힐역에서 메인 프레스존을 지나 타운을 한 바퀴 도는데, 그 거리는 대략 12㎞ 정도이고 시간은 10시간 정도 소요된다. 참여하는 사람은 흥에 겨워 술을 마시고 떠들거나 격렬한 춤을 추면서 축제의 분위기에 젖어 든다. 건물의 베란다에서 구경하는 주민들은 음료와 색종이를 뿌리며, 참가팀의 도우미들은 음료와 기념품들을 나누어 준다. 그 밖에 각종 이벤트와 어린이를 위한 가장 행렬이 펼쳐진다. 이 축제를 보기 위해 해마다 세계 각지에서 100만명 이상의 관광객이 찾고 있다. 이 축제는 브라질의 리우 축제, 독일의 옥토버 페스트, 일본 삿포르 눈축제와 더불어 세계적인 축제로 꼽힌다.

6. 영국의 관광지

(1) 런던

런던(London)은 (템즈강 하구에서부터 약 60km 상류에 위치한 도시로서) 영국의 무역, 경제, 정치의 중심지이자 수도이다. 1,600㎢의 면적에 800만 이상의 인구가 거주하는 이 도시의 중심지는, 소호(Soho) 지구이다. '소호' 라는 이름은 예전에 사냥할 때 내던 소리에서 유래한 것이다. 런던시는 이 소호를 중심으로 동쪽과 서쪽으로 나뉘는데, 동쪽은 이스트엔드(East End)로, 서쪽은 웨스트엔드(West End)로 불려진다. 이 양쪽은 분위기가 좀 다른데, 이스트엔드는 서민적인 분위기가 풍기고, 웨

런던의 2층 버스

스트엔드는 귀족적인 분위기가 풍긴다. 그래서 이 양 지역 가운데 웨스트엔드에 관광객들이 몰리고 있다. 특히 웨스트엔드는 미국 뉴욕의 브로드웨이와 함께 뮤지컬의 명소로 알려져 있다. 미국의 브로드웨이에서 주로 쇼가 많이 공연된다면, 웨스트엔드에서는 뮤지컬이 많이 공연되고 있다. 웨스트엔드에는 50여개 이상의 뮤지컬 전용 극장이 있어서, '켓츠', '레미제라블', '오페라의 유행', '미스 사이공'과 같은 세계 4대 뮤지컬이 모두 이곳에서 처음으로 공연되었다. 런던에서 볼만한 장소로는 세인트 폴 사원, 타워 브리지, 버킹검 궁전, 국회의사당, 웨스트민스트 사원, 런던 탑, 피카딜리 서커스, 영국박물관 등이 있다.

먼저 세인트 폴 성당(St.Paul's Cathedral)은 중세시대 르네상스 양식으로 지어진 런던의 대표적인 성당이다. 크리스토퍼 렌(Christopher Wren)이 로마의 성 베드로 성당을 보고 만든 르네상스 양식의 성당으로서, 1675년에 건설하기 시작하여 35

세인트폴 성당

년 뒤인 1710년에 완성하였다. 포틀랜드 석회암으로 지어진 이 성당은, 길이가 156m, 서쪽 정면의 폭이 54.9m, 날개 부분의 폭은 69.3m로서 세계에서 두 번째 크기를 자랑한다. 서쪽 정면에 세워진 두 탑은 그 높이가 64.8m에 달한다. 그리고 중앙돔의 직경은 영국 노르만 양식의 영향을 받은 것으로 넓이는 약 34m, 높이는 111m에 이른다. 이 돔 역시 로마의 성베드로 성당에 이어 세계에서 두 번째로 큰 크기이다.

성당의 내부는 매우 화려하게 꾸며져 있다. 벽화는 모자이크로 되어 있고, 천정화 역시 눈부실 정도이다. 성당 내부에 들어선 사람들은 그 웅장한 규모와 정교한 장식에 놀라게 된다. 성당 내부에 있는 계단을 통해 돔까지 올라갈 수 있으며, 돔 안에 있는 스톤 갤러리에 올라서면 런던 시내를 360도로 조망할 수 있다. 오랜 시간 동안 서민과 함께 해 온 성당의 지하에는 유명 인사의 묘가 있다. 성당을 건축한 크리스토퍼 렌을 비롯하여, 웰린턴 장군, 넬슨 제독, 사무엘 존슨 등 유명 인사가 묻혀 있다. 또한 이곳에는 속삭이는 회랑(Whispering Gallery)이 있는데, 이곳은 작은 소리 조차 반대편에 들리는 것으로 유명하다. 최근에는 유명인사의 결혼식이나 장례식이 열리기도 했다. 1965년에는 윈스턴 처칠의 장례식이, 1981년에는 찰스 왕세자와 다이애나 황세자비의 결혼식이 거행되었다. 이 성당은 나중에 미국 워싱턴의 국회의사당이나 파리의 판테온 건축에 영향을 미쳤다.

타워 브리지(Tower Bridge)는 템즈 강 하류에 위치한 고딕 양식의 다리로서 런던의 상징이다. 대영제국의 전성기인 1888년에 착공하여 1894년에 완공되었으며,

타워 브리지

두 탑을 인도교로 연결한 형태를 하고 있다. 다리의 총 길이는 270m이고 총 중량은 1,100톤에 달한다. 다리는 양안에서 각각 80m의 현수교 부분과 중앙의 60m 가동 부분으로 되어 있다. 이들을 받쳐주는 스코틀랜드 풍의 크고 작은 4개의 탑과 더불어 특이한 디자인을 자랑한다. 이 탑의 작은 첨탑들은 동화 속의 중세의 성을 연상케 한다. 가동 부분의 위로 여행자용 통로가 설치되어 있고, 두 탑 사이에는 유리를 끼운 인도교가 있다. 그래서 그 위에서 런던탑과 런던 시내를 조망할 수 있다. 타워 브리지는 큰 배가 지나갈 때 여덟 팔자로 움직이는 가동교이다. 배가 지나갈 때 1분 30초 동안 다리의 중앙 부분이 양쪽으로 들어 올려진다. 완공 당시에는 증기기관으로 작동하였으나, 1976년 이후로는 전기로 작동하고 있다. 지금은 양끝을 잇는 간선도로의 교통량이 증가함에 따라 가동 부분을 여는 횟수가 줄어 들었고, 그래서 1주일에 3, 4차례만 열리고 있다. 이 다리의 자랑은 1894년 이래로 한번도 고장이 나지 않았다는 것이다. 이 다리가 개폐되는 장면을 보는 것이 관광의 하이라이트이다.

버킹검 궁전

버킹검 궁전(Buckingham Palace)은 영국 여왕의 공식 거주지이다. 현재 여왕인 엘리자베스 2세가 월요일부터 금요일까지 이곳에서 지내고 있다. 이 궁전은 20,000㎡의 호수를 포함한 174,000㎡의 대정원, 다수의 미술품을 소장한 미술관, 도서관 등으로 이루어져 있다. 원래 1703년 버킹검 공작이었던 세필드의 저택으로 지어졌으나, 1762년 조지 3세가 사들여 왕실의 건물이 되었다. 그 뒤로 건축가 J. 내시 등에 의해 수차례 개축되었으나, 제2차 세계 대전 때 독일군의 공습으로 피해를 입었다. 궁전 앞의 광장에는 금빛 천사를 조각해 얹은 빅토리아 여왕기념비가 있는데, 이 기념비는 빅토리아 당시의 이상을 구현하기 위해 세워진 것이다. 버킹검 궁전은 지금 일반인들에게 공개되고 있다. 일반인에게 공개되기 시작한 것은 1993년부터였는데, 주로 여왕의 여름 휴가 기간인 8월 초부터 약 2달 동안 개방하고 있다. 입장료는 윈저성의 복구 비용으로 쓰이고 있다. 그리고 연간 약 5만명이 넘는 사람들이 연회, 오찬, 만찬, 리셉션 등에 초대되어 궁전을 방문하고 있다. 궁전에서는 렘브란트, 루벤스, 카나레또 등의 작품을 포함하여 왕실 소장품을 전시한 픽처 갤러리(Picture Gallery)를 관람할 수 있다.

버킹검 궁전은 많은 여행객들이 찾는 장소이다. 많은 관광객들이 이 궁전을 찾는 이유는, 그 앞에서 근위병 교대식을 볼 수 있기 때문이다. 근위병들의 교대식은 시즌에 따라 다른 스케줄로 진행되기에, 교대식을 보기 위해서는 그 시간을 알아 보아야 한다. 통상 4월부터 7월까지는 매일 아침 11시 30분부터 약 45분간 교대식이 열리는데, 이 시간에는 구경하러 온 인파가 몰리므로 미리 가서 좋은 자리를 확보할 필요가 있다. 근위병의 교대식은 장대하지는 않지만, 72cm의 보폭으로 걷는 근위병들의 모습은 색다른 재미를 느끼게 한다. 비가 올 때는 교대식이 진행되지 않는다.

국회의사당

국회의사당(House of Parliament)은 템즈강변에 위치한 건물로서, 영국 정치의 산실이자 의회 민주주의 전당이다. 영국은 세계 최초로 의회제 민주주의를 발달시킨 나라이고, 의회를 매우 중시한다. 국회의사당 건물은 원래 에드워드가 10세기에 지은 웨스트민스트 궁전이었고, 이 때문에 이 건물은 지금도 "웨스트민스트 팰리스"(Westminster Palace)라는 이름으로 불리기도 한다. 그러나 원래 건물은 1834년에 발생한 화재로 소실되었고, 그 뒤 찰스 배리 경(Sir Charles Barry)이 이 건물을 설계하고 1840년에 공사를 시작하여 1867년에 완성하였다. 국회의사당 건물은 정교한 고딕건축물로서 21세기 현대공학으로도 짓기 어렵다는 평가를 받고 있다. 건물의 크기도 어마어마하여 총 건평은 17,000㎡나 된다. 크기로 따지면 세계에서 가장 큰 국회의사당이다. 건물의 정면 길이는 약 274m이고, 내부에는 1,000여개의 방이 있다. 중앙에는 로비가 있고, 북쪽은 하원의사당이며, 남쪽은 상원 의사당이다. 그밖에 건물 안에는 국왕이 옷을 갈아입던 방, 일반인들을 위한 방청석 등이 있다. 일반인과 의원들은 세인트스테펜 홀을 거쳐서 입장하게 된다. 이 건물에는 두 개의 큰 탑이 있는데, 북쪽에 있는 것이 빅벤 타워이고, 남쪽에 있는 것이 빅토리아 타워이다. 빅토리아 타워의 높이는 무려 100m이고, 빅벤 타워의 높이는 98m에 달한다. 의회가 개원 중일 때는 빅토리아 타워 위에 국기가 게양된다. 특히 북쪽에 있는 빅벤 타워의 벽면

빅벤 타워

에는 '빅밴(Big Ben)' 이라는 거대한 시계가 붙어 있다. '빅밴' 이라는 시계 이름은 '크다' 라는 의미의 'Big' 과, 시계탑을 설계하고 공사한 '벤자민 홀' (Benjamin Hall)의 약호인 'Ben' 을 합친 복합어이다. 말하자면 "벤자민 홀이 만든 큰 시계"란 의미이다. 그러나 다른 한편으로 시계를 설계하고 공사한 벤자민 홀이라는 사람의 덩치가 매우 커서 이런 이름이 붙여졌다는 말도 전해진다. 시계의 문자판의 지름은 7m이며, 15분 간격으로 종을 울려 시간을 알려 준다. 이 시계는 시간의 정확함을 유지하기 위해 지금도 손으로 직접 태엽을 감고 있으며, 이를 위해 별도의 관리인을 두고 있다. 그리고 처음 만들어진 뒤 지금까지 한번도 멈춘 적이 없을 정도로 정교함을 자랑하고 있다.

웨스트민스터 사원(Westminster Abbey)은 국회의사당 건물 뒤편에 있는 고딕양식의 중세 건축물이다. 1066년 정복왕 윌리엄공이 왕위 개관식을 이곳에서 가진 이래, 영국 역사의 중요한 일들, 예컨대 왕들의 대관식, 결혼식, 장례식 등 큰 행사가 여기서 거행되었다. 윈스턴 처칠의 장례식, 앤드류 왕자의 결혼식, 다이애너 전 황태자비의 장례식도 이곳에서 이루어졌다. 그래서 영국인들은 웨스트민스터 사원을 "최고의 사원" 또는 '대수도원' 이라는 의미로, '디 에비' (The Abbey)라고 부른다. 현재의 건물은 1388년에 증축된 것이다. 또한 여기에는 역대 왕들의 무덤과 기념비가 있다. 여기서 볼 만한 것으로는, 고딕양식의 건축물, 스테인드 글라스, 대관식 때 왕들이 앉았던 의자, 1723년에 처음으로 연주된 오르간, 박물관 등이다. 그리고 여기에는 초서, 스펜스, 테니슨 등 저명인사의 묘도 있다.

런던 탑(Tower of London)은 템즈강 북쪽변에 위치한 중세의 왕궁으로서, 왕권의 상징이다. 영국 군사건축의 전형적인 형태를 보여주는 이 탑은 11세기에 처음 세워진 이래 다양한 용도로 사용되었다. 1078년에 정복왕 윌리엄이 중앙에 핵심 건물인 화이트 타워(White Tower)를 세웠고, 이어 헨리 3세가 1216년부터 1272년에 걸쳐 내부의 원형 성곽을 건설했으며, 그 뒤로 증축과 개축이 반복되면서 14세기 무렵 현재와 같은 형태를 갖추게 되었다. 이 탑은 견고한 외부 성곽과 해자 안에 크고 작은 타워들이 모인 복합체라 할 수 있는데, 그 가운데 핵심건물은 처음에 세워진 화이트 타워이다. 흰색으로 칠해져 있기에 화이트 타워라고 불리는 화이트 타워는 그 높이가 30m로서 당시에는 런던에서 가장 높은 건물이었다. 런던 탑은 왕궁, 방어용 성채, 감옥이자 처형장, 무기고이자 왕실의 보물창고, 그리고 조폐국 등 다양한 용도로 쓰여졌다. 그런데 이 탑이 유명해지게 된 것은 이곳에서 벌어진 권력다툼 때문이었다. 왕족을 비롯한 고위직들이 감옥 또는 고문 처형장으로 사용하면서 비극의 무대가 되었다. 한쪽에 있는 블러디 타워(Bloody Tower)는 12살에 왕위에 올랐던 에드워드 5세와 그의 동생이 삼촌에 의해 유폐되었다가 처형된 곳이며, 타워 그린(Tower Green) 역시 헨리 8세의 아내인 앤 불린(Anne Boleyn)을 비롯해 총 7명이 사형당했던 곳이다. 그리고 엘리자베스 1세 역시 이곳에 유폐된 적이 있었다. 런던 탑 안의 주얼리 하우스(Jewelery House)는 1303년 이래 영국 왕가의 진귀한 보물들을 보관하고 있는 곳으로, 여기에는 세계 최대의 다이아몬드인 '아프리카의 별'과 빅토리아 여왕을 위해 1837년에 제작한 2,800개의 다이아몬드와 보석으로 장식한 왕관 등 호화롭기 그지없는 보물들이 보관되어 있다.

런던탑

영국박물관(British Museum)은 '대영박물관'이라고도 번역되는 박물관으로서,

영국박물관

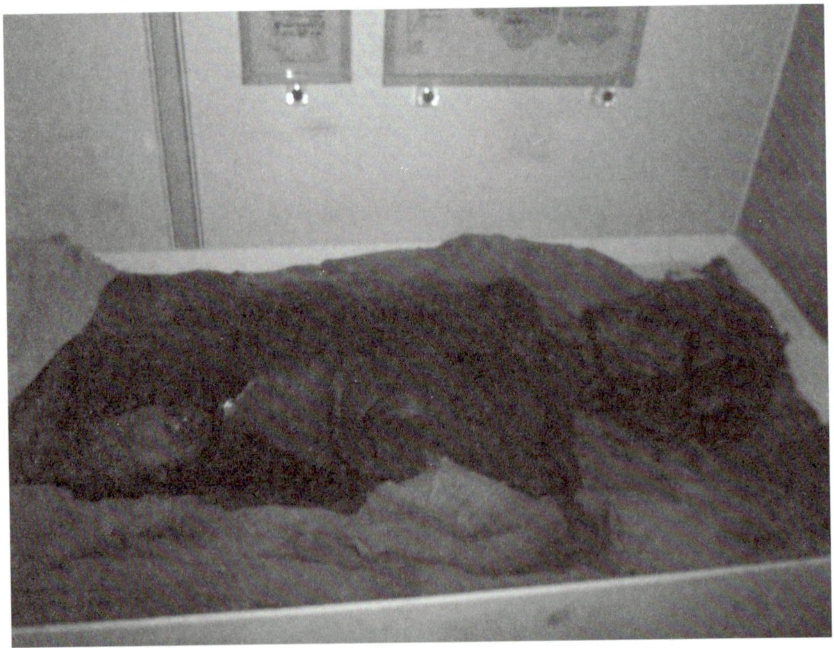

영국박물관 안에 전시된 미이라

람세스 2세상

러셀광장 맞은 편, 블룸스버리 지역에 위치해 있는 세계 최대의 박물관 중 하나이다. 1759년에 문을 연 세계 최초의 국립박물관이기도 한 이 박물관은 세계적으로 희귀한 고고학 및 민속학 수집품들을 소장하고 있다. 영국 박물관은 1753년 의사인 한스 스론(Sir Hans Sloane)이 8만 여점의 소장품과 로버트 코튼경(Sir Robert Bruce Cotton), 옥스퍼드 백작(Earl of Oxford)의 장서를 공개한 데서 시작되었다. 그 후 몇 년이 지난 뒤, 영국 정부가 이 자료들을 구입하면서 1759년 세계 최초의 국립박물관이 탄생하게 되었다. 그리스 양식으로 된 현재의 건물은 1853년에 완성되었으며, 그 뒤로 소장품들이 기하급수로 늘어났다. 4층 건물로 된 박물관은 83개의 크고 작은 전시실을 갖고 있다. 그 가운데 대표적인 전시품은 1층과 2층에서 감상할 수 있다. 3대 인기 전시물은 미이라(60호 방), 엘진 대리석(20호 방), 로제타 스톤(25호 방)이고, 그밖에도 이 박물관에는 람세스 2세(25호 방), 파르테논 신전, 네레이트 제전(7호 방), 목각의 관(25호 방), 앗시리아 라마스상 (20호 방), 아메노피스 3세(25호 방)를 위시하여, 1802년에 프랑스에서 얻은 이집트의 고고학 자료, 1806년에 수집한 타우네레, 크니도스의 데메테르 여신상, 소크라테스의 소형상, 페리클레스의 반신상, 율리우스 카이사르 및 로마 제왕들의 흉상, 아시리아의 날개달린 황소, 칼데아의 유물, 헨리 8세 궁전의 금붙이 세간, 중앙아시아의 옥수스의 유물, 중국의 벽화, 도자기, 불상 등의 볼거리를 갖고 있다. 상설전시관은 무료이지만, 기간이 한정된 특별전시회는 입장료를 받는다. 그리고 2000년에는 한국관이 신설되었으며, 여기에는 구석기 유물부터 청자와 백자 등 조선 후기 미술품 250점이 전시되어 있다.

런던 아이(London Eye)는 2005년 5월에 만들어진, 런던시내 전역을 조망할 수 있는 거대한 관람차이다. 밀레니엄에 들어선 것을 기념하여 만들었기에 '밀레니엄 휠'(Millenium Wheel)이라고도 불린다. 이 관람차는 웨스트민스터(Westminster)와 헝거포드 다리(Hungerford Bridge) 사이의 템즈 강변의 주빌리 가든 안에 위치해 있다. 영국 국적의 영국항공(British Airways)에서 제작을 지원하여 만들어졌으며, 커다란 자전거 바퀴 모양을 한, 순수 관람용 시설로는 세계에서 가장 큰 것이다. 전체의 무게는 1,600톤이고, 휠의 지름은 무려 135m이며, 케이블 하나의 무게만도 1.5톤에 이른다. 바퀴에 32개의 관람용 캡슐이 설치되어 있고, 바퀴가 회전하면서 다양한 방향에서 런던 시내 반경 40km 이내의 모습을 구경할 수 있다. 1개의 캡슐에는 총 25명이 탑승할 수 있으며, 한 바퀴 회전하는데 약 30분이 소요된다. 그리하여 여기서 템즈강 맞은 편의 국회의사당과 빅벤, 그리고 강 주변을 볼 수 있다. 처음에는 향후 5년 동안만 한시적으로 운행할 계획이었으나, 전세계적으로 관광객들이 방문하여 런던탑, 타워브리지, 빅벤 등과 런던의 상징물로 자리잡으면서 2002년 영구적인 운행을 허가받았다.

트라팔라 광장

트라팔라 광장(Trafalga Square)은 피카디리 광장과 더불어 런던의 중심이 되는 광장이다. 트라팔가 해전에서의 승리를 기념하여 1805년에 짓기 시작하여 1841년에 완성한 이 광장의 중앙에는 약 50m 높이의 넬슨 제독의 동상이 서 있다. 거기에 있는 넬슨 제독의 동상은 실물의 3배 크기인 5.6m로 만들어져 있다. 이 광장은 거대한 돌사자와 수많은 비둘기로도 유명하며, 각종 단체의 야외집회가 열리기도 한다. 광장 옆에는 내셔널 갤러리, 세인트 마틴 인 더 필즈 교회가 있다.

광장의 북쪽에는 길이를 재는 표준자가 놓여 있다. 이 광장은 영국인들 뿐만 아니라, 관광객의 휴식장소로도 사랑을 받고 있다. 광장 주변을 둘러싸고 있는 영국 국가 동물인 사자상과, 분수 등이 아름다운 조화를 이루고 있다. 사자상의 4면의 철판부조에는 트라팔가 해전, 나일강 해전에서의 덴마크, 러시아, 스페인 연합 함대와의 전투 상황이 기록되어 있다.

피카딜리 서커스(Piccadilly Circus)는 명실공히 런던의 중심지라 할 수 있는 광장으로, 관광과 쇼핑을 즐길 수 있는 곳이다. 세계에서 가장 혼잡한 장소 중의 하나로 손꼽히는 이곳은 오차로 로터리로 되어 있다. 패션의 거리로 유명한 카나비 스트리트(Carnaby Street)와 런던 최대의 환락가인 소호(Soho), 차이나타운, 런던 시어터 등과 인접해 있다. 맥도날드, 삼성, 코카콜라 등 화려한 네온사인 광고판이 만들어내는 피카딜리 서커스의 야경이 일품이다. '피카딜리' 라는 이름은 17세기에 유명했던 양재사가 만들어낸 프릴 칼라(Frill Collar)의 이름인 피카딜리(piccadily)에서 따온 것이다. 피카딜리 중앙에 있는 청동으로 만든 분수대는 원래 자선사업가인 샤프츠베리(Shaftesbury) 경을 기념하기 위한 1892년에 세운 것으로, 처음에는 샤프츠베리 기념비(Shaftesbury Monument)로 불리다가, 그 꼭대기에 알루미늄으로 제작된 사랑의 신 에로스 조상이 놓이게 되면서 '에로스'(Eros)라고도 불리고 있다.

피카딜리 서커스

03

독일

독일은 유럽 중부에 위치한 나라로서 정식 명칭은 독일연방공화국(Federal Republic of Germany)이다. 면적은 약 350,700㎢로서, 한반도의 약 1.6배에 해당한다. 독일은 주변 9개국과 국경을 접하고 있다. 즉 동쪽으로는 체코, 폴란드와 접하고 있고, 서쪽으로는 벨기에, 프랑스, 룩셈부르크와 마주하며, 남쪽으로는 스위스, 오스트리아와 접하고 있고, 북쪽으로는 덴마크, 네덜란드와 국경을 나누고 있다. 국토는 높은 산악지대, 고원지대, 호수, 해변으로 이루어져 있다.

독일의 기후는 해양성 기후와 대륙성 기후의 양면성을 지니고 있다. 북서부는 해양성 기후, 남동부는 대륙성 기후를 나타낸다. 사계절이 뚜렷하며, 전반적으로 여름은 온화하고 건조하며, 겨울에는 비교적 비가 많고 추운 편이다. 특히 독일의 겨울에는 해양성 기후 탓으로 북쪽이 남쪽 보다 더 따뜻하다. 여름철에는 무더위는 없지만 낮에는 덥고 밤에는 쌀쌀한 편이다. 따라서 독일을 여행하고자 하면 긴팔 옷이 필요하다.

독일의 인구는 약 8,200만명으로서, 종교는 신교가 약 36%, 구교가 35%로 비슷하고 기타가 29%이다. 독일의 국기는 검은색, 빨강색, 금색이 가로로 그려진 삼색기이다. 제일 윗부분인 검은 색은 부지런히 노력하는 근면을 상징하며, 빨강색은 자유를 동경하는 정신을 반영한다. 그리고 금색은 진리와 명예를 상징한다.

1. 독일인의 국민성

독일인들은 유럽에서도 근면 · 성실하게 일하고, 매사에 정확하기로 정평이 나있다. 독서와 음악감상을 좋아하며, 깊이 사색하는 국민으로도 잘 알려져 있다. 이러한 독일의 국민성은 대략 다음과 같이 정리할 수 있다.

첫째, 독일인들은 질서 지향적이며 철저하게 규정을 준수한다. 일상생활에서 각종 시간을 정확히 지킨다. 기차나 버스의 도착시간도 거의 완벽하게 지켜진다. 규정을 만들 때도 합리적으로 만들며, 만들어진 규정은 철저히 지키려 한다. 공공장소에서의 질서를 교과서적으로 지키며, 다른 사람이 질서를 어기거나 예의에 어긋나면 대개 항의하거나 주의를 준다. 이웃집 사람이라도 불법이라고 판단되면 단호하게 경찰에 신고한다. 개인적으로 친한 것과 법률을 준수하는 것을 완전히 구별한다. 그러므로 독일은 어느 한군데 흐트러진 곳이 없다. 서양의 농담에 "독일인들은 군인처럼 행동한다"는 표현이 있다. 이런 정확성 때문에 독일은 질서를 지키는 한 마음 편하게 살 수 있는 나라라고 말할 수 있다.

둘째, 독일인들은 합리적이고 검소하다. 독일의 집이나 가구는 튼튼하고 호화롭고 값비싼 것을 선호하지만, 쓰고 버리는 식의 성향은 찾아보기 어렵다. 재활용이 가능한 한 모든 물건을 재활용한다. 자신에게 필요없는 물건은 벼룩시장을 통해서 판다. 부유하건 가난하건 간에 물건의 재활용을 생활의 일부로 여긴다. 재활용을 생활의 일부로 여기고 어릴 때부터 교육을 시키기 때문에 연필 몇 자루를 가지고 벼룩시장에 나온 어린이도 볼 수 있다.

셋째, 독일인은 매우 근면하고 철저하다. 일할 때는 열심히하고 자신의 마음에 들 때까지 한다. 그래서 독일인들이 만드는 제품은 정교하고 튼튼하여 세계적인 경쟁력을 갖추고 있다. 한마디로 독일인은 장인정신을 갖고 있다. 그러나 독일인들은 노동과 휴식을 명확히 구분하며 양자를 혼동하지 않는다. 초과시간의 노동을 강요할 수 없다. 독일의 휴가는 세계적으로 봐도 가장 긴 편에 속한다. 여름 휴가도 매우 길며,

남자도 아내가 출산을 하면 출산휴가를 받는다. 독일인들은 휴식할 때 대개 가족과 함께 하는 경향이 있다.

넷째, 독일인들은 깔끔한 것을 좋아한다. 그들은 일을 하는 장소를 깔끔히 정리하는 습관이 있다. 거리도 깨끗하고 정연하며, 유리창도 언제나 반들반들하게 닦여 있으며, 부엌도 언제나 깨끗하다. 이처럼 그들은 언제나 주변정리를 하기 때문에 바쁜 가운데에서도 혼란스럽지 않다.

다섯째, 독일인들은 지성적이어서 독서량이 매우 많다. 독일인들은 독서를 매우 좋아하여 가정에 책이 많다. 독일인 가정을 방문해 보면 책장이 많다는 사실에 놀라게 된다. 책장은 서재 뿐만 아니라, 대개 거실에도 설치되어 있다. 거실에는 장식장이 별로 없고 대신에 책장이 있다. 그 책장에는 반드시 책이 꽂혀 있다. 책장도 한 두 개가 아니고, 거실 전체에 벽면을 아예 책으로 가득 채워 놓은 집도 있다. 또한 독일인들은 책을 많이 읽으며, 이와 함께 논쟁을 매우 좋아한다. 특정한 주제에 대해 자신만의 논리를 전개하고 타인이 합리적인 주장을 하면 그것을 받아 들인다. 학교에서도 논쟁을 오랜 시간 동안 실시한다. 이 때문에 독일인들은 논리적인 사고를 매우 잘한다. 또한 독일인들은 자신이 모르는 궁금한 것이 있으면 반드시 알기를 원한다. TV를 보거나 다른 사람과 대화를 하다가도 자신이 모르는 내용이라도 있으면 사전부터 뒤지는 버릇이 있다.

여섯째, 독일인은 음악을 사랑한다. "독일에는 명곡(名曲)은 있으나 명화(名畵)는 없다"는 말이 있을 정도로, 독일인은 음악을 애호한다. 슈베르트, 모차르트, 베토벤, 바하 등 클래식의 거장들이 거의 독일에서 배출되었다. 그리고 독일인들이 음악을 사랑하는 것은 맥주집에서의 합창이나 교회에서의 수준 높은 합창단에서도 느낄 수 있다.

일곱째, 독일인들은 자신이 가지고 있는 문화, 자연, 건물, 물건들을 아주 소중하게 생각한다. 독일인의 자연보호정신은 세계적이다. 그리고 그들은 문화재를 소중히 보존하는 데도 정평이 나있다. 전쟁의 피해를 복구하는데 있어서도 옛 것을 그대로 복구하는데 노력을 기울였다. 뿐만 아니라 자연환경을 파괴하지 않고 그대로 두는 것을 중요하게 생각한다.

여덟째, 자식들에게 헌신적이지 않다. 독일인들은 개인을 독립된 인격체라고 보기 때문에 자식에 대해 그다지 헌신적이지 않다. 어릴 때는 정성을 다해 키우지만, 어느 정도 커게 되면 독립시킨다. 경제적인 측면에서도 마찬가지이다. 부모들은 젊었을 때 힘들게 모은 자신의 재산을 자신이 살았을 때 다 쓰려고 하며, 자식에게 물려주려 하지 않는다. 자식들도 그것을 당연히 생각한다. 부모들은 자식이 대학을 다니면서 쓴 학비도 돌려 받으려 한다.

그 밖에도 독일인 가운데는 수집하는 것을 좋아하는 사람들이 많다. 그들은 취미 활동으로 특정한 물품에 대해 애착을 가지며, 그것을 수집하는 사람이 많다. 또한 독일인들은 성에 대해 깊은 관심을 가지고 있다. 성에 대해서는 아무리 이야기를 해도 소재가 고갈되는 법이 없다. 그만큼 독일인들은 성에 관한 한 개방적이다. TV에서 포르노성 영화를 보여주는 것은 물론이고, 성을 노골적으로 다루는 프로그램도 있다. 성 체위를 실전으로 보여 주기도 하고 다양한 성인용품을 소개하기도 한다. 남성의 발기 문제, 성기구의 사용, 성의 테크닉, 섹스 학교, 포르노 배우의 인터뷰 등을 많이 다룬다. 아울러 독일인들은 축제를 많이 즐긴다. 독일의 베를린에서는 러브퍼레이드를, 뮌헨의 옥토버페스트, 라인 카니발 등 많은 축제를 즐기고 있다.

2. 독일의 음식

독일인들이 주로 먹는 음식은 주로 빵, 소시지, 돼지고기, 감자 위주로 구성되고, 그 외의 야채는 적게 섭취하는 편이다. 그리고 물 대신 맥주를 많이 마신다. 한마디로 독일 음식은 주변의 국가들에 비해 훌륭하거나 특별한 것이 없으며, 이 때문에 음식에 관한 한 프랑스 보다 세계적인 명성이 크게 뒤떨어진다. 독일 음식이 화려하지 않고, 명성이 낮은 가장 큰 이유는 지리적인 여건이 그다지 좋지 않기 때문이다. 독일에서는 옛날부터 바다와 육지에서 해산물과 고기, 또는 곡식이 풍부하게 생산되지 않았다. 또한 일조량도 풍부하지 못하고, 산림지역이 많다 보니 다양한 먹거리가 부족했다. 그래서 독일인들은 전통적으로 빵, 소시지, 맥주를 중심으로 식사를 해왔다.

독일인들의 식사는 대체로 아침과 점심은 비교적 간단하게 빵과 소시지와 맥주로 해결하고, 저녁식사는 비교적 잘 먹는 편이다. 아침에는 주먹만한 크기의 브뢰첸(Broechen)이란 빵을 먹는데, 이 빵은 프랑스의 바게트처럼 겉은 딱딱하지만, 밀가루, 효모와 물 이외에는 다른 첨가물을 넣지 않은 것이다. 독일인들은 이 빵을 먹을 때 소시지를 곁들인다.

독일인들에게 특히 소시지는 매우 중요한 식품이다. 그들은 소시지를 많이 먹고 있으며, 또한 이것을 신성시해 왔다. 소시지를 얼마나 중시하는가는 "사람은 빵만 먹고 살 수 없다. 반드시 소시지와 햄이 있어야 한다"라는 속담을 통해 알 수 있다. 독일인들은 소시지를 풍요를 부르고 은총을 가져오는 신성한 음식이자, 신과 인간을 이어주는 음식이라고 믿어 왔다. 그래서 독일인들은 소시지를 먹을 때 낯선 사람이나 생리중인 여성이 가까이 오지 못하게 금한 적도 있었다.

독일인들이 많이 먹는 소시지는 돼지고기나 쇠고기를 곱게 갈아 동물의 창자나 인공 케이싱(casing)에 채운 고기 가공품이다. 소시지에는 고기와 지방을 갈고 거기에 소금, 향신료 등을 섞어서 소나 돼지의 장에 채워서 훈연시킨 것이 많다. 그래서 소시지는 돼지 기름을 많이 넣어 유연성이 있는 햄과는 달리, 단백질이 적고 지방질이 많아서 칼로리가 높은 특징을 가지고 있다. 독일에서 생산되고 있는 소시지는 그 종류가 매우 다양하다. 모양과 재료에 따라 순대처럼 굵고 기다란 것에서부터 새끼손가락 굵기의 작은 것까지, 그리고 케첩과 카레가루로 구운 것에서부터 고기가 아닌 간을 이용해 만든 것까지, 재료와 모양, 그리고 생산되는 장소에 따라 그 종류가 1,000가지가 넘는다. 독일의 소시지가 유명한 까닭은 독일에서 생산되는 소시지는 어떤 것이든 육질 본래의 쫀득쫀득함을 느낄 수 있기 때문이다. 이것은 재료의 원래 맛을 중시하는 독일 음식의 특징이기도 하다. 그들은 소시지나 햄을 만들 때 결코 낮은 급의 고기를 섞거나 화학조미료 · 착색제 · 방부제를 사용하지 않는다.

우리가 자주 먹는 대표적인 페스트푸드인 햄버거(hamburger)도 그 유래가 제2차 세계대전이 종료된 후 점령군 미군이 함부르크(hamburg)에서 빵 사이에 소세지를 끼워 먹었던 것에 있다. 독일에서 체류하던 미군이 미국으로 돌아가면서 대중들에게 널리 퍼져 대중적인 음식이 되었다.

학센

독일인들이 즐겨 먹는 다른 음식에는 돼지고기 요리인 포크춉(Porkchop, 독일어로는 Schweinskotelett)과 오븐에 구운 돼지고기(Schweinebraten)가 있다. 그 밖에도 돼지 넓적다리를 오븐에 구운 슈바이네 학센(Schweine Haxen), 식초와 소금 그리고 향료와 함께 삶은 아이스바인(Eisbein)도 많이 먹는 음식이다. 그리고 독일인들은 소고기도 좋아하는데, 대중적인 소고기 요리로는 로스트비프(Rinderbraten)가 있다. 유럽과 미주지역의 사람들은 모두 소고기를 많이 먹지만, 독일식 로스트비프의 특징은 소스에 있다. 요리의 명칭 또한 얹은 소스에 따라 결정된다.

아울러 독일인들은 식사를 할 때 삶은 감자나 식초에 절인 양배추도 곁들여서 먹는다. 이처럼 독일인들의 식사가 빵, 소시지, 돼지고기 구이, 감자, 양배추 등으로 이루어 지므로, 매우 단순하고 소박하다고 말할 수 있다. 음식을 차릴 때도 종류에 따라 각각 다른 그릇에 담는 것이 아니라, 커다란 접시 하나에 음식을 다 담으며, 그것을 남기지 않고 깨끗이 먹는다. 가능한 하나의 접시를 사용하는 것은 설거지를 하면서 발생하는 오염을 줄이겠다는 뜻이다. 남기는 음식 없이 정갈하게 접시를 비우는 습성도 음식물 쓰레기를 되도록 없애려는 환경의식에서 비롯된 것이다.

3. 독일의 맥주

독일 맥주

독일하면 떠오르는 단어 가운데 하나가 맥주일 정도로 독일인들은 맥주를 많이 마신다. 우리가 식사할 때 김치를 즐겨 먹듯이, 독일인들은 식사할 때도 맥주를 즐겨 마신다. 이처럼 맥주가 식음료의 한 종류가 되었기에 빌헬름 4세(Friedrich Wilhelm Ⅳ)는 1516년에 '맥주순수령' 을 공포하여 맥주를 만들 때 몸에 해로운 방부제를 넣지 못하도록 했다. '맥주순수령' 이란 맥주를 만들 때 물과 보리, 홉의 순수재료가 아닌 방부제를 넣지 못하도록 금하는 법령인데, 이 법령은 아직도 독일에서 유효하다. 독일인들이 맥주를 좋아하고 많이 마시는 이유는 대략 다음처럼 정리해 볼 수 있다.

첫째, 독일이 나오는 물은 철분을 많이 포함하고 있다. 그래서 물을 그대로 마시게 되면, 상쾌한 물맛은 느낄 수 없고 쇠의 비릿한 냄새를 느끼게 된다. 그래서 독일인들은 생수를 그냥 마시지 않고 보리와 홉을 이용하여 맥주를 만들어 마시게 되었다.

둘째, 독일인들은 소시지와 햄을 많이 먹는데, 이것들을 먹으려면 맥주가 제격이다. 즉 소시지와 햄은 맥주를 마시면서 먹어야 제대로 맛을 느낄 수 있는 궁합이 잘 맞는 음식이다.

셋째, 독일에서 다양한 종류의 맥주가 생산되고 있다. 독일인들은 제각기 맥주에 대한 취향이 다르고, 독일 전역에서 4,000종이 넘는 다양한 맥주가 생산되고 있다. 통계 수치를 보더라도 전 세계의 맥주 공장 가운데 약 1/3이 독일에 위치해 있는 것으로 나타나고 있다. 따라서 독일인들은 각지에서 생산되는 특색있는 맥주를 취향에 따라 골라먹을 수가 있다.

4. 독일의 축제

독일은 축제가 많은 나라이다. 대표적인 축제로는 옥토버 페스트(Oktoberfest), 라인 카니발(Fasching) 등이 있지만, 그 밖에도 바이에른 주의 용퇴치 축제, 바이로이트의 오페라 페스티발, 짤츠부르크의 페스티발도 매우 유명하다. 또한 사육제, 여인들의 목요일 축제, 장미의 월요일, 재의 수요일, 부활절 등 종교적인 축제 역시 많이 열리고 있다.

(1) 옥토버 페스트

옥토버 페스트(Oktoberfest)는 "10월의 축제"라는 뜻으로 독일의 대표적인 축제이다. 이 축제는 독일의 뮌헨에서 10월을 전후하여 열린다. 즉 매년 9월 셋째 주 토요일 정오부터 10월 첫째 주 일요일까지 약 16일간 열린다. 그 해의 수확에 감사한다는 뜻을 담고 있는 이 축제는, 해마다 500 만명 이상의 사람이 운집하는 독일 최대의 행사이다. 참여 인원의 비율은 대개 뮌헨 사람이 70%, 외국인이 15%, 내국인이 15% 정도이다. 뮌헨시의 시장이 9월 셋째주 토요일 날 12시를 기해 두 번의 망치질로 맥주를 오픈하면서 16일 간의 축제가 시작된다. 축제 기간에 맥주는 400만장 이상, 소가 120 마리, 송아지가 60 마리, 닭은 60만 마리, 돼지는 30만 마리 이상이 소비된다.

옥토버 페스트가 생겨나게 된 것은, 1810년 10월에 루드비히 왕가의 왕자였던 루드비히 1세(Ludwig I)가 작슨 할도부르가우센 왕가의 테레지아(Thersia) 공주와 결혼식을 올렸는데, 그 때 주민들이 뮌헨의 성문 앞에 모여 충성과 존경을 표시하자, 루드비히 1세가 이에 대한 답례로 축제를 열어준 데서 비롯되었다. 당시 축제가 열렸던 곳은, 테레지아 공주의 이름을 따서 명명된 테레지엔 비제 광장(Theresienwiese)이었고, 그 뒤로 매년 경마와 활쏘기 등의 행사가 열리게 되었다. 그 뒤인 1896년에 작은 맥주 집 대신 거대한 맥주 텐트가 설치되면서 이 축제는 본격적인 궤도에 올랐다.

맥주 텐트 안의 모습

축제가 열리는 첫날 오전 11시 경, 독일의 남자들은 가죽 바지에 체크 무늬 남방을 입고, 여자는 '드린딜'(Drindl)이라고 불리는 전통 복장, 곧 짧은 브라우스에 형형색색의 치마로 된 전통의상을 입고 화려한 마차를 타고 시내 중심가를 행진하기 시작하며, 12시에는 뮌헨 시장이 두 번의 망치질로 맥주를 따면서 본격적으로 축제의 시작을 알리게 된다. 그 때부터 거대한 맥주 텐트 안에서는 본격적인 술잔치가 벌어지고, 16일 동안 맥주를 마시고 노래하고 춤추는 낭만적인 시간을 보내게 된다. 텐트 안에서는 세계 각국의 민요를 함께 부르거나 어깨춤을 추는 관광객들을 볼 수 있다. 뿐만 아니라 시내 곳곳에서도 맥주와 안주를 파는 모습을 볼 수 있다. 이 기간 동안 1,415개의 맥주회사가 참여하고 8,000명의 종사자가 맥주와 안주를 판매한다.

옥토버 페스트가 성공적으로 개최될 수 있었던 것은 뮌헨시의 도움과 맥주 회사의 적극적인 참여 때문이었다. 뮌헨시에서는 축제의 성공을 위해 철저하게 대비하여 전 세계에서 몰려드는 인파에 대처한다. 축제 기간 중에는 행정부서간의 긴밀한 협조 아래 자원봉사자들이 활약하게 된다. 안내소도 곳곳에 세워지고 영어, 이탈리어어 등 외국어로 된 지도와 관광 안내 책자 등도 무료로 배포되며, 프레스 센타를 설치하여 외국에서 온 취재기자들이 축제의 모습을 각국에 소개하도록 하고 있다. 어린이를 위한 탁아소나 놀이방은 물론이고, 응급환자를 위한 구급시설, 절도나 폭행에 대비하여 방범 초소도 들어서게 된다. 또한 맥주 회사에서도 이 축제를 적극적으로 지원하는데 그 이유는 맥주 축제를 통해서 자신들의 회사를 광고하고, 많은 양의 맥주를 팔아 수입을 얻을 수 있기 때문이다. 맥주텐트 안에서는 원칙상 금연이다. 담배를 피우다 걸리면 백주를 받지 못하게 될 수 있기 때문에 대부분 담배를 피우지 않는다고 한다.

5. 독일의 관광지

(1) 베를린

베를린(Berlin)은 남북 길이가 37km, 동서 길이가 45km가 되는, 독일에서 가장 큰 도시이자 수도이다. 북독일 평원의 심장부에 자리잡고 있으며, 도시의 중앙으로 슈프레강이 흐르고 있다. 베를린은 볼거리가 많은 도시이자, 박물관이 많은 도시로도 잘 알려져 있다. 대표적인 관광지로는 티어가르텐, 전승기념탑, 브란덴부르크문, 카이저빌헬름교회, 샤를로텐부르크성, 운터덴 린덴거리 등이 있다.

티어가르텐

먼저 티어가르텐(Tiegarten)은 베를린의 대표적인 공원이다. 런던에 하이드 파크가 있고, 뉴욕에 센트럴 파크가 있다면, 베를린에는 티어가르텐이 있다. 티어가르텐이란 명칭은 '티어'(동물)와 '가르텐'(정원)의 합성어이다. 즉 "동물이 있는 정원"이라는 뜻이다. 넓이가 약 1,985,000㎡인 이 공원은 예전에 왕가의 수렵장이었던 곳이다. 여기에는 방대한 숲, 아름다운 호수, 수로가 있어서, 베를린 시민에게는 소중한 도심의 휴식처가 되고, 여행자들에게 놓칠 수 없는 관광지가 되고 있다. 티어가르텐 한 가운데는 전승기념탑이 세워져 있다. 이 탑은 1864년 프로이센과 덴마크의 전쟁에서 승리한 것을 기념하여 세운 것으로, 높이가 67m에 이르며, 탑 위에는 금빛으로 된 승리의 여신 빅토리아가 서 있다. 탑 안에 있는 285개의 계단을 올라 가면 시내 전역을 내려다 볼 수 있다.

전승기념탑

브란덴부르크문(Brandenburger Tor)은 그리스의 아테네 신전을 모방하여 지은 것으로, 칼 고트하르트 랑한스(Carl Gotthard Langhans)라는 사람이 설계하여 1788년부터 1791년까지 건축한 프로이센 왕국의 개선문이다. 독일 고전주의 건축물의 걸작이라는 평가를 받고 있는 이 문 위에는 요한 고트프리트 샤도우(Johann Gottfried

브란덴부르크문

Schadow)가 만든 “승리의 여신과 사두마차”, 곧 네 마리의 말이 승리의 여신 빅토리아가 타고 있는 전차를 끄는 크바트리가(Quadriga) 동상이 올려져 있다. 이 동상은 1806년 프로이센을 무찌른 나폴레옹이 파리로 가져갔지만, 1814년에 다시 이곳으로 되돌아 온 것이다. 동서 베를린의 경계였던 탓으로 통일 전에는 장벽 뒤에 서있어 분단 독일의 상징이었으나, 지금은 통일 독일의 상징이 되어 있다. 제2차 대전 당시 심하게 파손되었으나, 1956년부터 1958년까지 완전히 복원되었다. 브란덴부르크문에는 조명이 설치되어 매우 아름다운 야경을 연출한다. 앞의 넓은 광장에는 사람들이 자유롭게 다니고 관광객들로 언제나 붐빈다.

카이저 빌헬름 교회(Kaiser Wilhelm Gedaechtniskirche)는 베를린 중심가에 위치한 교회로서, 1889년 사망한 황제 빌헬름 1세를 기념하기 위해 1891년부터 1895년까지 지은 로마네스크 양식의 교회이다. 다른 교회와 다른 점은 제2차 대전 때 공습으로 파괴된 모습 그대로 보존하고 있다는 데 있다. 즉 전쟁의 잔혹성을 기억하자는 의미로 부서진 교회를 그대로 보존하고 있으며, 교회 안에는 전쟁과 관련된 작은 박물관이 있다. 교회의 옆에는 낮은 육각형으로 지어진 신교회가 있다. 이 신교회는 현대식으로 지어져 있으며, 내부에는 푸른 빛을 띤 스테인드 글라스가 있어서 눈길을 사로 잡는다.

샤를로텐부르크성(Schloss Charlottenburg)은 베를린에서 가장 아름다운 바로

샤를로텐부르크성

크식 건물이다. 프러시아의 프리드리히 1세가 프랑스의 베르사이유 궁전을 보고 아내인 샤를로테(Charlotte)를 위해 지은 베를린 최대의 성이다. 이 성의 원래 이름은 '리첸부르크성' 이었으나, 왕비가 죽은 뒤로 그녀의 이름인 샤를로트를 따서 성의 이름을 '샤를로텐부르크성' 이라고 바꾸게 되었다. 본관의 길이가 무려 505m에 달하는 이 성은 제2차 세계대전으로 인해 심각하게 훼손되었지만 그 뒤에 다시 복구되었다. 이 성의 건물은 옛날에 있던 구 궁전과 새로 지은 신 궁전의 두부분으로 나누어져 있다. 궁전의 내부는 호화롭게 꾸며져 있으며, 도자기 전시실도 볼만하다. 영국식으로 꾸며진 바깥 정원도 아름다운 풍경을 연출하고 있다.

그 밖에도 베를린에서는 샤를로텐부르크 궁전 건너편에 이집트 박물관, 베를린의 대표적인 고대유적박물관인 페르가몬 박물관, 산책로 고급부티크 카페 박물관, 대표적인 번화가인 운터 덴 린덴(Unter den Linden), 베를린 대성당, 베를린 벽박물관, 역사박물관, 유대인 박물관 등도 둘러볼 만 하다. 이처럼 베를린에 박물관이 많기 때문에 베를린은 '박물관의 도시' 라고 말해진다.

(2) 뮌헨

뮌헨은 활기찬 도시이다. 수도인 베를린이 다소 엄숙하고 장중한 도시 분위기를 지닌 도시라면, 뮌헨은 명랑하고 감각적이며 활기찬 도시라고 할 수 있다. 세계적인 축제인 옥토버페스트도 바로 이 도시에서 열린다. 뮌헨의 볼거리로는 마리엔 광장, 님펜부르크궁, 올림픽 공원, 신시청사 등이 있다.

먼저 마리엔 광장(Marienplatz)은 뮌헨 시의 시내 주요 도로의 기점이자, 구시가의 중심광장이다. 광장은 그리 넓지 않지만 분수대도 있고, 주위에는 신시청사를 비롯하여 프라우엔 교회 등 관광명소가 집중되어 있다. 광장 주변으로 차량의 통행을 금하는 보행자 거리(Pedestrian zone)가 조성되어 있고, 고급 부티크, 레스토랑, 노천까페, 패션 점, 교회 시장이 즐비하여 산책하거나 쇼핑하기에 좋다. 그래서 이 광장은 언제나 사람들로 붐빈다. 마리엔 광장의 가게들 앞에는 사자상이 있는 것이 특징이다. 광장의 중앙에는 시의 수호신인 마리아의 탑인 마리앙 솔(Mariensaule)이 서 있으며, 가끔씩 광장의 거리에 악사들이 공연을 하거나 퍼포먼스를 하기도 한다.

신시청사

마리엔 광장의 동쪽으로는 신시청사(Neues Rathaus)가 있는데, 이 시청사는 1867년~1909년에 세워진 네오 고딕식 건물로서, 종탑과 벽면의 인형시계인 글로켄슈필로 유명하다. 시청사의 건물 높이는 85m에 이르며, 지붕 한가운데 가늘고 높은 시계탑이 솟아 있다. 세련되고 예술적인 감각이 돋보이는 이 건물은 수 백년 이상 된 것 같지만, 실제로는 100여년 정도의 비교적 짧은 역사를 가지고 있다. 청사의 탑에서는 아름다운 뮌헨의 시가지를 볼 수 있으며, 중앙의 종루에는 특수 장치 인형시계인 글로켄슈필이 매일 오전 11시에 10분간 작동하며 음악을 연주한다. 처음에는 서글프고 비장한 음악을 연주하다가, 잠시 쉰 다음에는 음악 소리가 용솟음치는 음악으로 바뀐다. 그리고 다시 잠시 멈추었다가 축제풍의 음악으로 바뀌게 된다. 이때 시계 아래에 있는 8개의 인형 무용수가 춤을 추기 시작한다. 5월 1일부터 10월 31일까지 정오 12시와 오후 5시에도 볼 수 있다. 이 때는 사람 크기 만한 인형들이 나오는데, 처음에는 빌헬름 5세의 결혼식을 가운데서 기마전을 벌이고, 다음으로는 1517년 페스트가 만연해 외출금지 당하다가 페스트가 사라졌음을 알게 되어 사람들이 이를 기뻐하며 신나게 춤을 추던 모습을 실감나게 표현한다.

프라우엔 교회

마리엔 광장의 서쪽 편에는 쌍탑을 가진 15세기 고딕식의 프라우엔 교회와 독일 최초의 르네상스식 건물인 성 미카엘 교회 등이 있으며, 그 맞은 편에는 아주 오래된 성 피터 교회(Alte Peter)가 있다. 또한 마리엔 광장의 곧 바로 남쪽에는 빅토리아 마리엔 마르크트 옥외 시장이 있다. 홍백의 파라솔과 흰색 텐트가 길게 늘어서 있는 노점에는 야채, 과일, 가공품들이 정연하게 진열되어 있다. 또한 광장 서쪽의 카우핑거 거리는 보행자 천국으로서 유명한 상점가이다. 고딕양식 건물의 테라스엔 꽃들로 장식되어 있다.

님펜부르크궁

님펜부르크궁(Schloss Nymphenburg)은 루트비히 3세(Ludwig Ⅲ)가 베르사이유 궁전을 본따서 만든 독일 최대의 궁전이다. 1918년 왕권이 붕괴되기 직전까지 바이에른 왕이 여름 별궁으로 사용한 궁전인데, 분수를 중심으로 좌우 대칭으로 꾸며 놓아 바로크 건축의 전형을 보여준다. 프랑스의 베르사이유 궁전을 설계했던 카르보네가 직접 설계한 프랑스식 정원에는 수렵용 궁전(아말리엔부르크), 목욕탕(바덴부르크), 차의 궁전(파고덴부르크) 등의 소궁전이 있다. 루드비히 3세는 이탈리아 출신의 왕비를 위해 성으로 가는 길 뿐만 아니라, 성안에도 인공호수와 인공강을 만들었다. 이 때문에 이 궁전은 "작은 베니스"라고 불린다. 궁전에서는 루트비히 1세가 궁정 화가에서 뮌헨의 미녀 36인을 그리게 한 "미인화 갤러리"와, 역대 왕가의 마구간을 개조하여 마차를 전시해 놓은 마차박물관도 볼 만하다. 특히 마차 전체가 금으로 세공된 루트비히 2세의 금마차도 유명하다.

막시밀리안 거리

막시밀리안 거리(Maximilianstrasse)는 막스 조제프 광장에서 강 건너의 막시밀리아노임 궁전까지 이어진 길로 명품상점들이 늘어서 있는 명품 쇼핑거리이다. 아름다운 거리를 조성하기 위해 막시밀리안 2세가 건축가들과 머리를 맞대고 이 거리를 조성했다고 한다. 호프브로이에 들어가기 전에 잠시 둘러볼 만큼 가까운 거리이다. 호프브로이하우스(Hofbrauhaus)는 세계 각국의 사람들과 어울려 맥주를 마시는 곳이다. 생맥주와 흑맥주가 있고 안주로는 소시지, 통닭 등이 있다. 빈자리에 앉아서 합석하여 술을 주문하면 된다. 그리고 BMW 박물관(BMW Museum)은 올림픽 공원 근처에 위치한 박물관으로서 명차의 과정을 한눈에 볼 수 있는 곳이다. BMW 최초의 자동차, 오토바이 및 엔진 부품, 미래형 콘셉트카 등이 전시되어 있다.

뮌헨올림픽 공원은 1972년에 개최되었던 제20회 하계 올림픽을 기념하기 위해 조성한 공원으로서, 각종 경기장이 있으며, 경기장들은 모두 시민에게 개방되어 사회체육시설로 활용되고 있다. 다카우(Dachau) 수용소는 1933년 나치에 의해 세워진 최초의 수용캠프로서, 유태인, 정치범, 동성연애자 등을 수용한 곳인데, 20만명에 이르는 사람이 이곳에 보내 졌고, 3만명 이상이 이곳에서 강제노역, 배고픔, 질병으로 목숨을 잃었다고 한다. 그리고 슈바빙(Schwabing)은 예술가, 학생, 젊은이들이 모이는 곳이다. 금세기 초 이곳에서 활동한 칸딘스키, 마리아 라이너 릴케, 토마스 만, 파울클레 같은 예술가들로 인해 이 곳은 보헤미안적 분위기를 지니고 있다.

뮌헨올림픽 공원

그밖에도 뮌헨을 방문했을 때 꼭 먹어봐야 할 음식이 있는데 그것은 바로 돼지의 정강이 부분을 참숯으로 구워낸 요리인 학센(Haxen)이다. 이 음식은 바이에르지방의 전통요리로 매우 유명하다.

04

스위스

스위스는 알프스 산맥과 쥐라 산맥 사이에 위치한 산악국가로서, 유럽의 3대 강인 라인강, 론강, 다뉴브강이 발원한 곳이기도 하다. 영세중립국인 스위스의 정식 명칭은 스위스 연방(Swiss Confederation)이다. 유럽 중부 내륙에 위치해 있으며, 면적은 41,284㎢로서, 대략 남한의 1/2 정도 크기이다. 국토의 1/4이 높은 알프스 산맥으로 이루어져 있으며, 수력 이외의 다른 천연자원은 거의 없다. 대신에 국토가 산과 강, 호수가 절묘하게 어우러져 천혜의 관광 조건을 갖추고 있다. 산 위에는 백색의 눈이 있고, 그 아래에는 초록색의 침엽수림과 더불어 맑고 푸른 호수가 그림처럼 펼쳐져 있다. 이 때문에 스위스는 낭만적인 여행지로 알려져 있다.

스위스는 산악 기후를 나타내고 있으며, 지역별로 기후차가 크고 복잡한 양상을 보인다. 강수량은 여름과 겨울에 많으며, 일교차가 큰 편이다. 따라서 체온 조절을 할 수 있는 복장이 필요하다. 겨울은 한국보다 덜 춥고, 여름은 한국보다 덜 덥다. 그러나 일교차가 커서 여름날에도 밤이 되면 서늘하므로 긴 옷이 필요하다.

인구는 약 753만명이며, 종교는 카톨릭 신자가 42%, 개신교가 35%, 이슬람교가 4.3% 정도이다. 관광 사업은 GNP의 8%를 차지하고, 관광업에 종사하는 사람은 전 인구의 9%를 차지한다. 기후와 농토가 척박하여 한 때는 각국에 용병을 보내 생계를 유지하기도 했지만, 지금은 국제 기구의 유치, 비밀 보장 은행의 운영, 고급 시계의 수출, 관광 수입을 통해 국민 소득이 세계 최고의 수준이 되었다.

스위스의 국기는 1848년에 정식으로 제정된 것으로, 유럽의 국기 가운데 가장 오래된 것에 속한다. 국기의 바탕색은 붉은 색이며, 그 안에 흰색의 십자가가 들어 있는 형태이다. 사각형 안에 들어있는 십자가는 스위스가 그리스도 국가임을 나타낸다.

1. 스위스인들의 기질

스위스는 독일, 프랑스, 이탈리아와 인접하고 있는 나라로서, 주변의 여러 나라들로부터 많은 영향을 받았다. 이 때문에 스위스의 언어권도 모두 4개 언어권으로 이루어져 있고, 각 지방마다 고유한 문화적 특징을 가지고 있다. 그러나 대체적으로 스위스인들은 정직하다고 알려져 있다. 정직하기 때문에 자신의 실수나 잘못을 잘 시인하고 융통성이 부족한 편이다. 이러한 정직성으로 인해 규범적이고 보수적인 특성을 갖게 되었다. 또한 스포츠나 여행에 관한 이야기를 하는 것을 매우 좋아하지만, 사적인 문제에 대해 언급하는 것을 좋아하지 않는다. 그만큼 프라이버시를 중시한다. 서로의 재산에 대해 언급하는 것도 좋아하지 않는다. 스위스 은행은 비밀유지로 유명하고, 전 세계의 부자들이 스위스 은행을 찾고 있는 것도, 바로 그들이 프라이버시를 존중하는 데서 비롯된 일이다. 또한 스위스인들은 매우 부지런한 것으로 알려져 있다. 그들은 매사에 열심히 임하며, 성격이 매우 세밀하다. 이 때문에 스위스인들은 고도의 정밀공업을 발전시켰다. 스위스인들이 만든 제품은 화려하지 않지만, 질적으로 높은 수준을 보여준다. 특히 그들이 만든 시계, 오르골, 주머니칼, 정밀 기기 등은 명품으로 알려져 있다. 스위스인들은 자선행사에는 적극적이지만, 돈을 사용하는 데는 인색한 편이다. 그러나 기본적으로 친절하고 예의바르며 관광객들에게도 호의적이다. 연간 관광객들이 3천 6백만 명을 상회하며, 관광수입도 국가의 중요한 수입이 되고 있다. 또한 스위스인들은 초콜렛을 좋아하기로도 유명하다.

2. 스위스의 음식

스위스에는 각 지역별로 다양한 요리가 발달해 있다. 대체로 말하면 독일 요리법에 기초하여 프랑스와 이탈리아 방식을 종합하였다고 말할 수 있다. 그러면서도 지방마다 독특한 요리법을 갖고 있다. 취리히나 바젤같은 독일어를 사용하는 지역의 사람들은 소시지와 감자를 이용한 요리인 뢰스티(Rosti)같은 요리를 즐겨 먹는다. 이 요리는 찐 감자를 잘게 썰어 구운 고기이다. 그리고 제네바를 중심으로 하는 프랑스어 지역에서는 송어에 식초나 향료를 넣고 삶은 음식인 오블뢰(Au Bleu)를 많이 먹는다. 반면에 남부 스위스 지역, 곧 이탈리아어를 쓰는 지역에서는 스파게티(Spaghetti) 등을 많이 먹는다. 이처럼 지역마다 다른 요리가 쓰이지만 전체적으로 가장 기본적인 음식은 치즈라고 할 수 있다. 스위스에서는 이미 200년 전부터 치즈를 만들기 시작했으며, 그 종류도 대략 150여 종류를 헤아린다. 그 중에 아펜젤러, 그뤼에르, 에멘탈 등이 유명하다.

그런데 스위스를 대표하는 요리로는 치즈 요리인 퐁뒤(Fondue) 또는 퐁듀라고 할 수 있다. 퐁뒤란 신선로 같은 곳에 치즈를 올리고 불로 녹여서 빵에 발라먹는 음식이다. 이것을 흔히 '치즈 퐁뒤'라고 말한다. 그 밖에도 데운 기름에 쇠고기 조각을 넣고 익혀서 여러 가지 소스에 찍어먹는 퐁듀 부르기뇽, 삶은 감자에 치즈를 얹어 먹는 라클레뜨(Raclette), 송아기 고기 요리를 버섯, 크림, 백포도주로 만든 소스와 함께 먹는 게수네 첼테스 등이 있다.

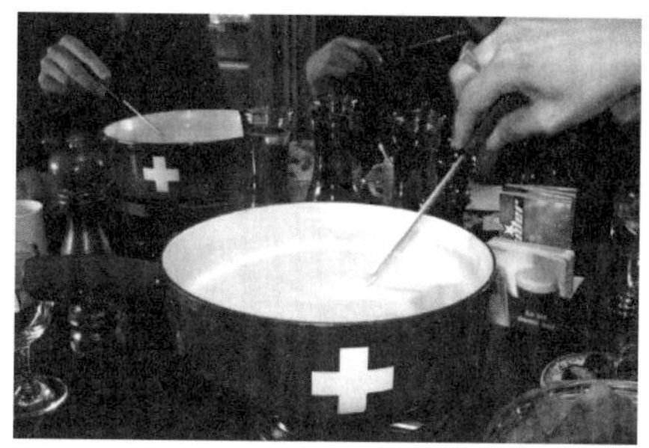
퐁뒤

스위스의 레스토랑에서 식사하고자 할 때는 레스토랑에서 아무 좌석에 앉아서는 안되며, 종업원이 좌석을 안내해줄 때까지 기다려야 한다. 스위스인들은 세계에서도 초콜릿을 가장 많이 먹는 사람들이다. 대략 1년에 한사람 당 12kg 정도를 소비한다고 한다. 또한 스위스하면 백포도주도 빼놓을 수 없다. 치즈 요리와 함께 먹는 포도주 맛을 일품이다. 적포도주도 있지만, 백포도주의 생산량이 더 많다. 해외에서 스위스의 포도주를 구하기 어렵기 때문에 스위스에 있을 때 맛보는 것이 좋다.

3. 스위스의 축제

(1) 섹세로이텐 축제

섹세로이텐 축제(Sechese Lauten Festival)는 취리히 지방에서 행해지는 민속축제로서 봄을 환영하는 축제이다. 스위스의 축제 가운데 가장 크고 화려한 축제인 섹세로이텐 축제는 매년 4월 셋째 주말에 열린다. '섹세로이텐' 이란 말은 "여섯시에 울리는 종소리"라는 의미를 지니고 있다. 이 축제는 4월 셋째 주말인 일요일에 취리히에서 전통 의상을 입은 어린이들과, 직접 만든 의상을 입은 어른들이 가장 행렬을 하는 것으로 시작한다. 화려한 전통의상을 입은 7,000 여명의 사람이 행렬을 이루어 행군하고, 28개의 취주악단이 그들과 함께 함께 행진한다. 500마리의 말도 함께 행진하는데, 그중 140마리는 화려하게 장식한 마차와 짐차를 끈다. 이 행렬에는 절대 엔진을 사용하지 않는다. 행렬은 취리히 중심가를 행진하는데, 이 대열을 끄는 것은 커다란 눈사람인 '보오그' (Boog)이다. 보오그는 3, 4미터의 크기로 만들어진 짚으로 된 흰색의 눈사람처럼 생긴 인형이다. 이 인형은 겨울의 노파를 상징한다. 행진이 끝나면 보오그는 넓은 잔디 공간에 마련된 "섹세로이텐 광장"에 옮겨진다. 다음날인 월요일 오후에는 25개의 조합(길드) 회원들이 각기 특징적인 의상을 입고 악대를 동원하여 음악을 연주하면서 거리를 행진한다. 그런 다음 오후 6시에 취리히의 가장 큰 성당인 그로뮌스터 성당(Grossmunster Cathedrel)에서 종이 울리면 사람들은 '보오그'를 올려놓은 높이 13m의 장작 더미에 불을 붙이게 된다. 그런 다음 섹세로이텐 행진곡을 합창하며 그 주위를 돈다. 보오그는 100여개의 폭죽으로 채워져 있기 때문에 불을 붙이면 요란한 폭음을 내며 터지는데, 이 때 사람들은 빨리 보오그의 최후를 보고 싶어한다. 빨리 최후를 맞이할수록 봄이 일찍 온다고 믿기 때문이다. 보오그의 머리에서 가장 큰 폭죽이 터지면서 봄을 알리게 된다. 보오그가 불타는 모습을 보고 그 해의 운을 점친다고 한다. 이 날은 공식적인 휴일로 지정되어 있다.

4. 스위스의 관광지

스위스에서 볼만한 것으로는 눈 덮힌 산과 푸른 숲과 호수이다. 뿐만 아니라 알프스 산맥으로 인해 맑은 공기, 고요한 분위기를 즐길 수 있다. 스위스에서 가볼만한 여행지로는 베른, 취리히, 제네바, 인터라켄, 장크트모리츠, 마이엔펠츠 등을 들 수 있다.

베른 시가지

(1) 베른

스위스의 수도인 베른(Berne)은 1864년부터 수도로 정해진 도시로서, 스위스 정치의 중심지이다. 도시 전체가 세계 문화 유산으로 지

시계탑

곰 공원

정될 만큼 역사적 가치와 아름다움을 지니고 있다. 이 도시의 이름은 도시의 설립자인 쩨링엔의 베르히톨트(Count von Berchtold)가 사냥을 가서 곰(Baren)을 사냥한 것을 기념하여 붙인 것이다. 오늘날에도 곰이 이 도시의 상징으로 되어 있다. 이 도시는 1405년 화재로 소실된 이래, 사암을 재료로 해서 재건되었다. 강의 수면보다 400m 가량 높은 곳에 위치한 구시가에는 여전히 베이지 색의 건물들이 남아 있다. 여기서 구시가지는 베른역에서부터 시가가 끝나는 아레강의 다리까지 약 1.5km의 거리를 가리키는데, 중세의 분위기가 느껴지는 거리이다. 이 거리는 1983년에 세계문화유산으로 지정되었다. 베른에서는 1530년에 설치된 시계탑이 볼만하다. 베른의 상징인 시계탑은 1770년에 완전히 개·보수되어 현재까지 전해지고 있다. 그 밖에도 스위스에서 가장 큰 성당인 뮌스터 성당(Munster), 베른의 상징인 살아있는 곰을 볼 수 있는 곰 공원도 볼만하다. 특히 1857년에 만들어진 곰 공원에서는 3.5m의 우리에 갇혀 있는 곰을 볼 수 있다. 그밖에도 연방의회 의사당도 둘러볼 만하다. 연방의회의사당은 초록색 둥근지붕의 건물로서 1848년부터 1902년까지 건설된 것이다. 그 밖에도 베른에서는 동식물의 서식지에 사는 동물들을 묘사하여 전문화시켜 놓은 자연사 박물관도 볼 수 있다.

(2)취리히

취리히(Zurich)는 스위스에서 가장 많은 인구가 거주하는 큰 도시이자, 세계 각국의 금융기관이 몰려 있는 도시이다. 특히 이 도시에 있는 반호프 거리(Bahnhofstrasse)는 역전 광장에서 취리히 호반에 이르는 1,300m 길이의 거리로서, 유럽 전체에서도 대표적인 고급 상가라 할 수 있다. 여기에는 시계점, 보석상, 피혁제품상, 의상 전문점, 백화점, 은행 등이 즐비해 있다. 말하자면 이 거리는 스위스 경제의 중추라 할 수 있다. 그러나 건물의 높이가 제한되어 5층 이하의 건물 들만 있고 자동차가 들어갈 수 없는, 보행

취리히 시내

디자인 박물관

자의 거리이다. 그 밖에도 취리히에서는 스위스에서 가장 큰 로마네스크양식으로 지어진 그로뮌스터(Grossmunster) 대성당이 볼만하며, 마르크 샤갈이 성서 이야기를 주제로 1969년에 제작한 스테인드글라스로 유명한 프라우 뮌스터(Fraumunster) 성당, 857년에 만들어져 취리히에서 가장 오래된 교회이자, 유럽에서 가장 큰 시계가 붙어 있는 성피터 교회(St. Peter Kirche), 그리고 취리히 호수 등이 볼 만하다.

(3) 제네바

제네바 시 전경

제네바(Geneva)는 취리히와 바젤 다음의 제3의 도시이자, ILO와 WHO 등 각종 국제 기구의 본부가 있는 도시이다. 이 도시는 스위스 남서부의 레만호(제네바호)의 서부 연안에 위치해 있다. 이 도시에는 시계제조업을 비롯하여 보석세공업, 정밀기계, 의료기계공업 등이 활발하게 일어나고 있다.

(4) 루체른

루체른(Luzern)은 루체른 호수 또는 비에르 발트스태터 호수(Vierwaldstaetter See)라고도 불리는 아름다운 호수가에 위치한 호반의 도시이다. "비에르 발트스태터"라는 말은 "네 나라의 호수"라는 뜻이다. 여기서 네 나라는 우리(Uri), 슈비츠(Schwyz), 운터발덴(Unterwalden), 루체른(Luzern)을 가리킨다. 둘레가 133km에 이르는 호수의 주변에는, 허기진 채 죽어가는 사자의 모습을 자연석에 조각한 "빈사의 사자상"(Lowendenkmal)이 있다. 이 사자상은 18세기 후반인 1792년 8월 10일 프랑스 혁명 당시 루이 16세와 그의 부인 마리 앙뚜아네트가 머물던 튈리히 궁전을 지키다 끝내 숨진 786명의 스위스 용병을 기리기 위해 조각한 것이다. 빈사상태로 누워있는 사지는 타국에서 죽어간 스위스 용병을 상징한다.

빈사의 사자상

루체른에는 유럽에서 가장 오래된 목조다리인 가펠교(Kapellbruckwe)가 있다. 루체른의 상징인 이 다리는 1333년에 완성된 것으로, 유럽에 있는 나무로 만든 다리 가운데 가장 오래되고 가장 긴 것이다. 다리의 길이는 무려 200m에 달하며 보통 다리와는 달리 지붕이 덮여 있다. 다리를 건너면서 지붕 안쪽을 보면 널빤지에 그려진 그림을 볼 수 있다. 그 그림

가펠교

스위스의 하이디산 정상

은 17세기의 화가 하인리히 뵈크만이 당시의 중요한 사건이나 루체른 수호 성인의 생애를 그린 것이다. 다리 중간에는 팔각형 저수탑이 있는데, 이곳은 예전에 루체른을 지키는 요새이자, 문서보관소로 사용되기도 했으나, 지금은 기념품을 파는 상점이 되어 있다. 그 밖에도 이 도시에서는 좁은 골목과 광장을 채색한 벽화들을 감상할 수 있으며, 많은 상점과 부티크를 구경할 수 있다.

(5) 인터라켄

인터라켄 시내

인터라켄(Interlaken)은 툰(Thun)호수와 브리엔즈(Brienz) 호수라는 두 개의 호수를 지닌 도시이다. 이 호수 사이에 도시가 있기에, 인터(Inter) +레이크(Lake), 곧 '인터라켄'이란 이름을 갖게 되었다. 이곳에는 베스트역과 오스트역이란 2개의 역이 있다. 베스트역으로 가면 툰 호수를 볼 수 있고, 오스트 역으로 가면 브리엔츠 호수를 볼 수 있다. 이곳은 스위스 최고의 관광지이자, 알프스의 3봉인 아이거(Eiger), 묀히(Monch), 융프라우(Jungfrau)가 나란히 있는 베르너 오버란트(Berner Oberland)로 올라가는 베이스캠프이기도 하다. 시내 중심에는 호텔, 레스토랑, 기념품 상가, 공원, 여행사들이 즐비해 있으며, 자연의 빼어난 아름다움과 위대함을 느낄 수 있다.

(6) 장크트모리츠

장크트모리츠 역

장크트모리츠(Sankt Moritz)는 '생 모리츠'(Saint Moritz)라는 이름으로도 불리는, 해발 1775m에 자리잡은 도시이다. 이 도시에는 거대한 산과 큰 나무로 둘러싸인 장크트모리츠라는 아름다운 호수가 있다. 고급 호텔과 스키장이 있어서 고급 휴양지로 명성을 지니고 있다. 도시는 산과 언덕에 붙어 있다. 그래서 언덕을 오르면 도시가 전개되고, 다시 언덕을 오르면 도시가 어이진다. 이 때문에 이곳은 매우 뛰어난 경치와 맑은 공기를 지니고 있다. 샤넬, 구찌, 루이뷔똥과 같은 고급 브랜드 거리가 조성되어 있으며, 초콜렛 가게로 유명한 한젤만 가게도 여기에 있다.

(7) 마이엔펠트

마이엔펠트

마이엔펠트(Meienfelt)는 "알프스 소녀 하이디"라는 동화, 만화, 영화의 배경이 되었던 곳이다. 요한나 슈피리(Johanna Spyri)라는 여류 작가가 요양차 이 마을에 머물다가 영감을 얻어 소설 하이디를 쓰게 되었다. 여기서는 농가를 개조해서 만든 하이디의 집, 드넓은 포도원, 푸른 초원 등을 볼 수 있다.

05

네덜란드

튤립과 풍차로 잘 알려진 나라인 네덜란드의 정식 명칭은 네덜란드 왕국(Kingdom of Nethelands)이다. 북유럽과 중유럽의 중간에 위치해 있으며, 동쪽으로 독일과, 남쪽으로 벨기에와, 서쪽과 북쪽으로 북해와 접해 있다. 국토의 대부분이 평야와 늪지대로 이루어져 있으며, 산이 별로 없다. 가장 높은 산도 해발 330m 밖에 되지 않는다. 그러므로 네덜란드는 한마디로 평원의 나라라고 할 수 있다. 더욱이 육지 면적의 약 1/3이 바다의 간척사업을 통해서 얻어진 땅이다. '네덜란드' (Nethelands)라는 명칭도 '낮은' (Nether) + '땅' (Land), 곧 "해수면 보다 낮은 국토"라는 뜻이다. 그래서 이들은 네덜란드라는 명칭 보다 홀란드(Holland)라는 명칭을 더 좋아한다. 네덜란드의 국토 면적은 41,528㎢로서, 한반도 크기의 절반 정도이다.

네덜란드의 기후는 비교적 온난한 편이다. 위도가 매우 높지만 북해의 난류와 편서풍의 영향을 받아 여름에는 서늘하고 겨울에는 따뜻한 편이다. 여름철 평균 기온 17℃이고 겨울엔 2℃ 정도로 일년 내 온화한 기후를 나타낸다. 그러나 습기가 많아 365일 가운데 대략 200일 가까이 비가 오거나 흐리다. 그러나 비의 양이 많지 않아서 강수량은 우리나라와 비슷하다.

네덜란드의 인구는 약 1,625만명인데, 그들은 자전거를 많이 타는 것으로 유명하다. 1,625만명의 인구에 자전거의 숫자가 1,200만대에 이른다. 자전거 전용도로와 자전거 전용 신호기가 설치되어 있다. 네덜란드의 집들은 약한 지반으로 인해 자주 한쪽으로 기울어진다. 그래서 네덜란드에서는 집이 쓰러지는 것을 방지하기 위해 여러 집들을 서로 연결한 경우가 많다. 네덜란드의 건물들은 높은 반면 평수가 좁은 편이다. 계단도 좁아서, 이사를 할 때 건물 위에 달려 있는 도르래를 이용한다. 집의 평수가 좁은 것은 집터의 넓이로 세금을 매겼기 때문이었다. 지붕에 몇 개씩 보이는 굴뚝은 집집마다 난방을 위해 페치카를 설치했기 때문이다.

네덜란드는 제2차 세계 대전 중에 독일군에게 점령되어 많은 피해를 입었다. 그러나 전후 미국의 마셜 플랜(Marshall plan)에 힘입어 짧은 기간에 경제 재건을 이루는데 성공하였다. 마셜플랜이란 제2차 세계 대전 이후 미국이 유럽으로 공산주의가 전파되는 것을 막기 위해 서유럽 16개국에 대해 경제적인 원조를 해준 것을 말한다. 그 결과 네덜란드는 룩셈부르크와 함게 유럽 공동체에 참가하여 회원국 중에서 중추적인 역할을 담당하고 있다.

네덜란드의 국기는 빨간색, 흰색, 파란색으로 이루어진 삼색기이다. 이 기는 16세기 후반 오라네가의 윌리엄 공이 스페인에 대해 독립운동을 할 때 처음으로 사용한 것이다. 깃발의 윗 부분의 빨간색은 전쟁에 나선 용기를 상징하고, 흰색은 신에 대한 신앙심을 상징하며, 파란색은 조국에 대한 충성심을 상징한다.

1. 네덜란드인의 국민성

네덜란드는 일찍부터 바다로 진출한 해상 무역 국가였던 만큼, 네덜란드 사람들은 매사에 진취적이고 개방적이다. 네덜란드는 세계 최초로 안락사를 허용했으며, 1993년에는 세계 최초로 동성연애자의 결혼을 합법화하였다. 또한 동성연애자 부부의 입양도 허용하고 있다. 이 나라에서는 동성연애자가 더 이상 이상하게 여겨지지 않는다. 그래서 다른 나라에서 네덜란드에 이주하여 결혼하는 동성애 커플이 늘어나고 있다.

네덜란드의 개방성은 가벼운 마약을 허용하고 있는 데서도 알 수 있다. 한국의 경우 마약을 하면 중죄로 취급되고 엄하게 처벌받지만, 네덜란드에서는 대마초(마리화나)나 환각 버섯의 경우, 5g 미만일 경우는 소유하고 복용하는 것이 가능하다. 물론 밀매는 불법이다. 네덜란드 정부는 1976년에 대마초가 중독성이 상대적으로 낮고 인체에 피해가 적다는 이유로 연성 마약(Soft Drug)으로 규정하여 커피숍 등에서 5g 미하를 판매하도록 허용하고 있다. 그러나 더 심한 마약들의 사용도 단속하지 않아 길거리나 카페 또는 바 등에서 쉽게 접할 수 있다.

네덜란드에서는 성에 대해서도 매우 개방적이며, 매춘도 허용하고 있다. 특히 수도인 암스테르담(Amsterdam)은 매춘 활동이 가장 활발하게 이루어지는 지역이다. 암스테르담은 예로부터 국제적인 항구도시로서 전 세계의 선원들의 발길이 끊이지 않았다. 이 때문에 운하를 중심으로 사창가가 발달하였다. 네덜란드 정부에서는 매춘 여성들을 공식적으로 노동자로 인정하고 있다. 이들에 대해 의료보험, 실업급여 등 사회보장제도와 각종 편의 시설을 제공하며, 이들이 벌어들인 수입에 대해 세금도 징수하고 있다. 말하자면 정부가 직접 매춘부를 통제하고 있는 것이다. 매춘의 영업 장소도 일정구역으로 제한하고, 정기적으로 건강검진을 받도록 하며, 이들이 병이 들어 영업하지 못할 경우 실업 수당도 지급한다. 그리고 최저 연령을 제한하여 십대의 소녀들은 매춘행위에 참가하지 못하도록 하고 있다. 매춘부들도 직업에 대한 자부심이 강하여 자신들의 매혹적인 포즈와 전화번호를 TV나 다양한 매체를 통해 적극적으로 홍보할 뿐만 아니라, 고객이 마음에 들지 않으면 거절할 수도 있다.

또한 네덜란드인은 합리적이어서 생활하는 동안 식사비나 술값을 나누어서 내는 '더치페이'(Dutch Pay, Dutch Account)가 생활화되어 있다. '더치페이'라는 말이 바로 네덜란드에서 나왔다. "네덜란드로 갑시다"(Let's go Dutch)라는 말은 바로 "더치페이 합시다"라는 의미이다. 자신이 부담하는 자리임을 사전에 밝히지 않는 이상 모든 경우에 일상적으로 더치페이를 실천하고 있다. 네덜란드인들은 일상생활에서 시간 약속을 잘 지키며, 신용 또한 매우 중시한다. 그러면서도 여성에 대한 예의를 중시 여겨 언제나 여성을 우선시한다.

2. 네덜란드의 음식

네덜란드는 바다에 접한 나라이고 인근에 많은 물고기가 잡히는 관계로 전통적으로 생선을 이용한 요리가 매우 많고, 육류로는 섬에서 기른 양고기를 많이 이용하고 있다. 요리에 쓰이는 향신료는 강한 맛을 띠지만 소스는 비교적 부드러운 맛을 지니고 있다. 콩류, 베이컨 수프, 굴, 홍합, 청어 절임 등의 요리는 우리나라 사람들도 비교적 잘 맞는 음식이다.

더치 헤링

특히 네덜란드인들은 청어를 좋아하고 청어를 많이 먹는다. 한마디로 청어야 말로 네덜란드인의 대표적인 음식이라 할 수 있다. 특히 절인 청어인 더치 헤링(Dutch Herring)은 네덜란드의 대표적인 요리이다. 헤링(Herring)은 네덜란드어로 '청어'를 뜻한다. 이 더치 헤링은 바다에서 잡은 청어를 냉동시켰다가 녹여서 소금에 절인 요리로서, 익히지 않고 날로 먹는 음식이다. 맛을 약간 짭짤하지만 한번 맛을 들이면 중독성이 강하여 그 맛을 쉽게 잊지 못한다고 한다. 이 더치 헤링은 길거리에서도 흔히 볼 수 있고 먹을 수 있다. 그 밖에 네덜란드인들이 좋아하는 음식으로는 치즈, 달걀, 야채, 청어를 넣은 샌드위치나 훈재 장어, 생선 튀김 등이 있다. 특히 네덜란드 발음으로 하우다 치즈(Gouda Cheese)영어 발음으로는 고다 치즈임)는 세계적으로 유명하며, 우리나라 김치처럼 식단에서 빠지지 않는다.

3. 네덜란드의 축제

네덜란드 하면 튤립을 연상할만큼 네덜란드는 튜립의 나리이다. 튤립은 원산지는 터키이다. 아랍어로 튤립은 '툴반'(Tulban)이었으나, 유럽인들이 원래 명칭을 잘못 받아들여 '튤립'이 되었다. 오스만 터키의 황제가 우호와 친선의 상징으로 네덜란드에 선물한 것이 네덜란드를 튤립의 나라로 만든 계기가 되었다. 튤립은 유럽과 북미에서 많이 심어지고 있고 봄에 축제가 열리지만, 튤립축제하면 단연 네덜란드를 꼽을 수 있다. 네덜란드의 수도 암스테르담에서 약 30분 거리에 위치한 리세(Lisse)에 큐켄호프(Keukenhof) 공원이 있는데, 이곳에서 열리는 튤립축제는 세계에서 가장 큰 규모를 자랑한다.

큐켄호프 공원은 네덜란드에서 가장 먼저 튤립이 파종된 곳이고, 또한 광대한 면적에 튤립이 심어져 있는 곳이다. 이 때문에 이 곳은 "유럽의 정원"이라고 불린다. '큐켄호프'라는 명칭은 1401년부터 1436년까지 이곳을 소유했던 네덜란드의 백작부인인 자코바 바이예른(Jacoba von Bayern)이 여기에서 부엌에서 쓸 허브(Herb)를 구한 데서 비롯되었다. 즉 부엌을 위한 정원이란 의미의 '키친 가든'(Kitchen Garden)에서부터 '큐켄호프'라는 말이 나온 것이다. 현재의 큐켄호프 지역은 1840년 원예건축가인 조히터(Zochter)와 그의 아버지, 아들 3대가 설계한 것이며, 공원의 규모는 32만 ㎡에 달하는, 네덜란드 최대의 규모이다. 리세 시의 초대 시장이었던 람부이(Mr. Lambooy)는 1949년에 이곳에서 처음으로 꽃전시회를 개최했는데, 당시 약 24만명의 관광객이 이곳을 찾았다고 한다. 그러나 지금은 약 80만에서 100만명, 많을 때는 150만명 정도가 이곳을 방문하고 있다.

큐켄호프 공원은 축제의 시기가 되면 전시관, 조형물, 휴식처, 놀이공간 등을 갖추어 관광객들을 맞아들인다. 4, 5월이 되어 축제가 열리면 튤립과 히야신스, 수선화 등이 들판에 가득 피게 된다. 꽃의 융단이 펼쳐지고, 그 융단이 끝나는 곳에는 강과 호수가 흐르며, 그 위에 백조와 오리들이 떠다니는 아름다운 모습이 연출된다. 공원

내 3군데 대형 실내 전시실에서도 연중 튤립과 다른 꽃들을 전시한다.

큐켄호프 공원에서 사용되는 시설물은 환경을 오염하지 않는 재료가 주로 쓰인다. 말하자면 나무를 주로 사용하고, 철이나 플라스틱은 거의 사용하지 않는다. 그것은 철이나 플라스틱 같은 재질은 환경오염을 유발하기 때문이다. 축제 시기에 꽃을 공급하기 위해 수많은 화훼 농가가 꽃을 준비하며, 축제의 기간 중에도 파손되거나 수명이 다된 꽃들을 수시로 교체한다. 이 공원에서는 식물 뿐만 아니라, 동물을 볼 수 있다. 방목된 동물 이외에도 30 여종의 동물들이 사육되고 있다. 행사 기간 중에는 백조 등을 빌려서 연못에서 놀게 하며, 행사가 끝나면 주인에게 돌려준다. 따라서 이 축제는 여느 축제들처럼 왁자지껄하거나 흥청망청하지 않고, 가족과 친구들과 함께 조용한 가운데 꽃과 주위 시설들을 즐기는 축제라고 할 수 있다.

4. 네덜란드의 관광지

(1) 암스테르담

암스테르담

네덜란드의 최대의 도시이자 수도인 암스테르담(Amsterdam)은 유럽 물류의 중심지이다. 북해가 만입되어 이루어진 에이셀호 입구에 위치해 있는 이 도시는 형태가 부채꼴 모양으로 되어 있고, 90개 이상의 섬을 400여개의 다리가 연결하고 있다.

'암스테르담' 이란 도시 이름은 암스텔 강에 설치된 댐을 의미한다. 댐을 설치하여 사람들이 정착하게 되었다는 의미이다. 운하 사이에는 주로 17세기에 건축된, 폭은 좁고 길이는 긴 건물들이 늘어서 있다. 이것은 제한된 땅에 인구가 밀집하게 되자, 네덜란드 시의회에서 한집에 창을 나란히 3개 이상 달지 못하게 하고, 폭은 8m로 제한했기 때문이다. 그 폭을 넘어서면 세금을 가중시켰는데, 그렇게 되자 당시의 부자들은 건물의 폭을 줄이고 길이를 늘인 기형적인 건물을 짓게 되었다. 암스테르담에서 둘러 볼만한 장소로는 담광장, 왕궁, 마헤레 다리, 국립미술관, 빈센트 반 고흐미술관, 안네 프랑크 하우스, 알크마르 치즈 시장 등을 들 수 있다.

담락 거리

담 광장(Damrak)은 중앙역과 담락 거리 사이에 위치한 암스테르담 최대의 번화가이다. 이곳에는 백화점, 기념품점, 상점, 레스토랑 등이 빽빽이 들어서 있다. 담 광장에는 왕궁을 중심으로 전쟁 위령비와 마담투소 박물관이 있다. 광장 주변으로 벤치가 설치되어 있어서 햇빛을 즐기며 휴식하기에 좋다. 가끔씩 놀이기구가 들어서기도 하고, 체스판을 갖다 놓고 체스대회를 열기도 한다. 담 광장에서 이어지는 담락 거리는 중앙 역과 담 광장 사이에 잇는 약 1km 정도의 곧장 뻗은 번화한 거리이다. 거리 중간에 축구 용품 기념상점이 있어서 그들의 축구사랑의 열기를 느낄 수 있다. 이 거리의 간이음식점에서 파는 감자튀김은 매우 인기가 있어 언제나 그것을 사려는 사람들이 줄을 선 모습을 볼 수 있다.

왕궁(Koninklijk Paleis)은 17세기의 영화를 보여주는 고전주의 양식의 건물로서, 당시의 최고 건축가였던 야콥반 캄펜(Jacob van Campen)에 의해 1648년에 지어진 것이다. 중앙의 높은 돔지붕과 아치형 기둥 등 로마 건축의 특징을 나타내는 왕궁은 화려한 실내 장식을 자랑하며, 인상적인 7개의 출입문을 지니고 있다. 현재는 왕실의 영빈관으로 사용되고 있다. 내부에 있는 상당 수의 호화로운 가구와 장식품은 나폴레옹 점령 당시에 들여온 것이다. 내부 관람은 6월에서 9월 사이에 한시적으로 여왕이 다른 나라로 휴가간 기간 동안에만 개방된다.

마헤레 다리

마헤레 다리(Magere Brug)는 건축가 마헤레가 1671년에 나무로 만든 개폐교이다. 이 다리는 규모가 크지는 않지만, 배가 지나갈 때 다리 가운데가 위로 들려지는 운치있는 다리이다. 워털루 광장에서 암스테르담 강으로 가다보면 보이는 다리로서, 암스테르담에 있는 다리 중 가장 아름다운 다리로 꼽힌다. 강 양편에 살고 있던 자매가 서로를 만나기 위해 매번 마을을 돌아서 가는 것을 보다 못한 사람들이 이 다리를 만들어 주었다는 전설이 있다. 나무로 만들어졌기 때문에 20년 마다 보수를 해야 하는데, 밤에 감상할 경우 가장 아름답게 느껴진다고 한다.

국립미술관(Rijksmuseum)은 빨간 벽돌로 지어진 신고전주의 양식의 건물로서, 15세기에서 19세기까지의 네덜란드 화가들의 적품을 전시한 공간이다. 회화는 2층, 조각과 장식미술은 1층, 2층, 지하층에 전시되어 있다. 대표작은 렘브란트의 '야경'과 베르 베르의 '부엌의 하녀' 가 있다.

빈센트 반 고흐 미술관(Rijkmuseum Vincent van Gogh)은 암스테르담에서 1973년 문을 열었으며, 네덜란드에서 가장 많은 사람을 받고 있는 미술관이다. 방대한 양의 예술품을 소장하고 있는 암스테르담 국립박물관 보다 더많은 매니아층을 갖고 있는 이 미술관에서는 200여 점에 달하는 고흐의 회화작품과 500여 점의 데생 작품을 볼 수 있다. 테마별로 전시하고 있어서, 1층에서는 1887년~1888년까지의 작품을 볼 수 있고, 2층에서는 1880년~1890년의 작품을 볼 수 있으며, 3층에서는 데생 작품을 볼 수 있고, 4층에서는 테마별 작품을 감상할 수 있다. 1990년에는 이곳에서 빈센트 반 고흐 100주년 기념 행사를 열기도 했다. 암스테르담 시립미술관에서 전시되던 작품 750점을 옮겨 왔기 때문에, 이 박물관에서는 고흐의 작품 외에도 다른 화가의 작품도 감상할 수 있다.

빈센트반고흐 미술관

안네프랑크 하우스(Anne Frank Huis)는 "안네의 일기"의 주인공인 안네 프랑크가 살았던 집을 박물관으로 개조해 놓은 곳이다. 나치의 유태인 박해를 피하기 위해 프랑크푸르트에서 이주하여 집안에 밀실을 설치하여 생활하다 나치군에게 발각되어 1945년 강제수용소에서 16살의 어린 나이에 숨을 거둔 안네가 살던 집이다. 집안에는 안네의 가족이 은둔생활을 하기 위해 만들어 놓은 회전 책상과 비밀방 등이 있으며, 안네가 일기를 쓰던 방이 그대로 복원되어 있다. 좁고 가파른 계단을 따라 기다시피 올라가면 거실과 연결된 비밀스런 방을 볼 수 있다. 숨어서 지내기 위해 고안된 이중 책장, 벽을 통해 당시의 위급함을 확인할 수 있다. 여행자의 방문이 많아서 아침 일찍이나 저녁 늦게 가는 것이 좋다.

안네의 하우스 입구

잔세 스칸스(Zaanse Schans) 풍차마을은 네덜란드의 명물인 풍차를 볼 수 있

잔세 스칸스

는 마을이다. 풍차의 나라인 네덜란드에서 풍차는 처음에 배수를 위해 전체적으로 9,000개 가량 설치되었지만, 시간이 흐르면서 점차 낡아졌고, 그 후 배수시설이 발달하여 현재 관광용으로 약 1,000개 정도가 남아 있다. 풍차의 다른 용도는 곡식을 탈곡하는 것이다. 특히 잔세 스칸스 마을은 암스테르담의 북서쪽 약 15㎞에 위치한 잔 강변의 작은 마을로서, 명물인 풍차와 젖소와 양의 방목으로 유명하고 전형적인 네덜란드 풍경을 간직한 곳이다. 18세기 무렵에는 이 마을에 700개가 넘는 풍차가 있었으나, 산업혁명의 기계화에 밀려 지금은 관광용으로 몇 개만 남아 있다. 잔 강 건너편 왼쪽에는 보트 승강장과 풍차가 있고, 강에서 약간 떨어진 곳에는 나막신을 만드는 공장과, 음식점과 특산품 가게가 있다. 목장 앞의 치즈공장에서는 맛있는 치즈와 우유를 맛볼 수 있고 풍차의 내부도 견학할 수 있다.

알크마르(Alkmaar) 치즈 시장은 네덜란드 각지에서 생산되는 치즈가 수집 판매되는 세계적으로 유명한 시장이다. 암스테르담 북쪽 39㎞에 위치해 있는 이 시장에는 그 지역에서 생산되는 가축, 달걀, 채소 등이 수집된다. 해마다 5월에서 10월까지 매주 금요일 10시~12시 사이에 여기에서 치즈 시장이 열린다. 이 때가 되면 치즈를 사려는 사람보다 구경하려는 관광객들로 가득차게 된다. 이 곳은 시민들은 16세기에 네덜란드 독립전쟁에서 스페인군에 대항하여 싸워 이김으로써, "승리는 알크마르부터"라는 칭송을 받기도 했다. 이곳에서는 16세기에 초기 고딕양식으로 지어진 세인트로렌스 교회를 비롯하여, 시청사, 화물중량검사소의 시계탑 등 아름다운 건물들을 관람할 수 있다.

알크마르 치즈 시장

06

오스트리아

오스트리아는 유럽대륙 중앙에 위치한 내륙국으로서, 정식 명칭은 오스트리아 공화국(Republic of Austria)이다. 국토의 서부쪽은 알프스 산맥에 속해 있고, 전체 국토의 약 60%가 여기에 해당한다. 반면에 동부쪽으로는 평야가 펼쳐져 있다. 면적은 80,387㎢ 정도이다. 기후는 대체로 온난한 편이며, 북부는 온대성 기후, 동부는 대륙성 기후, 서부는 해양성 기후를 보인다. 여름 평균 기온은 20℃~25℃ 정도로 그다지 덥지 않아 관광하기에 좋다. 그러나 아침 저녁으로는 기온차가 있다.

오스트리아의 인구는 약 805만명이다. 국민 약 97%가 독일어를 사용하는 게르만 민족이며, 약 90% 정도가 로마카톨릭 신자이고, 나머지가 개신교와 이슬람교 신자로 되어 있다. 오스트리아는 제2차 세계 대전 때 독일을 침략을 받지 않은 나라였는데, 그것은 오스트리아가 히틀러가 태어난 고향이었기 때문이다.

오스트리아의 국기는 삼색기로서 위로부터 빨간색, 흰색, 빨간색으로 되어 있다. 이러한 국기의 색깔은 1191년 십자군 원정 때 프톨레마이오스 전투에서 레오폴드 헬덴섬 공이 적국의 피를 뒤집어 쓴 데서 유래한다. 당시 헨델섬 공의 갑옷 위에 걸친 흰 겉옷이 벨트 부분만 남기고 빨갛게 물들었다고 한다. 1230년에 프리드리히 2세 공이 처음으로 빨간색, 흰색, 빨간색의 기를 채택하였다.

1. 오스트리아인의 국민성

오스트리아 국민들은 인생에 대해 느긋하고 낙관적인 태도를 지녔다고 알려져 있다. 역사적으로 외침에 시달리고 많은 핍박을 받았지만, 그들은 현실적 상황에 대해 긍정적으로 받아들이고 대안을 찾으려 노력해 왔다. 그 결과 매사에 여유롭게 대응하는 특징을 갖게 되었다. 또한 오스트리아 사람들은 매사에 합리적이고 논리적이며 비판능력이 뛰어나다. 가정과 학교에서 논리적인 사고 능력을 강조하며, 그러한 능력을 길러주는데 힘을 쏟고 있다. 뿐만 아니라, TV 프로그램 역시 오락물 보다 토론이나 대화 위주의 내용이 많이 방영되고 있다.

오스트리아인들은 어느 민족보다 근면하고 검소한 것으로 알려져 있다. 카톨릭 신자가 많은 데서도 알 수 있듯이, 이들은 자신의 직업에 몰두하고 생활도 매우 검소하다. 그리고 변화와 개혁을 싫어하는 보수적인 경향도 갖고 있다. 물건을 살 때도 편의성보다 안정성을 더욱 중시한다. 이는 실용성을 존중하는 독일인들의 생활습관이 반영된 것으로 보인다. 또한 오스트리아 사람들은 예의 범절를 잘 지키고 교양이 높다. 일반적으로 어른들은 어린이들에게도 경칭을 사용한다. 질서 의식 또한 매우 높으며, 어릴 때부터 양심을 속이지 말 것과, 남에게 폐를 끼치지 않도록 철저하게 교육받는다. 이런 관계로 오스트리아인들은 매우 예의바르고 교양있는 사람들로 평가 받는다.

2. 오스트리아의 음식

오스트리아의 음식은 지리적으로 가까운 독일이나 이탈리아의 영향을 받아 햄이나 소시지를 이용한 요리가 많은 편이다. 그러나 오스트리아의 대표적인 요리라고 하면 단연 비엔나 슈니첼(Vienna Schnizel)을 들 수 있다. 이 비엔나 슈니첼은 송아지 고기에 밀가루 튀김옷을 입혀 기름에 튀겨낸 것이다. 한마디로 송아지 고기 커틀릿인 셈이다. 이 음식은 일본을 거쳐 우리나라에 들어와 돈까스가 되었다. 그리고 이와 비슷한 음식으로 타펠 슈피츠(Tapelspitz)가 있는데, 이것은 소의 허벅지 살로 만든 것이다. 이 음식들은 보통 소스를 얹지 않고 레몬을 뿌려 먹는다. 그 밖에도 헝가리에서 유래된 굴라쉬(Goulash)라는 요리도 사람들이 많이 찾는 음식이다. 또한 산뜻한 단맛의 과자와 함께 생크림을 띄운 비엔나 커피(Vienna Coffee)도 매우 유명하다.

비엔나 슈니첼

3. 오스트리아의 축제

(1) 짤츠부르크 페스티발

오스트리아의 축제 가운데 대표적인 축제로는 짤츠부르크 페스티발(Salzburg Festival)을 들 수 있다. 이 축제는 모차르트의 고향인 짤츠부르크에서 열리는, 전세계의 음악 애호가들이 동경하는 유럽 최대의 음악 축제이다. 모차르트의 탄생을 기념하기 위해 1922년에 리하르트 슈트라우스와 막스 라인하르트 등에 의해 시작된 이 축제는 처음에는 모차르트 곡만을 연주하였으나, 점차 다양한 음악을 연주하는 축제가 되었다. 매년 7월 말에서 8월 말 사이에 짤츠부르크에서 열리며, 이 기간 동안 세계의 유명한 오케스트라와 지휘자, 솔리스트, 음악 애호가들이 대거 모여 든다. 대개 5, 6편의 오페라 공연과 60여 종의 음악 연주회, 연극 공연, 발레 공연 등이 펼쳐져서 세계 최고의 음악 페스티발으로 손꼽힌다.

짤츠부르크 페스티발은 주로 페스트쉬필하우스(Festspielhaus)에서 열리고 있다. 이곳은 300년 전에 승마학교로 지어졌으나, 1926년부터 페스티발의 무대로 쓰이고 있다. 이곳을 비롯하여 시내의 많은 연주홀에서 180 여 개의 국제적인 공연이 열린다. 세계적인 공연인 만큼 공연을 보려면 예약을 해야 한다. 가장 좋은 좌석은 한국 돈으로 50만원이 넘는다. 언제 무슨 공연이 열리는가를 알려면, 짤츠부르크시의 모차르트 광장(Mozartplatz)이나 레지덴츠 광장(Residenzplatz)에 있는 여행안내소를 찾으면 된다. 그렇지만 티켓을 저렴하게 구입하려면 극장 매표소로 직접 찾아가야 한다.

공연 가운데 가장 많은 사랑을 받는 것은 모차르트의 오페라이다. '돈 조반니', '마술피리' 등의 오페라는 모차르트의 천재성을 확인시켜 준다. 모차르테움(Mozarteum) 음악원의 큰 홀에서는 모차르트 콩쿠르가 열리기도 한다. 이 페스티발에 참여하는 외국인의 비율은 70%가 넘으며, 그 숫자도 기하급수적으로 늘고 있는 추세이다. 배낭 여행객들에게 잊지 못할 감동을 주는 즐거운 축제이다. 페스티발 기간 동안은 짤츠부르크 도시 전체가 음악회장이라고 해도 과언이 아니다.

4. 오스트리아의 관광지

빈의 시내 풍경

(1) 빈

영어로 비엔나(Vienna)라고도 불리는 빈(Wien)은, 도나우 강 상류 우안에 위치한 유럽의 고도이자, 유럽에서 가장 아름다운 도시이다. 경제 · 문화 · 교통의 중심지이자, 오스트리아의 수도이다. 도시 안에 숲과 공원이 많이 산재해 있어 항상 세계에서 가장 살기좋은 곳 서열 3위 안에 꼽히고 있다. 빈은 1558년부터 1806년까지 신성로마제국의 중심지였으며, 합스부르크가가 지배한 시기인 18세기~19세기에는 황금기를 누렸다. 당시에 지어진 궁전, 오페라홀, 대학, 박물관 등 화려한 역사를 보여주는 대부분의 웅장한 건축물은 프란츠 요셉 1세(Franz Joseph I)에 의해 지어진 것이다. 또한 빈은 베토벤, 모차르트, 하이든, 요한스트라우스, 슈베르트, 브람스 등 유명 음악가가 활동한 장소이자, 세계적인 교향악단의 하나인 비엔나 필하모닉의 본거지이기도 하다. 주요 관광지로는 미술사 박물관, 슈테판 사원, 호프부르크 왕궁, 국립오페라극장, 벨베데레 궁전, 케른스너 거리 등을 들 수 있다.

거리 공연

미술사 박물관(Kunsthistorisches Museum)은 프란츠 요셉 1세가 합스부르크가의 유물을 전시할 목적으로 1891년에 지은 박물관이다. 그러나 지금은 미술관으로 사용되고 있다. 세계 최고 수준의 미술작품 7,000 여점을 전시하고 있다. 첼리니(Benvenuto Cellini)의 작품인 "황금의 소금창고"가 여기에 있고, 그 밖에도 이집트의 묘실과 고대 예술의 훌륭한 수집품들도 여기에 있다. 1층의 회화 갤러리에는 브뤼겔(Pieter Brugel)과 베르머의 작품을 비롯하여 렘브란트(Rembrandt), 루벤스(Peter Paul Rubens), 뒤러(Albrecht Durer), 벨라스케스(Diego Velazquez) 등의 작품이 소장되어 있다. 그 중에서 브뤼겔의 방에는 '바벨탑', "농부의 결혼식", "눈 속의 사냥꾼"

미술사 박물관

미술사박물관 내부

슈테판 성당

등의 작품이 전시되고 있다. 2층에는 16, 17세기의 프랑드르와 독일, 이탈리아 작품들이 많다.

슈테판 성당(Stephansdom)은 빈의 가장 번화한 거리인 케른트너 거리 끝에 위치해 있는 오스트리아 최대의 고딕양식 성당이자, 빈의 상징이다. 성당의 이름은 예수 이후 처음으로 순교한 슈테판의 이름을 딴 것이다. 12세기 중반에 시작해서 1340년에 완성된 이 성당은 초기에는 로마네스크 양식으로 지어졌으나, 다시 65년 동안의 공사를 거쳐 1359년 고딕 양식으로 재건축되었다. 이 성당의 특징은 첨탑과 외벽에 있다. 바깥에 있는 첨탑은 화살처럼 뾰족하고, 높이가 무려 137m에 이른다. 뾰족한 첨탑을 통해 하나님에 대한 간절한 믿음을 나타냈다. 성당의 외벽은 사암으로 지어져서 해가 갈수록 불에 탄 것처럼 검게 변하고 있다. 성당의 내부는 바로코 양식으로 지어졌으며, 거기에는 오스트리아에서 가장 큰 종(Pummerin)이 들어 있는데, 그 무게가 21톤이나 된다. 그 밖에도 성당 안에서 볼만한 것으로는 석조 부조로 된 설교대와, 아름다운 스테인드 글라스가 있다. 그렇지만 실내가 너무 어두워 자세히 보기는 어렵다. 아울러 1450년에 만들어진 지하 묘지에는 흑사병으로 죽은 약 2,000구의 유골과 합스부르크 왕가 사람들의 유해(심장 등의 내장)가 보관되어 있다. 모차르트의 결혼식과 장례식이 모두 바로 이곳에서 행해 졌다.

호프부르크 왕궁(Schloss Hofburg)은 13세기에 착공하여 18세기에 완공한 거대한 건축이다. 여기에는 신성로마제국의 왕관을 모아둔 보물관, 민속박물관, 국립미술관 별관이 있는데, 그곳에서는 세계적인 수집품들이 진열되어 있다. 왕궁의 입구 기둥에는 4명의 헤라클레스가 서있고, 정면 위에는 둥근 돔이 있다. 왕실 성당에서는 빈 소년 합창단의 음악을 들을 수 있다.

쉔브른 궁전(Schloss Schonbrunn)은 합스부르크 왕가의 여름 별궁이다. '쉔브른'이란 이름은 1619년에 마티아스 황제가 사냥을 하던 도중 아름다운 샘(Schoenner Brunnen)을 발견한 데서 유래한 것이다. 이 궁전은 프랑스의 베르사이유 궁전과 더불어 유럽에서 가장 아름다운 궁전으로 꼽힌다. 원래 1696년에 레오폴드 1세에 의해 지어지기 시작했던 것을 마리아 테레지아 여왕이 다시 명령을 내려 1744년부터 1750년까지 피가시에 의해 지어졌다. 궁전 안에는 총 1441개의 방이 있는데, 특히 마리아 데레지아 여왕이 사용

쉔브른 궁전

하던 방은 실내 천장에 프레스코화, 크리스탈 샹젤리에가 장식되어 있어서 화려함의 극치를 보여준다. 그 밖에도 마리아 테레지아 여왕이 수집한 동양의 자기와 칠기, 각종의 악세사리, 페르시아의 세밀화 등이 진열되어 있다. 넓은 정원은 바로코 양식으로 되어 있다.

국립오페라 극장(Staats Oper)은 1869년에 건립된 르네상스 양식의 극장으로서, 파리의 오페라 극장과 밀라노의 스칼라 극장과 함께 유럽 3대 오페라 극장 가운데 하나이다. 발레 전용극장인 이곳에는 1,642석의 좌석과 567석의 입석이 갖추어져 있으며, 공연의 횟수도 연 300회가 넘는다. 따라서 이 극장에서의 공연은 다른 오페라 극장 보다 그 횟수가 3배 이상 된다고 할 수 있다. 원래의 건물은 2차 세계대전 때 화재로 소실되었으며, 지금의 건물은 1955년에 재건된 것이다. 내부는 프레스코화로 장식되어 무척 화려하고 우아하다. 오전과 오후 두차례 실내 견학이 허용되는데, 오페라 하우스 좌측 모퉁이의 입구에서 표를 사면 언어별 가이드가 나와 약 30분 정도를 안내한다.

케른터너 거리

케른터너 거리(kerntner Strasse)는 빈 관광의 시작점이라고 할 수 있는 거리로서, 성 슈테판 사원에서 오페라 하우스로 이어지는 중심 거리이다. 보행자 전용 거리인 이 거리는 빈 최대의 번화가이다. 각종 쇼핑센터, 부티크, 공예점, 명품점, 레스토랑, 노천 까페, 상점 등이 즐비한 곳이다. 거리 곳곳에서 펼쳐지는 퍼포먼스는 여행객들에게 즐거움을 준다. 또한 거리 곳곳에서는 클리식 연주 복장을 한 사람들이 각종 티켓을 판매하기도 한다. 한마디로 케른터너 거리는 유럽에서도 가장 화려한 쇼핑거리이자 번화가의 하나라고 할 수 있다.

벨베데레 궁전(Schloss Belvedere)은 사보이의 오이겐(Prinz Eugen) 왕자가 1721년부터 1723년까지 여름별장으로 지은 궁전이다. "좋은 전망을 가진 테라스"라는 뜻을 가진 이 궁전은 오스트리아에서 사장 아름다운 바로크 양식의 궁전 가운데 하나이다. 궁전은 루카스(Lukas von Hidebborough)에 의해 지어졌으며, 정원을 사이에 두고 상궁(Oberes Belvedere)과 하궁(Unteres Belvedere)으로 구분되어 있으며, 내부에는 각각 회화 전시관을 보유하고 있다. 즉 상궁에는 19세기, 20세기의 작품을 전

벨베데레 궁전

시하는 갤러리가 설치되어 있으며, 하궁에는 오스트리아 중세 미술관과 바로크 미술관이 자리잡고 있다. 특히 상궁 2층의 붉은 대리석 방에는 "오이겐 왕자의 승전"이라는 제목의 프레스코화가 있다. 20세기 갤러리에는 구스타프 클림트(Gustav Klimt), 에곤 쉴레(Egon Schiele), 오스카 코코슈카(Oskar Kokoschka) 등의 작품이 있는데, 여기에는 특히 클림트가 그린 환상적이고 에로틱한 작품인 '키스'와 '유디트'의 원작이 전시되어 있다.

(2) 짤츠부르크

알프스산 북부 기슭에 위치한 짤츠부르크(Salzburg)는, "소금의 성"이란 의미를 지닌 도시이다. 지명에서도 알 수 있듯이, 이곳에서는 옛날부터 암염이 생산되었다. '짤츠부르크'라는 지명에서, '부르크'는 함부르크, 로텐부르크라는 도시명과 마찬가지로, 도시를 감싸고 있는 성을 나타낸다. 반면에 '하이델베르크'라는 도시명에서 보이는 '베르크'는 산중턱에 있는 성, 곧 산성을 의미한다. 짤츠부르크는 성 루페르트가 696년경 베네딕트 수도회의 장크트페터 수도원과 논베르크 수도원을 세우면서 시작되었고, 1816년에 오스트리아 영토가 되었다. 이 도시는 17세기와 18세기에 전성기를 누렸는데, 그 시기인 1757년 1월 27일에 모차르트가 태어났다. 짤츠부르그에서 볼만한 장소로는 모차르트 광장, 모차르트 생가, 게트라이데거리, 호엔짤츠부르그 성 등이 있다.

먼저 짤츠부르크 시내의 중심에는 모차르트 광장(Mozartplatz)이 있다. 이 광장에는 1842년 루드비히 반슈반틸러에 의해서 세워진 볼프강 아마데우스 모차르트(Wolfgang Amadeus Mozart)의 동상이 있다. 한마디로 짤츠부르크는 모차르트의 고향이라 할 수 있다. 모차르트 생가와 모차르트 박물관을 방문하고 모차르트 광장에서 모차르트 초코바를 먹고 밤에는 모차르트 술을 마실 수 있다.

모차르트 생가(Mozarts Geburtshaus)는 세기의 작곡가이자 음악 신동이었던 모차르트가 태어난 곳으로, 짤츠부르크에서 가장 유명한 장소이다. 모차르트는 1756년 1월 27일에 이곳에서 태어나, 가족들과 함께 17살이 되던 1773년까지 살았다. 현재 이곳에는 모차르트가 사용했던 물품들이 전시되어 있다. 1층에는 모차르트가 생전에 사용한 침대, 바이올린, 낡은 피아노, 필사본 악보 등이 전시되어 있고, 2층에는 모차르트의 오페라 자료가 전시되어 있으며, 3층에는 모차르트의 가족들의 초상화, 편지 등이 진열되어 있고, 4층에는 짤츠부르크에서 생활하던 당시의 모습이 소개되어 있다. 현재 음악을 사랑하는 사람을 포함한 수천명의 관광객들이 방문하고 있는 인기있는 장소이다.

모차르트 생가

게트라이데 거리(Getreidegrasse)는 짤츠부르크의 역사를 간직하고 있는 유명한 쇼핑거리이다. 이 거리가 유명해지게 된 것은 모든 상점들이 예쁘고 예술적인 간판으로 장식되어 있기 때문이다. 즉 철로 만든 수공예품의 간판이 바로 이 거리를 세계에서 가장 아름다운 쇼핑거리로 만들고 있다. 여기의 간판은 주로 상점에서 판매하는 물건을 예술적으로 표현해서, 간판만 바라 보아도 그 가게가 어떤 물건을 파는 곳인지를 알 수 있다. 원래 이 간판들은 글자를 알지 못하는 사람들에게 상점의 물건

게트라이데 거리

을 소개하기 위한 것이었다. 상점 가운데 짤츠부르크의 모자와 전통 의상을 팔고 있는 가게가 볼 만하며, 최고의 맛으로 유명한 모차르트 초콜릿 역시 친구와 가족을 위한 선물을 사려는 사람들에게 인기가 높다.

호엔짤츠부르크성

호엔짤츠부르크성(Festung Hohensalzburg)은 유럽 중부지역에서 현재까지 가장 잘 보존되고 있는 성들 가운데 가장 큰 성이다. 1077년에 게브하르트 주교에 의해 건축되기 시작하여 17세기에 완성된 이 중세의 성은 높이 120m의 언덕 꼭대기에 위치해 있다. 언덕을 15분 가량 올라야 당도할 수 있는 이 성은 독립된 마을과도 같아서, 한때는 감옥, 군부대 주둔지 등으로 이용되기도 했다. 성 안에 있는 의식홀과 황금홀에서는 1500년에 만들어진 난로와 수동식 파이프 오르간을 볼 수 있는데, 특히 오르간은 하이든과 모차르트가 사용했던 것이다.

그 밖에도 성 안에는 대주교의 거실, 각종 무기류를 보관했던 창고, 고문기구가 있는 고문실, 가구와 수공예품 등을 전시해 놓은 박물관, 그리고 기념품을 판매하는 선물가게가 있다. 그리고 이 성의 벨 타워(Bell Tower)에 올라 가면, 짤츠부르그의 시가지를 내려다 볼 수 있다. 또한 이 성에서는 '사운드 오브뮤직' 이란 영화에서 트랩 대령의 집으로 나왔던 저택도 볼 수 있다.

07

벨기에

벨기에는 북서 유럽에 위치한 국가로서, 공식 이름은 벨기에 왕국(Kingdom of Belgium)이다. 면적은 30,528㎢이고, 동서의 길이는 약 240km, 남북의 길이는 약 193km로서, 유럽에서 가장 작은 나라 가운데 하나이다. 비교하면, 우리나라의 경상도 만한 크기이다. 북쪽과 북동쪽으로는 네덜란드와 국경을 접하고 있고, 동쪽으로는 독일 · 룩셈부르크와 마주하고 있으며, 남쪽과 남서쪽은 프랑스와 경계를 이루고, 북서쪽으로는 북해와 접해 있다.

벨기에의 국토는 대체로 3단계로 이루어져 있다. 즉 고도 50m 이하의 평탄한 북해 연안지대와, 150m 내외의 남동의 구릉지대, 그리고 고도 600m 내외의 아르덴 고원지대로 이루어져 있다. 기후는 멕시코 만류의 영향으로 서안 해양성 기후를 보이며 겨울에도 비교적 온화하다. 편서풍의 영향으로 흐리고 비오는 날이 많지만 강수량은 그다지 많지 않다.

벨기에는 1830년에 네덜란드로부터 독립한 이래 1839년 런던회의에서 영세 중립국이 되었으며, 입헌군주제를 취하고 있다. 벨기에는 지난 수세기 동안 유럽의 주요한 전쟁터가 되었고, 특히 현대에 들어와서도 워털루 전투(1815년)와 2차례의 세계대전을 겪었다. 면적과 인구를 고려하면, 벨기에는 유럽에서 가장 산업화되고 도시화된 국가 가운데 하나라고 할 수 있다. 벨기에의 인구는 대략 1,050만명 정도이며, 유럽에서 인구밀도가 가장 높은 나라에 속한다. 문화적인 측면에서 서부 유럽의 로망스어와 게르만어족 사이에 있는 복합적 문화를 가진 국가이다.

벨기에의 국기는 검은색, 노란색, 빨간색이 세로로 세워진 삼색기이다. 이 깃발은 검은색 바탕에 붉은 혀를 내밀고 깃대 쪽으로 기어오르는 황금색의 사자가 그려진 브라반트 공작의 문장에서 유래된 것이다.

1. 벨기에의 음식

벨기에는 미식가의 나라로 정평이 나 있다. 벨기에의 요리는 프랑스 요리와 함께 고급 요리에 속한다. 그것은 벨기에가 요리로 유명한 프랑스, 이탈리아와 이웃해 있어서 다양한 요리법을 수용한 결과라고 할 수 있다. 그러나 프랑스 요리의 경우 소스가 가장 중요한 요소가 되는 반면, 벨기에 요리의 경우는 재료의 맛을 살리는데 중점을 둔다. 다시 말해 식재료 본연의 맛을 살리는 것이 벨기에 요리의 특징이다. 또한 벨기에는 스위스와 함께 초콜릿의 나라이자, 독일, 체코와 함께 맥주의 나라이기도 하다.

벨기에 요리 가운데 유명한 것은 감자 튀김인 '프리트' (Frites)와 홍합요리인 '물' (Moules)이다. 벨기에인들은 이 두 요리를 같이 먹기도 한다. 그래서 레스토랑에서는 아예 '물 프리트' 라는 메뉴를 만들어 놓고 있다. 여기서 '프리트' 는 감자를 가늘고 길게 썰어 튀긴 것이다. 이 감자 튀김은 현재 패스트푸드점에서 햄버거와 함께 먹는 친숙한 메뉴가 되어 있다. 그리고 이 메뉴는 '프렌치 프라이' 로 알려져 있다. 그러나 사실 이 메뉴를 최초로 만든 곳은 프랑스가 아니라, 벨기에였다. 벨기에인들은 이 메뉴를 '프리트' 라고 부른다. 벨기에인들은 이 프리트를 먹을 때 케첩보다 마요네즈 소스를 곁들여 즐긴다. 이 때 겨자를 섞어서 먹는데, 그렇게 하면 느끼하지 않고 독특한 맛을 느낄 수 있다.

다음으로 홍합요리인 물의 대표 요리는 '물 마리니에르' (Moules Marinnires)이다. 홍합을 화이트 와인에 조리한 이 음식은 국물이 거의 남지 않게 바싹 조리듯이 익힌 후 홍합살만 소스에 찍어 먹는 것이다. 우리나라 홍합탕처럼 냄비 채로 즐기지만, 우리나라의 홍합탕 보다 국물이 훨씬 적다. 벨기에에는 이러한 홍합요리만 해도 소스에 따라 20여 종류가 넘는다. 특히 수도 브뤼셀의 세인트 카트린(ST Catherine) 광장 주변은 홍합 요리로 유명한 장소이다.

물 마리니에르

벨기에의 음식 가운데 와플 역시 매우 유명하다. 바삭바삭한 와플은 미국식 와필이고, 벨기에 와플은 바삭한 질감 안에 속이 쫀득쫀득하고 촉촉한 것이다. 그래서 벨기에 와플을 먹을 때는 별다른 토핑없이 슈거 파우더만 뿌려 먹어도 좋다. 제대로 된 벨기에 와플을 맛보려면 시간과 공이 들더라도 좋은 식재료를 구해 제손으로 만들어 먹어야 한다. 드라이 이스트를 넣어 반죽한 뒤 발효해서 만드는 것이 촉촉한 벨기에 와플을 만드는 방법이다.

채소 요리인 슈 콘 그라탱(Choux Con Gratin)도 벨기에인들이 즐겨 먹는 음식이다. 이 음식은 샐러드 채소인 엔다이브에 베이컨을 말아 치즈와 함께 오븐에 구워 낸 것이다. 그 대신 미니 양배추와 채썬 베이컨을 함께 볶아 내기도 한다. 이 음식은 엔다이브를 주재료로 만들지만, 버터와 치즈가 듬뿍 들어가 열량이 높다.

그 밖에도 벨기에인들은 평소 초콜릿을 매우 즐겨 먹는다. 벨기에식 초콜릿을 '프랄린' (Praline))이라고도 하는데, 이것은 초콜릿을 바탕으로 다양한 재료를 혼합한 다음 한겹 초콜릿 옷을 입힌 것이다. 프랄린을 대표하는 것이 바로 프랄리네 크림이다. 헤이즐넛을 캐러멜화한 후 곱게 분쇄한 프랄리네 크림으로 만든 프랄린인 프랄리네 트뤼플(Praline Truffle)은 벨기에를 대표하는 초콜릿으로 꼽힌다. 트뤼플은 원래 맛과 향이 뛰어난 송로 버섯과 같아서 붙게 된 이름이라고 한다. 버터 트뤼플(Butter Truffle) 또한 프랄리네 트뤼플 못지 않게 인기있는 초콜릿이다.

벨기에인들은 맥주도 좋아하는데, 이들이 평소 즐기는 맥주는 중세에 수도원에서 수도승이 만들기 시작하여 1천년 가까운 역사를 자랑한다. 그래서 벨기에 맥주는 '애비 비어' (Abbey Beer, 수도원 맥주라는 뜻임)라고 불리기도 한다. 이 애비 맥주는 효모를 실온에 가까운 온도에서 발효한 것으로 강한 과일향을 지니고 있다.

2. 벨기에의 주요 관광지

(1) 브뤼셀

벨기에의 수도이자, 북대서양 조약기구(NATO)와 유럽 연합의 본부가 있는 브뤼셀(Brussels)은 유럽 각국의 교차로 역할을 하는 국제적인 도시이다. 고풍스런 건물들과 현대적 마천루들이 조화를 이루고 있는 매혹적인 도시이다. 브뤼셀에서는 그랑플라스 광장, 브뤼셀 시청사, 오줌싸개 동상, 성 미셀 성당, 성모마리아 거리, 부셰거리, 브뤼헤 마크르트 광장 등을 둘러 볼 수 있다.

브뤼셀 시청(왼쪽 건물) 및 그랑플라스 광장

먼저 그랑플라스 광장(Grand Place)은 시내 중심부에 위치한 광장으로서, 17세기에 세워진 고딕 양식과 바로크 양식의 건물들로 둘러 싸인 광장이다. 동쪽으로는 부자가 지

시청사의 첨탑

었다는 아름다운 건물인 시청사가 있고, 서쪽으로는 박물관이 있다. 그러니까 시청사와 박물관은 마주 하고 있는 셈이다. 남쪽과 북쪽으로도 고딕과 바로크 양식의 공공 건물과 개인 건물이 혼재되어 있다. 광장의 바닥은 돌을 촘촘하게 심어 고르게 닦아 놓았다. 중세의 사회적 문화적 가치를 생생하게 잘 보여주는 이 광장에는 언제나 동양과 서양에서 온 많은 관광객들로 붐빈다. 그 밖에도 여기에는 외관이 화려한 17세기 건물인 길드 하우스가 있다. 소설가 빅토르 위고(Victor Hugo)는 이 광장에 대해 "세계에서 가장 아름다운 광장"이라고 극찬한 바 있다.

그랑플라스 광장의 동쪽에 있는 브뤼셀 시청사(Hotel de Ville)는 중세 도시의 전성기를 느끼게 해주는 아름다운 건물이다. 건물 꼭대기에 악을 물리치는 브뤼셀의 수도신인 성 미카엘의 구리 동상이 서 있다. 이 시청사는 1402년부터 1455년까지 지어진 고딕 양식 건물로서 광장의 정면 중앙에 자리잡고 있다. 높이 96m의 탑이 세워져 있으며 아름다운 외관과 함께 호화스러운 내부 장식으로 유명하다. 각 방에는 색실로 아름다운 무늬를 짜넣은 직물류의 벽걸이들이 아름답게 장식되어 있다. 시청사의 오른쪽 맨 아래에는 여행정보센터가 있어 각종 공연에 대한 안내, 시내 지도, 숙박 정보, 단체 관광 안내 등을 알아 볼 수 있다.

시청 가까이에는 유명한 오줌싸개 동상(Manneken Pis)이 있다. 브뤼셀의 상징이라 할 수 있는 오줌싸개 동상은 1619년 제롬 뒤케느아(Jerome Duquesnoy)에 의해 만들어 졌다. '꼬마 줄리앙' (Petit Julien)이라는 애칭으로 불릴만큼 브뤼셀 사람들의 사랑을 받고 있다. 이 동상은 예전에는 흔했던 식수용 분수의 하나였는데, 벌거벗은 소년의 모습이 재미있어 시민들에 의해 사랑을 받았고, 지금은 세계적인 명물이

오줌싸게 동상

되었다. 오줌싸게 동상은 옷을 자주 갈아입는 것으로도 유명하다. 1698년 네덜란드 총독이 브뤼셀을 방문할 때 꼬마 줄리앙을 위해서 옷을 만들어와 입힌 적이 있는데, 이 때부터 그것이 하나의 관례처럼 되었다고 한다. 왕의 집(King's House), 그랑 팔라스, 시청에서 보관하고 있는 줄리앙의 의상은 미키마우스 복장과 엘비스 프레슬리의 복장을 포함하여 600벌이 넘는다. 이 오줌싸개 동상에는 여러 전설이 얽혀 있는데, 그 중에 하나는 어린 소년이 마녀가 살고 있는 집 앞에 오줌을 쌌기에 그녀가 화가 나서 소년을 동상으로 만들어 버렸다는 것이다. 이 동상은 그 유명세에 비하여 크기가 겨우 55㎝ 밖에 안되어 실제로 보면 매우 실망하게 된다. 이 동상은 작은 아이 모양으로 조각된 검은 색의 동상이다. 그렇지만 이 동상은 매우 유명해서 그 앞에서 사진을 찍으려면 줄을 서야 한다. 벨기에는 이 동상으로 엄청난 외화를 벌어들이고 있으며, 이 동상을 기점으로 많은 토산품 가게들이 즐비하게 자리잡고 있다. 오줌싸게 동상은 관광객을 실망시키는 유럽의 3대 물품 중 하나이다.

부셰 거리

부셰 거리는 벨기에 브뤼셀 그랑 플라스 근처의 거리로서, 브뤼셀 최고의 식당가이다. 이곳에서는 홍합 요리와 함께 맥주가 많이 팔리고 있다. 그리고 성 미셸 대성당(Tempercell Cathedral)은 벨기에의 고딕 양식의 건물의 결정체로 벨기에에서 가장 오래된 성당이다. 15세기에 완공된 성당으로서, 빅토르 위고가 격찬했다는 중세 고딕양식의 걸작품이며, 파리의 노트르담 성당에 견줄 만하다. 특히 이 곳에 설치된 스테인드 글라스가 유명하고, 1960년에는 현 국왕의 결혼식이 거행되기도 했다. 그리고 브뤼셀 왕궁(Palais du Roi)은 차가운 산이라는 뜻의 쿠텐베르그 정상에 있으며 루이 14세의 양식으로 1774년부터 1780년에 만들어진 왕궁이다. 왕궁의 중앙에는 네오클라식 양식의 교회가 자리잡고 있다. 레오폴트 2세(Leopold II)가 18세 때 베르사유 궁전과 같은 루이 왕조 양식으로 건립했다. 내부가 매우 화려하며 크리스탈로 된 샹들리에가 화려함을 더한다. 왕궁 안에는 왕가의 유물과 소장품이 전시되어 있다.

성미셸 성당

(2) 브뤼헤

브뤼헤(Brugge)는 수도인 브뤼셀에서 서북쪽으로 90km 가량 떨어진 아름다운 도시이다. '비뤼주' (Bruges)라고도 불리는 이 도시는 많은 다리를 가지고 있어서, "북쪽의 베니스"라고도 불린다. 브뤼헤는 12세기 초에 보드앵 2세가 여기에 성을 쌓은 이래 1180년까지 플랑드르의 수도가 되었고, 그 때를 전후하여 전성기를 누렸다.

브뤼헤의 중심은 바로 마르크트 광장이다. 이 광장은 13세기에 지어진 건물들로 둘러싸인 광장인데, 도시 대부분의 볼거리들이 이곳을 중심으로 펼쳐져 있다. 1996년 10월부터 광장에서 교통을 통제한 이후 관광이 한층 수월해졌다. 정면에는 고딕

마르크트 광장

광장 안의 조각상

성모마리아 교회

양식의 궁(宮)이 길게 자리잡고 있으며, 중앙에는 14세기 초의 벨기에 영웅 얀 브레이델(Jan Breydel)과 피터 데 코닌크(Pieter de Connick)를 조각한 상(像)이 있다. 구석에는 성(城)처럼 생긴 작은 건물이 있는데, 그것은 오스트리아의 감옥으로 사용되었던 크라넨부르크(Cranenburg)이다. 광장 남쪽에는 브뤼헤의 상징이라 할 수 있는 종루(鐘樓) 빌포트(Belfort)가 있고, 종루 맞은 편에는 다양한 색깔과 모양의 창문, 지붕, 층계 등이 이채로운 길드 하우스(guild house)가 있다. 북쪽에 있는 지방법원 (Provincial Court)은 19세기 후반의 건축물로서 1878년 화재로 대부분 소실되었으나 그 뒤 네오고딕 스타일로 다시 재건되었다.

마르크트 광장에 있는 시청(Hotel de Ville) 건물은 13세기 고딕식 건축 양식으로 된 건물로서, 벨기에에서 제일 오래된 시청사이다. 이 시청사는 19세기에 재건되었는데, 그 때 건물 정면을 화려하게 장식하여 더욱 아름답게 보인다.

성혈예배당

근처에 위치한 성혈예배당(Basilique du Saint-Sang)은 제2차 십자군 전쟁(1150년) 당시 예루살렘으로부터 모시고 온 예수의 성혈을 보관하기 위하여 건축된 12세기형 고딕 양식의 건물이다. 예배당의 성모상은 1300년에 나무로 조각한 것이다. 이 건물은 시청사와 조화를 이루고 있다.

브뤼헤에 위치한 성모마리아 교회(Our lady's Church)는 노트르담 교회라고도 불리며, 13세기 중반부터 15세기 말까지 건립된 것이다. 현재 교회보다는 교회 박물관으로서 더 많이 이용되고 있다. 교회의 직급은 낮으나, 중세적 특징과 수준 높은 예술품들이 소장되어 있어 많은 관광객들이 찾고 있다.

성모자상

건축 양식 면에서는 후기 르네상스 스타일부터 프랑스 고딕 스타일까지 여러 양식이 섞여 있다. 18세기에는 이전 보다 더욱 현대적인 스타일로 바뀌었으나, 1900년 경에는 원래의 중세적 스타일로 되돌리고자 하는 개혁이 가해졌다. 건물의 가장 큰 특징은 길이 122m의 첨탑인데, 이것은 안트베르펜에 있는 벨기에 최고(最高) 교회건축물인 노트르담 대성당의 첨탑보다 불과 1m 낮은 것이다. 건물 내에는 미켈란젤로의 미완성 걸작품인 '성모자상' (Madonna and Child)이

플랑르드와 왈로니아 종루

있다. 이 그림은 원래 이탈리아의 시에나 성당을 위해 만든 것인데, 브뤼헤의 부호 2사람이 1506년에 이탈리아에서 구입하여 옮겨 놓은 것이다. 그 밖에도 이곳에는 반다이크의 회화 등 중세의 종교화와 조각이 다수 소장되어 있다.

그 밖의 볼거리로는 플랑드르와 왈로니아 종루를 들 수 있다. 이 종루는 벨기에와 프랑스에 위치해 있는 총 56개의 종루로서 11세기에서 17세기 사이에 만들어진 것이다. 봉건제도로부터 독립해가는 중세 도시의 위상을 상징적으로 보여 주는 이 32개의 종루는 다양한 시기에 만들어졌기에 로마네스크, 고딕, 르네상스, 바로코 등의 다양한 건축 양식이 결합된 모습을 보여준다.

III 남유럽

01

이탈리아

이탈리아는 유럽 중남부에 위치해 있는 국가로서, 공식 명칭은 이탈리아 공화국(Italian Republic)이다. '이탈리아'라는 명칭은 "송아지의 땅"이란 뜻의 라틴어 '비텔리아'(Vitelia)에서 나온 것이다. 이탈리아는 국토의 모양이 긴 장화 형태를 하고 있으며, 이탈리아 반도와 시칠리아섬, 사랴데냐섬으로 이루어져 있다. 국토의 대부분이 지중해 연안에 위치해 있으며, 북쪽으로는 알프스를 경계로 프랑스, 스위스, 오스트리아와 국경을 접하고 있다. 면적은 301,277㎢로서, 한반도 면적의 약 1.5배에 이른다. 국토의 중앙에는 아펜니노 산맥이 자리잡고 있으며, 국토의 90%가 산으로 이루어진 산악 국가이다. 해안선의 길이는 8,600km에 이른다. 이탈리아 반도는 유럽 서남쪽에 걸쳐 있는 이베리아 반도, 남동부에 걸쳐 있는 발칸 반도와 함께 남유럽 3대 반도에 속한다.

이탈리아의 기후는 온대지역에 속하고, 사계절이 뚜렷하여 우리나라와 비슷하다. 그러나 온난한 지중해성 기후를 나타내며, 약간 더운 편이다. 지형적으로 남북으로 길게 뻗어 있어 다양한 기후를 보인다. 즉 북부의 기후는 대체로 포평원을 중심으로 기온의 교차가 큰 특징을 보여준다. 겨울철 기온은 낮아서 빙점 이하로 떨어질 때가 많으며, 지대가 낮은 해안과 평야도 추운 편이다. 반면에 남부의 기후는 전형적인 지중해성 기후를 나타내며, 아열대 기후에 가깝다. 여름에는 소나기가 많이 내리며, 겨울에도 구름낀 날과 비오는 날이 많은 편이다.

이탈리아의 인구는 약 5,700만명이고, 전 국민의 98%가 카톨릭을 신봉하고 있다. 이탈리아 국기는 프랑스의 국기를 모방하여 만든 것으로 알려져 있으며, 초록색, 흰색, 빨간색으로 되어 있다. 이 때문에 '이탈리아 삼색기'라 불린다. 여기서 초록색은 아름다운 국토를, 흰색은 정의와 평화의 정신을, 빨간색은 조국을 사랑하는 열혈 정신을 상징한다. 이 깃발은 1796년 나폴레옹 1세가 이탈리아에 공화국을 설립한 뒤 국기로 정한 데서 시작하여, 제2차 세계대전이 끝난 1946년 6월 19일에 공화국의 국기로 최종적으로 제정되었다

이탈리아는 세계적으로 가장 풍부한 문화유산을 가진 국가이다. 유네스코에서 지정한 세계 문화 유산의 40%가 이탈리아에 있을 만큼 문화유산이 풍부하다. 르네상스가 일어나던 기간에 단테, 보카치오, 레오나르도 다빈치, 미켈란젤로 등의 거장을 배출하였고, 그 이후로도 18세기까지 서양 문화의 주류를 형성해 왔다. 오늘날에도 문학, 미술, 건축, 패션 등의 예술 분야에서 세계 문화를 이끌고 있다.

1. 이탈리아의 음식

이탈리아는 20개의 주로 이루어진 국가로서, 각 지방마다 독특한 문화를 지니고 있다. 음식의 경우에도 북부 지방은 독일, 프랑스, 스위스 등 여러 나라의 음식이 들어와 있고, 이 때문에 퓨전 요리가 많이 선호되고 있다. 반면에 북부 요리와 남부 요리가 절충되어 있는 중부 지방은 매운 맛을 좋아하고 마늘도 즐겨 먹는다. 반면에 남부 지방은 바다가 인접하여 해물 요리가 주류를 이루고 있다. 그렇지만 이탈리아를 대표하는 음식을 든다면, 단연 피자(Pizza)와 파스타(Pasta, 스파게티라는 이름으로 더 잘 알려져 있음)라고 할 수 있다.

먼저 이탈리아 피자(Pizza)는 얇고 바삭바삭한 특징을 지니고 있다. 밀가루 판에

고기 조림, 야채, 치즈가루 등을 뿌리고 벽돌 화덕에서 구워내는 이 피자는, 원래 고대 이탈리아 중서부의 에트루리아 지방에서 만들던 음식이었다. 밀반죽을 돌 위에서 구워내어 기름이나 식물로 간을 하고 수프나 고기를 얹어서 먹은 것이 이 음식의 시초였다. 요즘과 같은 형태의 피자가 만들어지기 시작한 것은 약 100년 전부터였다. 그러나 피자가 전세계적으로 알려지게 된 것은 세계 제2차 대전 이후의 일이다. 이탈리아에 파병나갔던 미군들이 본국으로 돌아가면서 피자를 가져갔고, 그 때부터 피자라는 음식이 전 세계로 퍼져나가게 되었다. 이탈리아 원래의 피자는 얇고 토핑도 1~3가지 정도로 조금만 올려서 담백하게 만들지만, 이후에 생겨난 미국식 피자는 토핑을 다양하게 그리고 푸짐하게 올려서 만들었다. 따라서 현재 우리나라에서 팔리는 피자는 이탈리아 식이 아니라 미국식에 가깝다고 할 수 있다.

스파게티(Spaghetti)로 더 잘 알려진 파스타(Pasta)는 밀가루 음식으로 이탈리아의 주식이다. '파스타' 라는 말은 '인파스타래리' 라는 이탈리아 말에서 왔는데, 밀가루와 물을 반죽한 것을 가리키는 말이다. 파스타의 종류는, 모양과 재료에 따라 수백 가지가 있으며, 특히 단면이 동그란 모양의 면을 스파게티라고 부른다. 이탈리아 사람들은 파스타를 한끼 식사로 먹기 보다 에피타이저와 메인 요리 사이에 먹는다. 스파게티를 소금을 조금 넣은 끓는 물에서 8~12분 정도 삶은 다음 찬물에 헹구지 않고 뜨거운 채로 물기를 빼내고 버터로 버무려 엉겨 붙지 않게 하고, 소스와 치즈 가루를 뿌려 먹는다. 파스타 요리는 면과 소스에 따라 다양한 조합이 가능하다. 요리 방법과 소스에 따라 그 종류가 무궁무진하다. 그 가운데 주요 요리로는 '스파게티 이탈리안' 과 '스파게티 밀라네스' 가 있다.

파스타

2. 이탈리아인의 식사 예절

이탈리아인들은 식사할 때 예절을 중시하는데, 그 예절은 유럽 사람들이 일반적으로 중시하는 예절과 대동소이하다. 우선 이탈리아인들은 식사를 하기 전에 먼저 손을 깨끗이 씻어서 청결한 상태로 만든다. 그것은 감자 튀김이나 뼈를 발라내지 않은 고기나 빵 등을 손으로 집어서 먹기 때문이다. 둘째, 식사 도중에 식탁에서 손을 식탁 밑으로 내리거나 팔꿈치를 식탁 위에 올려놓지 않아야 한다. 한마디로 손을 항상 식탁 위에 올려 놓되, 팔꿈치로 받쳐서는 안되는 것이다. 셋째, 공동의 큰 접시에 담겨진 음식에서 원하는 부위를 고르기 위해 뒤적거리며 가져 와서는 안된다. 다시 말해 음식을 고르지 말고 적당히 덜어 와야 한다는 것이다. 원하는 부위를 가져오기 위해 지나치게 뒤적거리는 것은 남을 배려하지 않는 이기적인 행동으로 여겨진다. 넷째, 통상 식탁 위에는 오일과 소금이 놓여 있는데, 필요할 때는 옆 사람에게 달라고 말하기 보다, 본인이 직접 가져다 먹는 것이 좋다. 미국에서는 그것을 옆 사람에게 부탁하는 것이 관례이지만, 이탈리아에서는 자신이 직접 가져 오는 것이 예의있는 행동이다. 다섯째, 샐러드는 반드시 각자의 음식에 덜어서 스스로 첨가해서 먹는다. 소스를 각자의 취향에 맞게 올리브 오일, 소금, 후추 등을 입맛에 맞게 넣어 먹는다. 여섯째, 식사하는 도중에 식탁을 떠나거나 트림을 하는 것은 예의에 크게 어긋나는 행동으로 여겨진다. 따라서 가능한 한 트림을 하지 않도록 조심하는 것이 좋다. 반면에 코를 푸는 것은 큰 실례가 되지 않는다.

3. 이탈리아의 관광지

이탈리아는 세계적으로 가장 많은 문화재를 보유한 나라이다. 특히 로마는 도심 전체가 문화 유산이고, 다른 웬만한 도시도 거의 세계 문화 유산으로 지정되어 있다.

우리나라에서 유럽으로 가는 패키지 투어를 보더라도 프랑스에서 머무르는 시간보다, 이탈리아에서 할애하는 시간이 한층 길다. 그것은 그만큼 이탈리아에 볼거리가 많다는 의미이다.

(1) 로마

바티칸

고대 로마 제국의 수도이자, 이탈리아의 수도인 로마는 이탈리아 문화의 중심지이다. 도시 전체가 박물관이라 할 만큼 수많은 유적을 보유하고 있다. 그래서 로마는 고대 문명과 현대 문명이 조화를 이루고 있는 도시로 평가된다. 전설에 따르면, 로마는 군사와 전쟁을 주관하는 신인 마르스와 인간인 레아실비아의 사이에서 태어난 쌍

바티칸 광장

둥이 형제인 레무스(Remus)와 레물루스(Remulus)에 의해 건국되었다고 전해진다. 이 형제들은 태어난 뒤 테베레강에 버려졌는데, 암 늑대가 젖으로 키웠다고 전해진다. 로마를 구경하려면 테르티미역에 가서 투어 버스를 타면 된다. 이 버스를 타면 낮과 밤의 로마 시내 모습을 두루 돌아볼 수 있다.

로마에 사는 사람의 수는 대략 265 만명 정도이다. 도시 규모나 유명세에 비해 인구가 그다지 많지 않은 까닭은, 수많은 유적지를 보호하기 위해 주거지를 외곽으로 옮겼기 때문이었다. 로마에서 볼만한 장소는 이루 다 열거할 수 없을 정도지만, 특히 중요한 장소도, 콜로세움, 트레비 분수, 베네치아 광장, 바티칸 광장, 포폴로광장, 바르베니 광장, 나보나 관장, 스페인 광장, 근대미술관, 보르게세 미술관, 로마국립미술관, 카피톨리노박물관, 로마교황청, 바티칸 박물관 포로 로마노, 오페라 극장, 국

콜로세움

립도서관, 오페라 극장 등 수십 군데가 넘는다.

먼저 로마의 콜로세움(Colosseum)은 세계에서 가장 유명한 건축물 가운데 하나이다. 플라비우스 왕조인 베스파시아누스 황제가 재위할 시기에 착공되었기에 원래 이름은 "플라비우스 원형경기장"(Amphitheatrum Flavium)이었다. 이 경기장은 착공된 지 80년 만인 베스파시아누스 황제의 아들인 티투스 황제 때 완성되었다. 비공식 명칭인 '콜로세움' 이란 명칭의 유래에 대해서는 두가지 견해가 있다. 즉 하나는 원형 경기장 근처에 있던 네로 황제의 거대한 청동상(Colossus Neronis)과 명칭이 혼동되었다는 설이고, 다른 하나는 '거대하다' 는 뜻의 이탈리아어 콜로살레(Colossale)와 어원이 같다는 설이다. 중세에는 그 자체가 '거대한 건축물' 이란 의미로 쓰이기도 했다. 돌과 콘크리트로 세운 완전한 독립구조물인 이 경기장은 로마의 유적지 가운데 가장 규모가 큰 것이다. 크기는 직경의 긴 쪽이 188m, 짧은 쪽이 156m, 둘레가 527m이며, 타원형으로 되어 있다. 외벽은 48m 높이의 4층으로 되어 있고, 경기장 안은 약 5만명의 관객을 수용할 수 있는 계단식 관람석이 방사상 형태로 설치되어 있다. 아울러 4층을 이루는 기둥 부분의 양식이 상이한 형식으로 이루어져 있다. 즉 1층은 토스카나 식으로, 2층은 이오니아 식으로, 3층은 코린트 식으로 지어져 있다.

이 경기장에서는 검투사들의 시합과 맹수와 인간의 싸움, 모의 해전과 같은 대규모 전투장면이 실연되었다. 또한 기독교가 박해받던 시대에는 신도들을 학살하는 장소로 이용되기도 했다. 중세 무렵에는 지진과 낙뢰로 손상되었고, 그 뒤로 반달족의 침입으로 더욱 파손되기도 했다.

트레비 분수

트레비 분수(Fontana di Trevi)는 로마의 분수 가운데 가장 아름다운 분수로서 바로크 양식의 걸작품이다. 옛날에는 "처녀의 샘"이라 불렸는데, 그것은 로마시대 때 한 소녀가 목마른 병사에게 이 샘을 안내해 주었기 때문이다. '트레비'라는 이름은 분수 앞에 있는 광장이 세갈레 길이 있기 때문에 붙여진 것이다. 분수는 교황 클레멘스 12세의 명령으로 N. 살비라는 사람이 설계하고, 1732년에 착공하여 1762년에 완공되었다. 분수를 둘러싸고 있는 아름다운 배경은 원래 파라초 폴리 궁전의 벽면이었다. 한 가운데 대양의 신 오체아누스가 있고, 양 옆의 석강은 풍요로움과 건강을 상징한다. 분수 중앙에는 브란치(Branzi)라는 사람이 조각한 대리석 조각상이 있다. 이 조각상은 반인 반수의 해신 트리톤(Triton)이 이끄는 전차 위에 바다의 신인 넵투누스(Neptunus, 포세이돈이라고도 함)가 서 있는 모습을 하고 있다. 즉 트리톤 신과 두 해마가 끌어 올린 커다란 조개 위에서 넵투누스 신이 위엄있게 걸음을 옮기는 모습을 하고 있다. 바다의 신인 트리톤이 이끌고 있는 두 마리 말을 보면 한 마리는 거칠게 보이고, 또 한 마리는 유순하게 보이는데, 거칠게 보이는 말은 태풍이 일어나는 거친 바다를 상징하고, 유순하게 보이는 말은 수면이 잔잔하고 고요한 바다를 상징한다. 그리고 분수대의 거대한 수반은 대양을 상징한다. 분수에는 뒤돌아서서 한번 동전을 넣으면 로마를 다시 여행할 수 있고, 두 번 던지면 사랑이 이루어지며, 세 번 던지면 사랑하는 사람과 이별한다는 전설이 있다.

진실의 입

진실의 입(Bocca della Verita)은 보카델리 베리타 광장의 모퉁이에 자리잡은 코스메틴 산타마리아 성당 입구 벽면에 있는 조각이다. 이 조각은 해신 트리톤(또는 강의 신 홀르비오)의 얼굴을 조각한 것이다. '보카' 는 입, '베리타' 는 진실을 의미하는데, 이것은 원래 4세기 쯤에는 하수도의 두껑이었다고 한다. 이 조각이 '진실의 입' 이라고 불리게 된 것은 거짓말을 하는 사람이 입에 손을 넣으면 손이 잘린다는 전설을 갖고 있기 때문이다. 로마의 심문관들이 범죄자들을 심문할 때, 진실의 입 뒤에 로마 병사가 칼을 들고 서 있다가 범죄자가 거짓말을 할 때 손을 잘랐기에 범죄자는 모든 것을 실토했다고 한다. 이 장소는 스페인 광장과 더불어 그레고리 팩과 오드리 햅번이 주연한 영화인 "로마의 휴일"이란 영화로 유명해지게 되었다.

베네치아 광장(Plazza Venezia)은 로마의 중앙에 위치한 광장으로서, 이 광장의 주변으로 많은 볼거리가 산재해 있다. 한마디로 로마의 대표적인 광장이라고 할 수 있다. 뒤편에는 빅토리오 엠마누엘 2세(Vittorio Emmanuele Ⅱ) 기념관이 있는데, 이 기념관은 네오 클레식 양식으로 되어 있고, "하얀 웨딩 케익"이란 별명을 지니고 있다. 1871년에 이탈리아를 통일한 달성한 비토리오 엠미뉴엘 2세를 기념하기 위해 세운 것이다. 이 기념관 앞의 엠메누엘 2세의 기마상이 있다. 대리석 받침대 위에 기마상이 있어서 그 높이가 12m에 이른다. 엠마뉴엘 2세 국왕의 기마상 아래에는 1차 세

포로 로마노

계 대전 때 전사한 무명용사의 무덤이 있고, 그 앞에는 꺼지지 않는 불이 있는데, 2명의 군인이 이곳을 지키고 서 있다. 광장 왼쪽으로는 베네치아 궁전이 있는데, 지금은 박물관으로 사용되고 있다. 궁전은 제2차 세계대전 때 무솔리니의 집무실로 이용되었는데, 무솔리니는 2층 테라스에서 제2차 세계 대전에 참전할 것과 파시즘을 주창하는 연설을 한 바 있다. 그리고 궁전 양쪽에는 날개달린 사자상이 있다.

포로 로마노(Foro Romano)는 베네치아 광장과 콜로세움 사이에 위치한 광장이다. '포로' 라는 말은 광장을 의미한다. 이 '포로' 라는 말에서 광장에서 공개적으로 이야기하는 의미를 지닌 회의 형식인 '포럼' 이라는 말이 나오게 되었다. 로마 시대 정치, 상업, 종교 활동의 중심지였던 이 광장의 건물들은 283년에 발생한 대화재로 소실되었다. 그렇지만 이 포로 로마노 지역에는 아직도 바실리카 에밀리아(Bacilia Eminlia, 사업과 환전을 위한 장소였음)와 시저 신전(Templum Ceasar), 원로원(Curia, 공화정 시대의 최고 정치 기관), 셉티미우스 세베루스의 개선문(Arco di Settimio Severo), 새턴 신전, 바실리카 율리아(Bacilica Giullia, 변호사들이 시간을 보내던 공간임), 베스타 신전(Tempio di Vesta), 베스타 신녀의 집(Casa delle Vestali), 사투르누스 신전(Tempio di Saturno, 농업의 신인 사투르누스를 모신 장소), 마메르티노 감옥(Carcere Mamertino, 성 베드로가 갇혔던 감옥) 등의 다양한 유적이 남아 있다.

스페인 광장(Piazza di Spagna)은 17세기에 교황청의 스페인 대사가 이곳에 본부를 두면서 그 이름을 갖게 된 광장이다. 그런데 이 광장은 특이하게도 전체적으로 계단으로 이루어져 있다. 137개로 이루어진 계단은 18세기 프랑스 대사가 기부하여 만들어진 것이라고 한다.

스페인 광장

바르카치아 분수

계단에는 철쭉꽃이 심어져 있어 꽃이 피는 시기에는 적색, 분홍색 꽃들이 만발한다. 광장의 중앙에는 건축가 로렌초 베르니니(Gian Lorenzo Bernini)가 설계한 바로크 양식으로 된 '바르카치아 분수' (Fontana della Barcaccia)가 있다. '바르카치아' 라는 말은 쓸모없는 오래된 배를 의미한다. 그래서 이 분수는 "난파선의 분수"라고 번역된다. 홍수가 났을 때 배가 이곳으로 떠내려 온 것에 착안하여 분수를 만들었다고 한다. 이 때문에 바르카치아 분수에는 물에 반쯤 잠겨 있는 배가 있다. 광장에 있는 계단을 올라가면 트리니타 데이 몬티 교회(Chiesa della Trinita dei Monti)가 있다. 이 광장은 영화 "로마의 휴일"(Roman Holiday)에 등장하면서 일약 세계적인 명소가 되었다. 로마 교통의 중심지인 이 광장의 주변으로는 외국인들을 위한 호텔과 상점들이 즐비해 있다.

콘스탄티누스 개선문

콘스탄티누스 개선문(Arco di Constantino)은 로마시대의 개선문 중에서 가장 상태가 좋은 개선문, 후기 로마 시대의 문화 예술의 걸작품이다. 콜로세움 바로 옆에 위치해 있으며, 오른편으로는 포로 로마노가 위치해 있다. 로마에서 가장 큰 이 개선문은 밀라노 칙령(313년)으로 기독교를 공인한 콘스탄티누스 황제가 정적이던 막센

티우스(Maxentius)와의 전쟁에서 승리한 것을 기념하여 315년에 세운 승리의 문이다. 개선문의 높이는 21m이고, 넓이는 25m이며, 세 개의 아치문이 있고, 기둥은 코린트 양식으로 되어 있다. 개선문 벽에는 콘스탄티누스 황제의 업적과 전쟁 장면을 새긴 부조가 있다. 이 개선문은 이후에 세워진 모든 개선문의 원형이 되었다. 파리 개선문이나, 우리나라 독립문, 인도 델리의 인디아 게이트 등은 모두 이 콘스탄티누스 개선문을 모방한 것이다.

판테온(Pantheon)은 B.C. 27년 아우구스트 황제의 사위인 아그리파에 의해 건립된 신전이다. '판테온' 이란 말에서 '판'(Pan)은 모든 또는 전부라는 의미이고, '테온' (Theon)은 신이란 의미이다. 즉 로마의 모든 신에게 봉헌하기 위해 B.C.25년에서 B.C.17년까지 건립된 신전이다. 그러나 609년에 포카 황제가 보니파스 4세에게 이 신전을 기증하여 성모 마리아와 모든 순교자에게 봉헌한 성당으로 거듭나게 되었다. 그 후 잦은 외침과 오랜 풍상 속에서도 청동문과 둥근 천장은 원형 그대로의 모습을 유지하여 고대 로마 시대의 유적 중에서도 원형을 그대로 유지하고 있는 대표적인 건축물로 여겨지고 있다. 16개의 웅장한 정면 기둥은 코린트 양식으로 되어 있고, 원형으로 된 천장은 격자 무늬 장식이 5열로 천장 전면을 덮고 있다. 천장 중심은 지금 9m의 둥근 원이 하늘을 향해 뚫려 있다.

판테온 신전

캄피톨리오 광장

캄피톨리오 광장(Piazza del Campidoglio)은 고대 로마 제국을 건국한 로물로스가 쥬피터 신전을 세웠던 언덕에 있는 광장이다. 이곳은 고대 로마의 정치와 종교의 중심지였다. '캄피톨리오'라는 말은 수도를 의미한다. 영어의 '캐피탈'(Capital)이란 말이 바로 이 '캄피톨리오'라는 말에서 나왔다. 이 광장을 변신시킨 미켈란젤로는 광장에 언덕과 계단을 만들었다. 계단으로 올라가면 바로 광장이 나오는데 그 중앙에 마르크스 아우렐리우스 황제가 말을 탄 기마상이 세워져 있다. 이 기마상은 마르크스 아우렐리우스 로마 황제상은 남쪽으로 수 Km 떨어져 있던 산 조바니 인 라테라노 교회의 근처에 있던 것을 옮겨 온 것이다. 중세 시대에 로마 황제의 동상은 기독교인들의 손에 파괴되었으나, 이 동상만은 유일하게 아직 남아 있다. 동상의 왼쪽으로는 누오보 궁전(Palazzo Nuovo)이 있고, 오른쪽으로는 콘세르바토리 궁전(Palazzo dei Conservatori)이 있다. 지금은 둘다 캄피톨리오 박물관(Museo Capitolino)이라는 명칭으로 사용되고 있으며, 여기에 고대 로마 유적들이 전시되고 있다. 광장의 정면의 건물은 원래 12세기에 세워진 세나토리오궁(Plazzo dei Senatorio)인데, 지금은 로마의 시의회와 시청사로 사용되고 있다. 건물의 오른쪽으로 가면 늑대의 젖을 빨고 있는 로무루스와 레무스의 작은 동상이 있다.

(2) 베네치아

영어로 '베니스'로 잘 알려진 베네치아(Venezia)는 물 위에 떠있는 아름다운 도시이자, 로마와 함께 가장 인기있는 도시이다. 이탈리아 반도의 동쪽, 아드리아 해의 끝에 위치한 이 도시는, 이탈리아 본토에서 약 30 ㎞ 정도 떨어져 있다. 220개의 섬을 177개의 운하와 400여개의 다리로 연결한 아름답고 환상적인 도시이다. 그래서 베네치아는 석호 위에 발달한 "물의 도시", "아드리아해의 여왕"으로 불린다. 옛날부터 지중해 무역의 중심지로서 발전해 온 역사 깊은 이 도시에는 30 만의 인구가 살고 있다. 베네치아의 유명한 관광지로는 산마르코 광장, 산마르코 성당, 두칼레 궁전, 리알토 다리, 탄식의 다리, 베네치아 대운하, 리도섬 등이 있다.

먼저 산마르코 광장(Piazza de San Marco)은 베네치아에서 유일한 광장이다. 광장을 이탈리아어로 '피아차'(Piazza)라고 하는데, 이 '피아차'라는 이름이 붙은 곳은 산마르코 광장이 유일하다. '산마르코'라는 이름은 마가 복음의 '성 마가'(St. Mark)를 이탈리아식으로 부른 것이다. 가로 175m, 세로 80m의 대리석으로 되어 있는 이 광장의 가운데는 종탑(깜빠닐레)이 세워져 있고, 주변으로는 회랑이 설치되어 있다. 광장 입

산마르코 광장

구의 정면에는 2개의 사자와 엠마뉴엘레 2세의 동상이 있는 오벨리스크 기둥이 있으며, 오른편으로는 두칼레 궁전이 있고, 그 옆에는 성마르코 성당이 있다. 오늘날의 광장 모습은 19세기에 나폴레옹에 의해 광장의 서쪽에 나폴레옹관이 더해져서 오늘의 모습을 갖추게 되었다. 광장 주변으로는 유명한 까페와 명품을 파는 고급 상점들로 즐비하다.

산마르코 성당

산마르코 성당(Bacilica San Marco)은 12사도 중의 한명이었던 산마르코, 즉 성마가의 유해를 모시기 위해 세운, 로마네스크 양식과 비잔틴 양식이 혼합된 성당이다. 원래 산마르코의 유해는 이집트의 알렉산드리아에 있었으나, 9세기에 베네치아 상인이 회교도가 돼지고기를 금기시한다는 사실에 착안하여, 고기 밑에 유해를 숨겨 베네치아에 옮겨왔다. 그 후 산마르코는 날개달린 사자로 상징되는 베네치아의 수호 성인이 되었다. 성당 입구에 있는 네 마리의 힘찬 청동 말 조각은 십자군이 콘스탄티노플(현재의 터키의 이스탄불임)에서 전리품으로 가져온 것으로 진품은 성당 안에 있다.

두칼레 궁전(Palazzo Ducale)은 베네치아에서 가장 멋진 건물로서, 9세기경 베네치아 공화국의 총독이 거주하던 성이었다. 현재의 모습은 14세기~15세기경 북방에서 전해진 고딕예술이 베네치아의 동방적인 장식과 합쳐져서 만들어진 것이다. 이 독특한 양식은 흔히 "베네치안 고딕"이라고 불리는데, 이 양식의 최고

두칼레 궁전

걸작이 바로 두칼레 궁전이다. 건물의 외관은 백색과 분홍색의 대리석으로 이루어져 있으며, 36개의 기둥으로 이루어진 회랑이 있다. 중앙의 현관은 고딕 양식으로 되어 있는데, 여기서 옛날에는 포고문을 게시했다고 한다. 실내에는 황금계단, 안티콜레지오, 접견실, 투표실 등이 있다. 총독이 앉았던 자리에는 세계에서 가장 큰 유화 중에 하나인 틴토레토가 그린 '천국'(Paradiso, 1590)이란 그림이 걸려 있다. 천정 벽을 따라 76명의 베네치아 총독의 초상화가 걸려 있다.

리알토 다리(Rialto Bridge)는 대운하 서쪽을 연결하는, 베네치아의 중심부에 위치한 다리이다. 다리의 밑은 아치로 되어 있고, 아치형의 기둥들이 삼각기둥을 떠받치는 형태를 하고 있다. 그 아래로 배들이 지나 다니고, 다리에는 두줄의 쇼핑 아케이드와 세줄의 보행자 통로가 마련되어 있다. 폰테(Antonio da Ponte)와 그의 조카였던 콘티노(Antonio Contino)가 디자인 한 이 다리는, 화려한 르네상스 시대의 건축과 설계양식을 보여주는 대표적인 건축물이다. 원래 목조 다리였으나, 16세기에 하얀색의 석조 다리로 재건축되었다.

탄식의 다리

탄식의 다리(Ponte dei Sospiri)는 두칼레 바로 옆에 붙어 있는 다리이다. 17세기에 만들어진 이 다리가 "탄식의 다리"라는 독특한 이름을 갖게 된 데는 이유가 있다. 베니스의 여러 다리들은 도시의 여러 지역과 섬들을 이어주는데, 이 탄식의 다리는 총독부가 있던 두칼레 궁전과 피리지오니 누오베라는 감옥을 연결시켜 주는 다리였다. 두칼레 궁에서 재판을 받고 나온 죄수들이 이 다리를 건너 감옥에 들어가게 되면 세상과 완전히 단절되기 때문에 한숨을 내쉬었는데, 이 때문에 "탄식의 다리"라는 이름을 갖게 되었다. 또한 작가이자 바람둥이였던 카사노바가 투옥되었다가 탈옥한 것으로 잘 알려져 있다.

베네치아 대운하(Canal Grande)는 베네치아 중심을 관통하는 길이 3.8㎞의 넓은 수로이다. 대운하를 따라 12세기부터 18세기에 걸쳐 세워진 여러 종류의 명소를 구경할 수 있다. 예를 들면 대리석 궁전과 산 시메오네 피콜로 교회, 페사로 궁전, 고딕 건축의 카도르, 리알토 다리 등을 볼 수 있다. 왼쪽 연안에는 베니에르 데이 레오니 궁, 레초니코 궁, 포스카리궁, 피사니 궁, 페사로 궁 등이 있으며, 오른쪽 연안에는 코르테르 데라 카 그란데 궁, 코르네르 스니넬리 궁, 그리마니 궁 등이 있다. 대운하를 따라 아름다운 건물을 누비는 색다른 경험을 할 수 있으며, 산마르코 성당을 출발하는 곤돌라, 바포레토 등을 이용해 관람할 수 있다.

리도섬

리도섬(Lido di Venezia)은 남북 약 12㎞의 좁고 긴 섬으로 유명한 리조트 호텔이 많은 세계적인 휴양지이다. 이 섬이 개발된 것은 20세기 때인데, 아름다운 모래 사장과 고급 호텔, 최신식의 레저 시설 등을 완비하고 있다. 고급 휴양지로 알려지면서 세계 각지의 관광객, 바캉스객들이 찾고 있다. 토마스 만의 소설인 "베니스에서 죽다"의 무대가 되었으며, 많은 영화가 이곳에서 촬영되고 있다. 베네치아 영화제는 바로 여기에서 열린다.

피렌체 시내 전경

(3) 피렌체

토스카나 지방의 중심도시인 피렌체(Firenze)는 '플로렌스'(꽃)라고도 알려진 아름다운 도시이다. 이 도시는 베네치아와 더불어 이탈리아에서 가장 강력한 공국이었으며, 그 중심에는 메디치(Medici) 가문이 있었다. 르네상스도 이 메디치 가문에 의해 피렌체에서 시작되었다. 메디치 가문은 많은 화가들을 후원하여 피렌체를 예술의 도시로 만들었는데, 르네상스를 대표하는 3대 화가인 레오나르도 다빈치, 미켈란제로, 라파엘로가 모두 피렌체를 중심으로 활동하였다. 피렌체는 이탈리아 시인인 단테의 고향이기도 하다. '신곡', '향연' 등의 작품을 남긴 단테는 피렌체의 귀족 가문출신으로, 일생 동안 베아트리체라는 여성을 사랑과 시혼의 원천으로 삼은 것으로 유명하다. 한마디로 피렌체는 수많은 문호, 예술가들의 흔적이 살아 숨쉬는 도시라고 할 수 있다. 피렌체에서 둘러 볼만한 곳으로는 베키오 다리, 두오모 성당, 단테의 생가, 시뇨리아 광장, 미켈란젤로 광장 등이 있다.

베키오 다리는 아르노강에 세워진 다리로서, 피렌체의 다리 가운데 가장 오래된 다리이다. 다리의 이름인 '폰타 베키오'(Ponte Vecchio)라는 말은 '낡은 다리'라는 뜻이다. 우피치 궁전과 피티 궁전을 연결하는 이 다리의 위쪽으로는 귀족과 상인이 다녔고, 아래쪽에서는 서민들이 다녔다고 한다. 16세기부터는 금과 은을 세공해서 파는 상점들이 들어서게 되었다. 베키오 다리의 중앙에는 인물의 흉상이 있다. 그것은 금세공인인 벤베누토 첼리니(Benvenuto Cellini)의 흉상인데, 여기서 벤베누토는 영어로 웰컴(Welcome)이라는 뜻이다. '신곡'을 썼던 단테가 이상의 연인인 베아트리체를 만났던 곳도 바로 이 다리였다. 지금도 사랑을 언약한 연인들이 간혹 그 징표인 자물쇠를 베키오 동상 밑에 채우고, 열쇠는 찾지 못하도록 강에 버린다고 한다.

피렌체 두오모 성당

두오모 성당은 1292년에 착공하여 1436년에 완공된, 무려 175년동안 지어진 성당으로서, 원래 이름은 '산타마리아 델 피오레'(Santa Maria del Flore)였다. 이 이름의 의미는 "꽃의 성모 마리아"이다. 성당 전체는 깜비오(Arnolfo di Cambio)가 설계했는데, 106m 높이의 돔이 이 성당의 자랑이다. 주황색으로 된 돔은 브루넬레스키(Filippo Brunelleschi)가 만든 것이라 한다. 성당의 벽을 세워 올려 돔을 만들 즈음, 직경 46m의 돔을 만들지 못해 공사가 중단되었다고 한다. 그러나 브루넬레스키가 8개의 뼈대를 세워 하중을 분리시킨 다음, 돔을 올리는데 성공하였는데, 그 돔을 만드는데 소요된 기간은 무려 42년(1420년~1461년)이 걸렸다고 한다. 이 돔은 아치형 모양으로 되어 있어 피렌체 시내 어느 곳에서도 보일 정도로 크고 화려하다. 성당 앞에는 브루넬레스키의 동상이 놓여 있는데, 브루넬리스키는 자신이 만든 돔을 만족스러운 표정으로 올려다 보고 있다. 이 성당은 규모도 크지만 아름다움이 타의 추종을 불허한다. 미켈란젤로는 이 성당을 두고, "피렌체 두오모 보다 더 크게 만들 수는 있어도, 더 아름답게 만들 수는 없다"라고 격찬했다고 한다. 대리석 모자이크 장식의 벽면은 장관을 연출하며, 내부는 전성기 시대의 고딕 아치형 천정이 아치들로 받쳐져 있다. 관광객들이 직접 돔까지 올라갈 수 있으며, 여기서 시내를 한눈에 내려다 볼 수 있으며, 성당 앞의 광장에는 관광객을 위한 마차가 준비되어 있다.

단테

단테의 생가

단테의 생가(Dante's Birth Place)는 두오모 성당에서 시뇨리아 광장으로 들어가는 좁은 골목길에 위치해 있는데, 이곳이 단테의 생가임을 알리는 토르소가 건물의 벽에 붙어 있다. 그의 생가는 현재 미술작품을 전시하는 갤러리로 사용되고 있다. 단테는 피렌체 귀족 가문출신이었으며, 십자군 전쟁에 참여하였다. 9살 때 천사처럼 청순한 8살의 베아트리체를 처음 보게 되었고, 그 뒤로 그녀를 평생 동안 연모하게 되었다. 베아트리체는 단테의 생애를 통해 사랑과 시혼의 원천이었다. 그녀의 존재 여부에 대해 이상설理想說, 상징설象徵說 등이 있지만, 단테는 '신생', '신곡' 이란 작품을 통해 그녀의 존재를 증거하고 있다. 단테는 9살 때 자신 보다 한 살 아래인 그녀를 만나 사랑의 감정을 갖게 되었고 9년 뒤에 길에서 우연히 길에서 만나 그녀에게 정중한 인사를 받고 지극한 행복감을 느꼈으며, 그 이후로 그녀를 영원한 여성의 상으로 마음 가운데 담게 되었다.

코지모 1세의 청동 기마상

헤라클레스 상

시뇨리아 광장(Piazza della Signoria)은 피렌체를 일으킨 코지모 1세(코지모 데 메디치)의 청동기마상이 서 있는 광장이다. 이곳은 과거 도시의 구심점으로 시민들이 토론을 벌이거나 정치를 결정하던 곳이었다. 유명한 미켈란첼로 동상인 다비드의 모조품과, 메두사의 목을 벤 페르세우스의 청동상인 첼리니의 페르세우스와, 잠볼로냐의 사빈 여인의 강간 등 르네상스 시대의 걸작 모조품이 있다. 그 가운데서도 특히 미켈란젤로의 다비드가 인기가 좋다. 진품 다비드상은 작품의 보호를 위해 아카데미아 미술관에 보관되어 있다. 다비드상 옆에는 헤라클레스상이 있으며, 그 가운데 있는 문이 베키오 궁전의 입구이다. 이 베키오 궁전은 피렌체 공국의 청사였으며, 오늘날은 피렌체의 시청으로 사용되고 있다. 이곳에는 높이 94m의 탑이 있다. 그리고 광장 중앙에는 한 때 피렌체를 지배했던 수도승 사보나롤라의 처형지임을 알리는 화강암이 있다.

미켈란젤로 광장(Piazzale Michelangelo)은 아르노강 남쪽 기슭의 언덕 위에 위치한 광장이다. 광장의 곳곳에는 미켈란젤로의 작품인 다비드상의 복사품들이 놓여 있다. 이 광장은 관광객들이 사진 촬영하기 좋은 장소이다. 광장에 서면 아르노 강 너머로 피렌체의 두오모 성당과 종탑을 한눈에 볼 수 있다. 아름다운 중세풍의 피렌체 시가지를 전체적으로 조망할 수 있다. 여기서 르네상스 시대의 화려한 도시의 모습을 상상할 수 있다.

다비드상

*이탈리아 여행시 참고사항

이탈리아에서는 대부분의 상점이 저녁 8시 쯤이면 문을 닫는다. 따라서 그 이전에 식사를 포함한 일용품을 구입해야 한다. 한국처럼 24시간 영업하는 식당이나 상점은 찾아볼 수 없다. 버스는 국가에서 운영하기 때문에 무료이다. 이탈리아에서는 화장실을 갈 때는 돈을 내야 한다. 일교차가 심하기 때문에 낮에는 선글라스를 쓰야 하고, 밤에는 외투를 입어야 한다. 따라서 여벌의 옷을 가져갈 필요가 있다. 성당에 들어갈 때는 사진을 찍어서는 안된다. 특히 천지창조 그림이 천정에 그려져 있는 로마의 시스틴 대성당에 들어가서 사진을 찍게 되면 사진기를 압수당할 수 있다. 왜냐하면 카메라의 플래시가 천정의 그림을 훼손시킨다고 보기 때문이다. 그리고 맨소매라든가 바지를 입으면 안된다. 이탈리아에는 거지들이 많이 있으며, 소매치기 당하는 일이 잦다. 그러므로 가방을 소지할 경우 뺏기지 않도록 조심해야 한다.

02

그리스

그리스는 유럽의 남동부에 있는 발칸 반도의 남쪽 끝에 위치하여, 알바니아, 유고슬라비아, 불가리아, 터키와 인접한 나라이다. 전체의 면적은 약 132,000㎢이며, 본토가 80%이고 섬이 19%를 차지한다. 본토는 발칸반도의 일부인 그리스 본토와, 본토와 연결된 페로폰네소스 반도로 이루어져 있으며, 나머지 국토는 섬으로 이루어져 있다. 본토에서 산지와 구릉이 차지하는 비중이 80% 이상이기에, 평야가 별로 없다. 특히 그리스의 척추라고 불리는 핀도스 산맥은 본토의 북서부에서 남동부를 가로지르며 바다까지 뻗어 있으며, 크레타 섬을 비롯한 여러 섬을 이루고 있다.

그리스의 기후는 지중해성 기후를 나타낸다. 사계절이 있지만, 실제로 여름과 겨울 외에는 다른 계절을 거의 느낄 수 없다. 여름에는 덥고 건조하며, 겨울에는 온화하고 비가 많은 편이다. 특히 여름에는 햇볕이 따갑지만 북쪽의 대륙과 남쪽의 바다에서 불어오는 바람이 열기를 식혀 주며, 습도가 낮아 불쾌지수는 그리 높지 않다. 아침, 저녁으로는 시원하여 그리스인들은 저녁 늦게까지 활동한다.

그리스의 인구는 1,100 만명 정도이고, 종교는 그리스 정교가 절대 다수인 98%를 차지한다. 그 밖에 이슬람교가 1.3%, 기타가 0.7% 정도이다. 그리스인들은 자신의 언어인 그리스어를 사용하고 있다. 또한 민족이 복잡하고 예로부터 유럽과 아시아를 연결하는 교통로의 역할을 해왔기에, 분쟁이 자주 발생했다. 그러나 수도인 아테네에 고대 문화 유적이 많이 남아 있어 많은 관광객이 찾고 있다.

그리스의 국기는 가로와 세로의 비율이 12:7이며, 흰색과 파란색의 가로줄이 9개 교대로 배치되어 있고, 깃대 상단 쪽에 직사각형에 흰색의 십자가가 들어 있다. 국기 가운데 있는 9개 줄은 1821년 시작된 독립전쟁 때 "자유냐 죽음이냐"라는 그리스어 투쟁 구호의 9음절을 나타낸다. 파란색과 흰색은 이 나라의 왕이 되었던 바바리아공의 오토가문에서 유래한 것이다. 파란색은 하늘과 바다를 상징하고, 십자는 이슬람 세계에 대한 그리스도교국인 그리스의 독립을 나타낸다.

1. 그리스의 음식

그리스의 음식은 전형적인 지중해식 식단이라고 할 수 있다. 남부 프랑스, 이탈리아, 아랍의 요리 문화와도 깊은 연관을 가지고 있다. 그리스 음식의 특징은 올리브기름과 향신료를 많이 사용한다는 것이다. 거의 모든 요리에 올리브유를 사용하는데, 올리브는 그리스 전역에서 생산되어 그리스 요리에 독특함을 더해 준다. 또한 그리스 요리에서 많이 쓰이는 향신료는 마늘이나 양파를 기본으로 하여 허브의 일종인 오레가노와 미나리과의 식물인 딜, 월계수 등이 사용되고 있다. 그 밖에도 바실, 타임, 회향 열매도 자주 쓰이는 재료이다. 식단의 기본 곡류는 밀이고, 돼지고기, 양고기, 페타 치즈, 토마토, 감자, 녹색 콩, 고추, 양파가 많이 쓰인다. 그 밖에도 요구르트가 많이 이용되고 있다.

수블라키

그리스 요리는 만드는 방법이 단순하지만, 그 맛은 뛰어난 편이다. 대표적인 요리로는 수블라키(Souvlaki)와 무사카(moussaka)를 들 수 있다. 이 가운데 수블라키는 양고기나 쇠고기의 꼬치에 굽고, 그것을 토마토나 양파를 곁들여 먹는 것이다.

길거리 음식이자 가정식 음식이기도 한 이 요리는 먼저 커다란 꼬치에 양, 돼지, 소, 해산물 등 원하는 재료를 큼직한 크기로 손질해 꼽고, 향신료 소스를 발라 그릴에 구워 내어 밀전병에 싸 먹는다. 이러한 수블라키에는 포크 수블라키, 치킨 수블라키, 새우 수블라키 등의 종류가 있으며, 산토리니 섬에서는 72시간 동안 숙성시킨 깊고 담백한 맛의 수블라키를 선보이기도 한다.

다음으로 무사카는 저민 고기에 가지, 토마토, 감자 등의 야채를 넣고 치즈로 볶은 다음, 화이트 소스를 쳐서 구워낸 것이다. 이 음식을 만드는 방법은 대략 다음과 같다. 즉 가지는 도톰하게 썰어서 올리브유를 둘러 구워내며, 양파는 잘게 썰어서 다진 고기와 함께 팬에 넣고 소금과 후추로 간을 해서 볶는다. 그런 다음 그릇에 구운 가지를 깔고 양파와 고기 볶은 것을 올린다. 그리고 밀가루와 우유를 넣고 끓이다가, 소금과 후추로 간을 해서 만든 화이트 소스를 끼얹고, 그 위에 파르케산 치즈를 뿌린 다음, 20도씨 정도의 오븐에서 20분 정도 구워 낸다. 그것을 따뜻할 때 바게트 등의 담백한 빵과 먹는다.

무사카

그 밖에도 그리스인들이 즐겨 먹는 음식으로는 기로스, 돌마데스, 스티파도, 칼라마리, 파솔리, 수주카키 등이 있다. 여기서 기로스는 밀가루 전병에 고기와 야채를 넣어 싸서 먹는 것이고, 돌마데스는 쌀에다가 다진 고기와 잘게 썬 야채를 넣어 포도 잎에 싸서 찐 요리이다. 스티파도는 다진 고기와 양파를 이용하여 만든 스튜이고, 칼라마리는 오징어를 링처럼 썰어 밀가루 옷을 입혀 튀겨낸 요리이다. 파솔리는 강낭콩처럼 생긴 콩을 푹 삶아서 올리브 오일 소스를 넣어 먹는 요리이며, 수주카키아는 고기완자에 토마토, 레몬 소스를 곁들려서 먹는 요리이다. 그리스인들은 이런 종류의 음식과, 밀가루에 옥수수유, 올리브유, 그리고 양파를 함께 반죽하여 만든 빵인 피타를 많이 먹으며, 더불어 천연 요거트 등을 많이 먹는 편이다.

2. 그리스인의 식사

그리스인들은 낮잠을 자는 습관을 갖고 있다. 그래서 대개 아침 식사는 일찍 시작하고 저녁식사는 늦게 하는 경향이 있다. 그리스인들의 아침 식사는 간단하게 하지만, 점심식사는 낮잠 시간까지 포함해서 충분한 시간을 갖고 한다. 대개 점심 식사는 정오에서 오후 2시까지 충분히 시간적 여유를 가지는데, 이 시간은 다른 사람들과 교제하는 시간이기도 하다. 점심이 늦은 탓에 저녁식사도 늦어져 저녁 8시에서 9시경에 떠들고 마시며 먹는다. 그리스인들은 먹는 일을 중요하게 여기며, 식사 시간은 항상 대화와 함께 음악과 춤이 곁들이기도 한다. 레스토랑에서 혼자 식사하는 모습은 거의 찾아볼 수 없고, 여러 명이 단체로 식사를 주문하여 대화를 하면서 나누어 먹는 모습을 흔히 볼 수 있다.

우조

레스토랑에서는 조리실에까지 들어가 만든 음식을 들여다 보며 요리를 선택하는 경우가 적지 않다. 그리스인들의 일반 가정에서는 와인이나 전통술인 우조(Ouzo)를 즐겨 마신다. 이 우조는 아니스 향을 지닌 식전용 술로서 40도가 넘는 독한 술이다. 포도주를 증류시킨 다음 여러 가지 허브를 넣어서 또한 증류해서 만든다. 무색투명하지만 물을 넣으면 하얗게 변한다. 이 술은 "희랍인 조라바"라는 소설에서 주인공이 인생을 곱씹으며 자주 마시는 우리나라의 소주에 해당하는 술로서, 앵두주와 죽엽청주를 합친 듯한 감미롭고도 복합적인 맛을 지니고 있다. 그리스인들은 이 술을 대개 얼음 없이 마시거나 물과 섞어서 마신다.

그리스인들은 겨울을 제외하고는 옥외에서 식사하는 것을 더 많이 즐기며, 대도시의 아파트에는 점심과 저녁 식사를 위한 마당이나 테라스가 집 가운데 붙어 있는 경우가 많다. 음식점에서도 실내 보다 실외 테이블을 선호하며, 밤 늦도록 식사를 즐긴다. 초대받아 외식을 할 경우, 계산을 분담하기를 원할 때는 정중히 뜻을 전하면 좋다.

3. 그리스의 관광지

(1) 아테네

그리스는 고대의 희랍 문화와 초기 기독교 유적을 가지고 있는 관광 대국이다. 많은 유물과 유적이 도처에 산재해 있어 일년 내내 수많은 관광객이 찾고 있다. 유네스코가 지정한 세계 자연문화유산이 16곳 이상 보유하고 있어 연평균 1,400만명이 넘는 관광객들이 아테네를 방문하고 있다. 따라서 관광수입은 그리스 GNP의 15% 이상을 차지하며, 관광 사업에 종사하는 인원도 고용 인구의 17%를 상회하고 있다.

그리스의 수도인 아테네(Athens)는 전 인구의 1/3이 모여 사는 대도시이자, 정치, 경제, 문화의 중심지이다. '아테네' 라는 이름은 여신인 '아테나' (Athena)의 이름에서 비롯된 것이다. 그리스 신화에 의하면, 지혜의 여신 아테나와 바다의 신 포세이돈이 이 도시의 수호신 자리를 놓고 싸웠는데, 그 싸움에서 아테나가 이겼다고 한다. 아테나가 이길 수 있었던 까닭은 이 지역의 사람들에게 열매가 달린 올리브 나무를 선물했기 때문이다.

아테네 시의 중심에 위치한 아크로폴리스 언덕에는 고대 그리스의 상징이자 유네스코 지정 세계 문화 유산 제1호인 파르테논 신전(Parthenon)이 있다. 그 밖에도 아테네에서 둘러 볼만한 장소는 부지기수이다. 그 가운데서도 빠뜨려서는 안되는 장소는 올림픽 경기장, 아테네 고고학 박물관, 디오니소스 극장 제우스 신전, 헌법 광장, 무명용사기념비, 아고라 등이다.

먼저 아크로폴리스에 위치한 파르테논 신전(Parthenon)은 그리스가 페르시아 전쟁에서의 승리를 기념하여 세운 것이다. 익티로스가 설계하고 칼리크라테스가 공사를 주도하여 기원전 447년에 기공하여 BC 432년에 완공한 이 신전은 유네스코가 세계문화 유산 제1호로 지정한 세계 최고의 보물이다. 도리아식 신전의 극치를 보여주는 걸작인 이 신전은 정의를 수호하는 존재이자, 그리스인의 생활에서 없어서는 안

파르테논 신전

신전의 일부조각

될 올리브 나무를 전해준 아테네 여신을 경배하기 위해 만들어졌다.

고전시대 그리스 정신을 집대성한 이 신전은 안정된 비례를 지닌 장중한 모습을 한 신전이다. 외벽의 상부 4면에는 길이 163m에 이르는 이오니아식 프리즈 장식(지금은 130m임)이 있는데, 이 프리즈는 아테나에게 바치는 장대한 파나테나이아의 대제를 부조한 것이다. 이 부조에 총 360여명의 신과 219필의 말이 조각되어 있다. 이 부분의 일부는 아크로폴리스 박물관, 루브르 박물관에 소장되어 있다. 그러나 대부분의 조각은 영국의 수집가인 토마스 엘긴(Thomas B. Elgin) 경에 의해 수집되어 "엘긴 마블스"(Elgin Marbles)라는 컬렉션으로 영국박물관에 진열되어 있다. 이 들 대조각 군은 거장 페이디아스가 직접 지휘하여 아르카메네스 등 뛰어난 조각가들이 제작한 것이다.

올림픽 경기장(Olympic Stadium)은 고대의 아테네 대축제가 열렸던 경기장이자, 1896년에 제1회 근대 올림픽 대회가 열렸던 곳이다. 알렉산더 출신의 대부호였던 아베로프가 사재를 털어서 재건한 것이다. 이 경기장은 녹음이 우거진 평지에 위치해 있으며, 경기장 안에는 192m의 육상 트랙이 있다. 이 경기장에서는 초기에 단거리 경주만 열렸지만, 나중에 조금씩 경기의 숫자가 늘어나 한 때는 13종의 경기까지 늘어났다. 우승자에게는 올리브 관이 주어졌으며, 이것을 받은 사람은 출신지로 돌아가 개선 장군의 대우를 받았으며, 명예 시민으로서 평생 국비를 받아 생활했다고 한다. 그 만큼 올림픽에서의 승리는 큰 명예로 여겨졌다.

올림픽 경기장

아테네 고고학 박물관은 선사시대부터 청동기시대, 고전시대, 헬레니즘 시대까지 그리스 각지에서 발굴된 유물, 조각상 등을 전시하고 있는, 아테네에서 가장 큰 박물관이다. 전시장 입구는 모두 세곳이다. 시대순으로 보려면 가운데를 먼저 보고, 왼쪽, 그리고

아테네 고고학 박물관

오른쪽으로 보면 된다. 가운데 있는 입구로 들어가면 아가멤논의 황금가면으로 유명한 미케네의 방이 있고, 그 옆에 키클라데스의 방이 나온다. 이 방을 둘러본 다음에는 다시 입구로 나와야 한다. 여기서 2층으로 가는 통로는 관람객이 드나들 수 없도록 해 놓았다. 다시 왼쪽 입구로 들어가면 7실부터 20실까지 볼 수 있는데, 여기에서는 쿠로스 상을 볼 수 있다. 15실부터 28실까지는 고전기 조각상들을 전시해 놓고 있다. 특히 15실 정중앙에는 포세이돈이 자리하고 있다. 그 주변에 테세우스, 미노타우로스, 데메테르, 페르세포네 등 그리스 신화의 주요 인물들이 한자리에 모여 있다. 17실에는 전차경주 대회를 묘사한 부조물, 헤르메스, 아프로디테의 상이 있으며, 18실에는 고대 아테네의 묘지 유물이 있으며, 19실에는 네메시스 상이 전시되어 있다.

말타는 소년

박물관의 정중앙에 해당하는 21실의 가운데는 "말타는 소년"을 중심으로 아프로디테 상, 아르테미스 상, 헤르메스 상 등이 진열되어 있다. 21실을 지나 2층으로 올라가면 49실에서 56실에서 각종의 도자기와 항아리를 둘러볼 수 있다. 각종의 도자기에는 신화 속 인물과 사건이 새겨져 있다. 2층을 둘러본 다음에 다시 내려오게 되면 22실에서 33실까지 둘러볼 수 있다. 22실에는 아클레피오스 신전의 부조가 전시되어 있고, 23, 24실에는 사자, 사이렌 상이 놓여 있다.

디오니소스 극장은 아크로폴리스 언덕 남쪽 아래에 위치해 있다. 이 극장의 서쪽에는 이로드 아티코스 음악당이 있는데, 이 음악당은 1세기의 건축물이지만, 지금도 각종의 공연과 연극이 열린다. 현재 유적으로만 남아 있는 디오니소스 극장에서는 각종의 연극 공연이 열렸으며, 객석의 숫자도 15,000석에 이르렀다고 한다. 페르시아 전쟁을 전후하여 활약한 3대 비극작가인 아이스킬로스, 소포클레스, 에우리피데스도 이곳에서 열린 연극대회에서 우승을 차지한 것으로 알려져 있다. 디오니소스는 포도주의 신으로 이 극장 주위에서 매년 춤과 노래와 술과 음악이 어우러진 디오니소스 축제가 열리기도 했다.

디오니소스 극장

제우스 신전(Temple of Zeus)은 공항에서 시내로 들어오면 제일 먼저 눈에 띄는 그리스 최대의 신전이다. 이 신전은 원래 코린트 양식으로 지어졌지만, 지금은 104개가 있던 돌기둥 가운데 15개만 남아 있다. 근처에 아드리아누스의 문이 있고, 이 문을 중심으로 서쪽은 구 아테네, 동쪽은 신아테네로 구분된다.

산타그마 광장

산타그마 광장(Santagma Sauare)은 아테네의 중심광장이다. '산타그마'란 헌법을 뜻한다. 옛날 이곳에서 헌법을 만들었기에 이런 이름을 갖게 되었다. 광장 앞의 옛 왕궁인 국회의사당이 있다. 광장 주변으로는 카페가 즐비하며, 호텔이나 상점 또한 많이 산재해 있다. 따라서 이 광장은 아네테의 얼굴이라 할 수 있다.

무명용사 기념비

그리고 국회의사당 앞에 있는 무명용사 기념비는 독립전쟁 이후에 있었던 여러 번의 전쟁에서 전사, 행방불명된 병사들을 기리기 위해 세운 것이다. 1923년에 만들어진 비 앞에는 항상 2명의 위병이 여름에는 순백, 겨울에는 짙은 곤색의 전통 의상을 입고 서 있다.

또한 아고라는 아테네의 정치, 철학, 문화, 인생을 논하거나 상업정보를 교환하던 장이다. 1931년부터 대대적인 발굴 작업을 벌여서 아타로스의 스토아가 복원되어 박물관이 되어 있고, 여기서 발굴된 것이 진열되고 있다.

(2) 크레타 섬

크레타 섬

크레타 섬(Creta Island)은 에게해에 떠 있는 1,400여개의 섬 가운데 가장 큰 섬이다. 그리스 본토의 남쪽에 동서로 길게 뻗은 이 섬은 이집트·리비아와도 가까운 위치에 있다. 그리스 신화에서는 크레타 섬이 제우스 신(Zeus)의 탄생지로 알려져 있으며, 제우스가 아시아의 공주 유로페를 납치해서 사랑을

크레타 섬

나눈 곳이다. 둘 사이에서 크레타의 왕인 미노스(Minoes)가 태어났는데, 그는 그리스 본토와 시칠리아까지 군사를 일으킬 정도의 힘을 지니고 있었다. 크레타 섬은 일찍이 이집트와 아시아와 교류하며 선진문명을 받아들여 크레타 문명(미노아문명)을 일구어 내었다. 그 결과 크레타 문명은 키클라데스 문명, 그리스 본테의 미케네 문명에 영향을 주었다.

크레타 섬에는 아름다운 해변과 고대문명을 느낄 수 있는 유적지가 많이 남아 있다. 그래서 이곳은 1년 내내 관광객이 끊이지 않는, 그리스에서 가장 많은 사람이 찾는 명소가 되어 있다. 이 섬에서 번창한 미노아 문명, 곧 크레타 문명은 BC 2,000년경부터 BC 1,400년까지 번성하여, 그리스 문명의 모태가 되었다. 크레타의 이라클리온 시내에 있는 고고학 박물관에는 크레타 문명의 많은 유물들이 소장되어 있다.

그 밖에도 크레타 섬에서는 여러 문명의 유적들을 볼 수 있다. 북쪽의 중앙에서는 크노소스(Knossos) 유적을 볼 수 있다. 이 유적은 미노스의 왕궁이 있던 흔적이다. 이 유적은 20세기에 발굴되었고, 불굴된 대부분의 유적은 이라클리온 고고학 박물관에 보관되어 있다.

다음으로 페스토스(Phaestos) 유적은 이라클리온 남쪽으로 약 60㎞에 자리잡은 유적인데, 이 페스토스 유적은 크노소스와 같은 시기에 번영을 누렸고, 또한 같은 시기에 궁전이 파괴되었다. 그 뒤 1900년도에 고고학자들에 의해 발굴되었다. 그 밖에도 크레타 섬에는 고르티나 유적, 말리아 유적, 자크로 유적 등이 남아 있다.

(3) 산토리니 섬

산토리니 섬

산토리니 섬(Santorini Island)은 그리스 본토와 200㎞ 정도 떨어진 에게해 남부에 위치한 섬이다. 아테네에서 비행기로 약 45분에서 50분 정도 걸리는 곳에 있는, 초승달 모양의 화산섬이다. '산토리니'(Santorini)라는 이름은 13세기 라틴 제국에서 붙인 것으로, '성 이레네'를 의미한다. 이전에는 '칼리스테', '스트롱길레', '테라' 등으로 불리기도 했다. 그러나 현재 이 섬의 정식 명칭은 티라(Thira)섬이다. 이 섬은 크레타 문명과 미케네 문명의 중간에 위치하여 두 문명과 교류하며 발전했다. 그러나 BC 1500년경 이곳에서 대규모 화산폭발이 일어났고, 한동안 이곳에서 사람이 살지 않았다. 플라톤이 언급한 고대 문명인 아틀란티스가 바로 티라섬이라는 주장도 있다. 고대 티라의 유적은 섬의 남동쪽 카마리 해변과 페리사 해변 중간에 있는 산 정상에 있다.

현재 이 섬에는 대략 1,400명의 사람이 거주하고 있으며, 아름다운 섬의 절경과 밤의 유흥으로 유럽 최고의 관광지로 각광받고 있다. 파란 바다와 흰색 건물이 조화를 이루고 있어 매우 아름답다. 섬 가운데는 약간 직사각형의 석호가 있는데, 그 석호의 규모는 가로가 약 12㎞이고, 세로가 약 6㎞ 정도이다. 주변의 삼면은 300m 높이의 가파른 절벽이 둘러싸고 있다. 한쪽 면은 작은 섬인 테라시아로 막혀 있고, 북서쪽과 남서쪽으로는 에게 해와 이어져 있다. 석호의 수심은 약 400m여서 어떤 선박이든 안전하게 정박할 수 있다.

산토리니의 중심 도시는 아티니오스 항구와 가까운 곳에 있는 피라(Fira)이다. 피라에서 계단을 따라 언덕을 내려가면 올드 포트가 있는데, 이곳에서는 산토리니의 명물인 당나귀를 타고 오르내릴 수 있다. 주변의 섬으로 여행하는 배도 여기서 출항하고 있다. 다음으로 유명한 마을은 이아(오이아)인데, 이 마을은 섬의 북서쪽에 자리잡고 있어서, 석양이 아름다운 것으로 알려져 있다. 흰색의 벽과 파란색 지붕을 가진 그리스 정교회 교회 역시 매우 유명하다. 피라 마을에서 섬의 각지를 운행하는 버스가 다니며, 렌트카를 이용해서 섬을 돌아다닐 수도 있다.

피라

03

스페인 

스페인은 유럽 남서부의 이베리아 반도 대부분을 차지하고 있는 나라로서, 정식명칭은 에스파냐 왕국(Reino de Espana)이다. 면적은 약 506,000 ㎢로서, 유럽에서는 러시아와 프랑스 다음으로 큰 나라이다. 스페인의 국토는 중앙의 고원지역, 발렌시아 지중해 해안 지역, 과달키비르 강 유역, 그리고 피레네 산맥에서 대서양까지 뻗어 있는 산악 지역으로 이루어져 있다. 위도가 높아서 사계절이 있으며, 겨울철에는 눈이 내리기도 한다. 그러나 영하로 내려가는 경우는 거의 없고, 대략 0~10℃ 정도를 유지한다. 연평균 강수량은 300~400㎜ 정도이다.

스페인은 포도주와 올리브유의 세계적인 생산국이다. 관광업 또한 주요한 산업인데, 특히 남부의 코스타 델 솔 지역이 유명하다. 그리고 여러 종류의 곡물이 생산되고 있으며, 축산업도 매우 중요한 산업이다. 스페인의 인구는 약 4,300만명 정도이다. 스페인을 여행하기 좋은 계절은 봄부터 가을까지이다. 그러나 여행할 때 꼭 알아야 할 것은 스페인 국민들이 낮잠을 자는 습관이 있다는 것이다. '시에스타' (Siesta)라고 하여 스페인 국민들은 누구나 오후 1시부터 4시까지 낮잠을 잔다. 그래서 이 시간에는 도시의 거의 모든 기능이 마비된다. 마드리드와 같은 대도시의 경우에는 시에스타가 그다지 지켜지지 않지만, 중소도시의 경우 시에스타가 철저히 지켜지고 있다. 따라서 상점이나 백화점, 사무실을 이용하려면 평일의 경우 09:00~14:00,

16:00~20:00의 시간을 이용해야 한다. 또한 파티에 초대받았을 경우에는 정해진 시간에 맞추어 가면 실례가 되며, 조금 늦게 가는 것이 좋다.

스페인의 국기는 1978년 스페인의 헌법 발효와 함께 공표된 것으로 수평으로 된 빨간색과 노란색 세로줄이 겹겹이 있는 모양으로 되어 있다. 현재의 국기가 만들어진 것은 스페인의 카를로스 3세 때였으며, 18세기~20세기를 거쳐 현재의 국기 색깔은 변치 않고 유지되고 있다. 이 국기는 원래 여러 왕국의 깃발을 합쳐서 만든 것이었다. 방패 왼쪽 상단에는 카스티야 왕국, 오른쪽 상단에는 금색 왕관을 쓴 사자는 레온 왕국, 왼쪽 하단에는 빨간색과 금색의 방패는 아라곤 왕국, 오른쪽 하단에는 나바라 왕국을 상징하는 문양이 그려져 있고, 방패 아래쪽에는 그라나다 왕국을 상징하는 문양이 그려져 있다. 스페인의 국기는 중앙의 황금색과 위 아래의 붉은색 때문에 "피와 황금의 기"라고 불리며, 중앙의 황금색은 9세기 이베리아 반도를 지배했던 고트족의 용감함을 상징한다.

1. 스페인인의 국민성

스페인 사람들은 감정이 풍부하고 열정적인 특징을 지니고 있다. 그들의 열정성은 스페인 사람들이 플로멩코 춤과 투우를 즐기는 데서 확인할 수 있다. 언어 사용에서도 이런 사실을 확인할 수 있는데, 스페인 사람들은 언어를 매우 과장되게 사용한다. 우리는 보통 '좋다', '예쁘다', '훌륭하다' 라고 표현하는 것을, 스페인 사람들은 대개 "정말 좋다", "너무 너무 훌륭하다", "최고로 예쁘다"라고 표현한다. 또한 스페인 사람들은 오랫동안 식민지를 관리한 경험이 있어서 자신의 국가와 고향에 대해 자존심이 강하다. 스페인은 한 때 영국과 더불어 엄청난 식민지를 경영해 왔다. 남아메리카에서 브라질을 제외한 전역을 식민지로 삼았다. 이 때문에 지금도 스페인 사람들은 국가에 대한 강한 자긍심을 갖고 있다. 또한 스페인 사람들은 담소를 즐기며, 대화를 나눌 때 목소리가 큰 편이다. 또한 지방에 따라 상이한 특징을 드러내기도 한다. 예를 들어 북동부의 카탈루냐 지방의 사람들은 매우 근면하지만 타산적이고 사무적이며, 인심이 그다지 후하지 않다. 반면에 남부 안달루시아 지방의 사람들은 낙천적이며 음악과 춤을 좋아한다. 북부의 바스크 지역의 사람들은 부지런하고 호탕하지만 과음하는 성향이 있다.

2. 스페인의 음식

스페인 사람들은 식사에 관한 한 좀 특이한 점을 갖고 있다. 즉 그들은 하루에 식사를 대개 5번 정도 하며, 시간대도 특이한 편이다. 즉 하루 식사가 아침부터 밤 10시까지 이어진다. 아침 식사로는 대개 막대기 모양의 도너츠인 츄로스(Churros)와 카페오레나 코코아를 먹는다. 그러다 오전 11시가 되면 햄이나 치즈, 소시지, 오믈렛을 먹는다. 오후 2시부터 시작되는 점심 시간에는 수프로부터 시작되는 코스 요리를 먹고 디저트로 마무리한다. 그리고 4시 쯤에 다시 수프와 달걀요리나 야채나 샐러드를 먹고, 오후 7시 쯤에 간식을 먹는다. 그리고 저녁 10시경에는 세나라고 하는 저녁식사를 한다. 이 때는 생선을 중심으로 한 요리 두가지와 디저트를 먹는다.

스페인의 음식은 다양한 재료를 이용하여 만들어지며, 그 종류도 매우 많다. 재료 가운데 서도 가장 많이 쓰이는 재료는 어패류이다. 그것은 스페인이 삼면이 바다로 둘러싸여 있어 어패류의 생산이 많기 때문이다. 특히 생선을 튀기거나 굽는 요리가 많다. 그리고 육류는 대개 올리브유와 야채를 넣어 요리한다. 돼지의 경우 머리부터 발까지 모두 재료로 사용한다. 그밖에도 비둘기, 꿩, 사슴, 새끼 돼지 등의 독특한 재료들을 사용하기도 한다. 또한 스페인 음식은 향신료와 올리브유, 그리고 콩을 많이 이용한다. 그리고 음식을 먹을 때 대개 진한 와인을 함께 마신다.

스페인의 음식 가운데 유명한 것은 하몽(Jamon)이다. 하몽은 돼지 뒷다리를 소금

하몽

에 절여 냉장 숙성시키고 발효시켜 말린 음식이다. 말하자면 생햄인 이 음식은 스페인의 전통 별미로서, 성, 권력, 돈을 상징하기도 한다. 콜럼부스가 아메리카 대륙을 발견할 수 있었던 것도 바로 이것 때문이었다. 이 음식 덕분에 단백질 섭취가 가능하여 오랜 기간 항해할 수 있었다. 햄과 맛이 비슷한 하몽을 얇게 썰어 멜론이나 토마토 등에 싸서 먹으면 맛의 조화를 이루어 강한 중독성을 가지고 있다. 우리나라에 소개된 영화 "하몽 하몽"이 유명하다.

그 밖의 요리로는 빠에야(Paella)를 들 수 있다. 빠에야는 바닥이 얇은 둥근 모양의 후라이팬을 가리키는 말로, 일종의 해물 철판 볶음밥이다. 육수에 쌀, 닭고기, 홍합, 새우 등 해산물을 얹고 샤프란 향신료를 뿌린 스페인의 대표적인 요리이다. 한국인의 입맛에도 잘 맞는다. 그 밖에 가재요리, 콩과 소시지를 이용한 스튜, 양배추를 넣은 매추리 요리 등도 잘 알려져 있다.

스페인 음식의 특징을 든다면, 그것은 올리브유를 많이 사용한다는 점이다. 스페인 뿐만 아니라, 지중해 연안의 여러 나라에서 빼놓을 수 없는 재료인 올리브유를 스페인 사람들은 소금에 절여서 반찬으로 먹거나, 페이스트로 만들어 빵에 발라 먹는다. 올리브 열매 색깔은 원래 녹색이지만, 익어 갈수록 검은 색으로 변한다. 우리가 식품점에서 제품을 구입할 때 간혹 붉은 빛을 띤 것이 있는데, 그것은 올리브에 붉은 색 파프리카를 넣은 것이다. 지중해 사람들이 신이 내린 최고의 선물이라고 여기는 올리브는 피부의 노화를 방지하고, 콜레스테롤을 억제하며, 성인병을 예방하고, 아이들의 성장을 촉진하는 효과 등을 지니고 있다.

3. 스페인의 축제

스페인은 정열의 나라로서, 각 지역에서 다양한 축제가 열리고 있다. 발라도리드(Valladolid), 쿠엔카(Cuenca), 사모라(Xamora), 세빌라(Sevilla), 말라가(Malaga) 등 200 여 가지가 넘는 축제 가운데서도 가장 유명한 축제로는 산페르민 축제(Sanfermin Festival)와 토마토 축제(La Tomatina)를 들 수 있다.

(1) 산페르민 축제

산페르민 축제(Sanfermin Festival)는 프랑스와 스페인의 국경에 가까운 도시인 팜플로나(Pamplona)에서 매년 7월 6일 정오부터 7월 14일 자정까지 9일간 열리는 축제이다. 성인 페르민이 소에 받혀 죽은 것을 애도하는 데서 시작되었기에 '산페르민 축제' 라는 이름을 갖게 되었다. 팜플로나는 나바라 주에 속한 인구 20만의 도시로서, 산페르민 축제로 인해 그 이름이 세계적으로 알려지게 되었다. 축제의 시기가 되면 사람들은 흰 셔츠에 흰색 바지, 그리고 빨간색 스카프를 하고 거리로 나와 이곳 저곳에서 포도주를 마시며 춤을 추기 시작한다. 그렇지만 이 축제의 하이라이트는 소몰이와 투우이다.

산페르민 축제

축제 기간 동안 매일 오전 8시가 되면 오후에 투우에 쓰일 소를 몰아 투우장으로 몰아넣는 경주가 시작된다. 한방의 커다란 총소리와 함께 소몰이가 시작되면, 산토 도밍고(Santo Domingo) 사육장의 문이 열리면서 하루에 6마리의 소가 사육장에서 투우장까지 825m의 거리를 3분 동안 뛰어 가게 된다. 소몰이할 때는 지나가는 길에 안전을 위해 이중벽으로 막아 놓지만, 소를 몰고 가는 동안에 소에 받쳐 심각한 부상자가 발생하고, 심지어 죽는 경우도 생겨난다.

그래서 18살 미만의 청년들의 참여를 금지하고 안전 수칙을 정하여 관광객들에게 철저하게 지킬 것을 홍보한다. 사고가 많이 발생하기에 소몰이에 대한 찬반양론이 있지만, 그럼에도 불구하고 이 소몰이는 계속되고 있다. 소들과 사람이 한데 뒤엉켜 뛰어가는 모습은 매우 위험하지만, 참가자들은 소몰이를 통해 스릴을 느끼고 자신의 용맹성을 과시하려 한다. 옛날에는 소몰이를 할 때 참가자들이 소 앞에서 뛰지 않고 언제나 소의 뒤나 옆에서 뛰어갔다. 그러나 19세기 중엽부터 정육사들과 그 이웃들이 소를 몰고 온 목동들과 함께 소 앞에서 뛰기 시작하여 지금은 소의 앞에서 뛰는 경우가 많다.

축제의 특징 가운데 하나는 참가자와 구경꾼이 따로 없다는 것이다. 따라서 이 축제는 보여주기 위한 축제가 아니라, 어울려 즐기는 축제라고 할 수 있다. 참여하지 않고 구경만 할 경우 물세례를 당할 수 있다. 이 축제를 보기 위해 50만명 이상의 관광객이 몰려들지만, 정작 축제 장소에는 경찰이 보이지 않는다. 참가자들 스스로 질서를 지키고 폭력을 배제한다. 겉으로 난장판 같지만, 실제로는 신뢰가 배인 축제라고 할 수 있다.

(2) 토마토 축제

토마토 축제는 스페인 동부의 발렌시아 지방의 한 마을인 브뇰(Bun'ol)에서 매년 여름 8월의 마지막 수요일에 열리는 축제이다. 1944년에 시작된 이 축제는 당시 마을 주민들이 자신들의 농사를 지은 토마토의 가격이 폭락하자 화를 참지 못해 시의회로 몰려가 의원들에게 토마토를 던진 데서 시작되었다. 그 결과 자신들의 화가 풀리자, 마을 주민들은 이 토마토 전쟁을 계속하기로 결정했고, 이것이 오늘날까지 이어지게 되었다.

토마토 축제의 모습

축제에서 사용되는 토마토의 양은 50,000㎏ 정도이다. 토마토를 던지는 시간은 단 하루, 그것도 단 2시간에 불과하다. 그러나 이 짧은 전투를 위해 이곳의 주민들은 총알로 쓰일 토마토를 재배하고, 세계 각국에서 관광객들은 이 전투에 참가하기 위해 몰려 든다. 축제가 가까워지면, 브뇰 마을의 주민들은 마을의 건물과 창문을 비닐과 천으로 감싸는 작업을 시작한다. 토마토 전쟁이 벌어지면 사람이고 건물이고 온통 토마토 범벅이 되기 때문이다.

축제 당일에는 아침 11시경 군중들이 마을 중앙에 있는 대광장(Plaza Mayor)과 그 주변 거리에 모여든다. 이 때 사람들은 모두 물안경과 낡은 옷을 준비한다. 물안경을 준비하는 것은 토마토가 눈에 들어가면 눈이 따갑기 때문이며, 낡은 옷을 입는 이유는 전투가 끝나고 난 뒤 그 옷을 버려야 하기 때문이다. 그 밖에도 머리가 긴 여성은 수영모를 쓰며, 옷 속에 아무리 잡아 당겨도 찢어지지 않는 원피스 수영복을 입는다.

광장의 중앙에는 그리스 기름을 바른 큰 기둥하나가 놓여 있고, 그 기둥 꼭대기엔 햄이 달려 있다. 사람들은 그 햄을 따려고 하지만, 기둥에 기름을 묻혀 놓아 올라가기가 쉽지 않다. 그러다 마침내 누군가가 그 햄을 따게 되면, 사람들은 '토마토', '토마토' 라고 소리치면서 그를 격려해는데, 이 때 폭죽이 이어서 터지게 되며, 그것을 신호로 토마토를 가득 실은 트럭이 길 양쪽에 도착한다.

축제에 쓰이는 토마토는 100만개의 피자를 만들 수 있는 정도의 양인 50,000kg 정도로서, 주변 마을에서 토마토 축제에 쓰기 위해 재배한 것이다. 트럭 위에서 몇몇 사람들이 다른 사람들을 향해 토마토를 거리낌 없이 던지기 시작한다. 이어서 광장 바닥은 토마토로 가득차고 그 때부터 토마토는 탄환처럼 날아다니며, 광장 전체가 토마토로 뒤덮히게 된다. 이 때 병 같은 위험한 물건은 가져가서는 안되며, 티셔츠를 찢거나 던져서도 안된다. 토마토는 반드시 손으로 으깨서 던져야 한다.

집의 발코니에서는 사람들이 물세례를 보내므로, 광장은 토마토 바다를 이루게 되고, 사람들은 그 속에서 수영을 즐긴다. 누구도 거기에서 벗어날 수 없다. 이 때 관광객들은 카메라를 조심해야 한다. 사진을 찍으려 하면 토마토 세례를 받아 카메라를 못쓰게 되기 때문이다. 그러다 2시간이 지나면 폭죽 소리가 울리게 되고, 이 때 토마토 전쟁은 모두 끝나게 된다. 폭죽이 터지고 난 뒤 토마토를 던지면 벌금을 물어야 한다. 축제가 끝나고 나면 마을의 청소차들이 치열한 전투의 현장을 말끔히 청소하게 된다.

4. 스페인의 건축가, 안토니오 가우디

안토니오 가우디

스페인의 도시 가운데 바르셀로나는 특히 많은 관광객이 찾는 도시이다. 이 도시가 관광객들에게 큰 인기가 있는 이유는 바로 카탈루냐 출신의 안토니오 가우디(Antonio Gaudi)라는 건축의 거장이 예술적인 건축물을 많이 남겼기 때문이다. 가우디는 스페인 레우스에서 주물 제조업자의 아들로 태어나 가난한 집안에서 자랐지만, 어릴 때부터 건축에 대한 관심과 재능이 남달랐다. 17살에 건축 공부를 위해 바르셀로나 시립 건축학교에 입학했을 때, 이미 가우디는 대학 교수들

조차 놀랄 만한 독창성을 보여주었다. 그 뒤 가우디는 1926년까지 생존하면서 바르셀로나를 중심으로 활동하면서, 파밀리아 사그라다(Sagrada Familia), 엘 카프리쵸(El Capricho), 비센스 저택, 구엘 별장, 구엘 궁전, 구엘 공원, 테레사 수녀원, 아스또르가 주교관, 바요뜨 저택, 까사 밀라, 깔벳 저택, 벨레스구아르드 저택 등 많은 독창적인 건축물을 남겼다. 특히 1883년 가을 바르셀로나의 사그라다 파밀리아 성당의 감독직을 수락한 뒤로는, 남은 인생 40년을 거의 이 작업에만 몰두하였다. 생애의 마지막 시간에는 건축을 제외한 모든 것을 멀리하고 수도자처럼 살았다고 전해진다.

가우디의 작품은 곡선을 많이 이용하면서도 균형을 중시한 특징을 갖고 있다. 나무 줄기, 동물의 뼈, 야자수, 곤충, 해골 등의 독특한 형태를 건축에 응용하였는데, 이러한 독특한 디자인은 가우디의 천재성이 표현된 것으로 평가된다. 왜냐하면 그는 어떤 스승으로부터도 사사받은 일이 없고, 특정 집단에서도 일한 적이 없으며, 심지어 가족 가운데서도 건축가가 없었기 때문이다. 시대의 양식과 형식을 초월하여 작품을 구상했기에, 가우디와 수년간 작품 활동을 함께 한 화가 후안 무네(Juan Munn) 조차도, "가우디는 확고하고 명석한 생각의 소유자"라고 평가했다.

가우디의 건축 디자인을 잘 보여주는 대표적인 작품이 파밀리아 사그라다(Sagrada Familia), 곧 성가족 성당이다. 가우디는 환상적이고 괴기적인 분위기를 가진 로마 카톨릭 성당인 성가족 성당을 1883년부터 40년 이상을 직접 설계하고 건축을 책임졌으며, 말년의 15년 간은 여기에만 매진하였다. 이 성당은 가우디가 1926년 때 죽었을 때 그 일부만 완성되었고, 1935년에 발생한 스페인 내전 기간에는 건축이 중단되었다. 그러나 제2차 세계대전이 끝난 뒤에 다시 공사가 재개되어 지금도 건축 중에 있다. 130여 년간 공사가 이어지고 있는 까닭은, 후원자들의 기부금과 입장료 만으로 공사비를 충당하여 재정이 충분하지 않기 때문이다.

바르셀로나 신문에서는, 성가족 성당이 스페인의 건축물이나 유적 가운데 가장 많은 관광객이 찾는 곳이라고 발표한 바 있다. 이 성당을 보기 위해 전 세계에서 관광객들이 찾아 오며, 그 숫자는 연간 250만명을 상회하는 것으로 조사됐다. 이 숫자는 마드리드의 프라도 미술관과 그라나다의 알람브라 궁전을 상회하는 숫자이다. 성당의 가장 큰 문인 파사드는 모두 3개, 곧 탄생의 문, 수난의 문, 영광의 문으로 이루어져 있다. 성당이 언제 완공될지 미정이지만, 잠정적인 완공 시기는 일단 2026년으로 잡혀 있다. 그 때가 되면 이 건물은 가로 150m, 세로 60m, 높이 170m 정도의 거대한 건물이 될 것으로 예상되고 있다. 엘리베이트를 타고 건물의 꼭대기까지 올라가면 바르셀로나 시내를 한 눈에 내려다 볼 수 있다.

5. 스페인의 관광지

(1) 마드리드

마드리드(Madrid)는 현재 스페인의 정치, 경제, 교육, 문화의 중심지이자, 수도이다. '마드리드' 라는 말은, 아라비아 말로서 '성채' 라는 의미를 갖고 있다. 약 1,000년 전에 아랍인들에 의해 세워진 이 도시는, 남국적인 활기로 충만해 있다. 마드리드에는 역사적 유물, 현대적 빌딩, 울창한 숲이 조화를 이루고 있다. 마드리드에서 둘러 볼만한 명소는 부지기수 인데, 그 가운데서도 몇 군데를 꼽자면, 푸에르타 델 솔 광장, 마요르 광장, 마드리드 왕궁, 프라도미술관, 꼴론 광장, 라스뜨르 벼룩 시장 등을 들 수 있다.

푸에르타 델 솔 광장

먼저 푸에르타 델 솔(Puerta del Sol) 광장은 "태양의 문"이란 뜻을 가진, 마드리드의 중심광장이다. 이 광장이 "태양의 문"이란 이름을 갖게 된 것은, 16세기까지 이곳에 태양이 새겨진 성문이 있었기 때문이다. 그러나 현재는 성문이 없고, 시계탑이 설치된 경찰청과 그 앞 보도에 스페인 전국 도로의 기점이 되는 이정표, 그리고 광장 한쪽에 있는 곰동상만 볼 수 있다. 특히 곰동상은 시민들의 약속 장소로도 주로 이용되고 있다. 이곳은 1808년 스페인을 침략한 나폴레옹군에게 세계 최초로 대항한 장소이자, 이후 프랑스로부터 독립하기 위해 유명한 게릴라전을 전개한 장소이기도 하다. 그러나 현재는 가장 스페인다운 물건을 사려면 이곳에 와야 한다는 말이 있을 정도로 전문 상점이 많이 늘어서 쇼핑가로 변해 있다. 스페인 최대의 백화점인 엘크르테 잉글레스 백화점의 본점이 여기에 있으며, 광장 주변의 골목에는 저렴하고 맛있는 식당이나, 기념품 상점 등이 많이 있다. 그래서 이 광장에서 끼니를 해결하며 돌아다니며 구경할 수 있다. 광장을 기점으로 여러 도로가 전개되고 있다.

마요르 광장

마요르 광장(Plaza Mayor)은 푸에르타 델 솔 광장에서 3~4분 정도 거리에 있는 광장으로서, 1619년에 건축가인 후안 데 에레라가 설계하여 만든 광장이다. 길이가 122m, 폭이 94m의 장방형으로 되어 있는 이 광장의 주위로는 17세기에 건축된 오래된 건물이 즐비하게 늘어서 있다. 광장의 중앙에는 광장을 조성한 펠리페 3세(Felipe Ⅲ)의 기마상이 서 있다. 광장 북쪽의 시계탑이 있는 건물에 'Plaza Mayor' 라는 문장이 새겨져 있고, 그 벽에는 세르반테스(Miguel de Cervantes Saavedra) 등 마드리드의 대표적인 문인들의 초상화가 그려져 있다. 이 광장에서는 국왕의 취임식과 종교의식, 축제, 투우, 각종 이벤트가 열리기도 했다. 광장의 주변에는 카페와 상점이 즐비하여 낮에는 볼거리를 찾는 관

마드리드 왕궁

광객들로 붐비고, 밤에는 도시의 야경을 구경하고 여흥을 즐기려는 여행자들로 늘 번잡한 곳이다.

마드리드 왕궁(Placio Real de Madrid)은 바로크 양식으로 된 스페인 왕의 공식 거처이자, 스페인 왕실의 상징이다. 원래는 회교도들이 이베리아 반도를 점령하고 있던 당시 그들의 성채가 있던 곳이었으나, 1738년~1764년에 걸쳐 이 왕궁이 지어졌다. 화강암을 사용하여 사방으로 131m로 지은 호화로운 건축물인 왕궁의 내부에는 눈부신 샹들리에, 아름다운 천장의 그림, 수많은 보물과 미술품, 호화로운 가구, 145명의 손님을 영접할 수 있는 대식당, 2,800여개의 방이 있으며, 그 방들은 2,500여개에 달하는 태피스트리(tapestry, 다양한 색실로 그림을 짜넣은 직물로서 벽걸이나 실내 장식으로 쓰임)로 장식되어 있다. 그 밖에도 나폴리의 예술가인 마티아스 가스파리니(Matthias Gasparini)가 만들고 자신의 이름을 붙인 "가스파리니의 방"도 볼만 한데, 이 방은 바닥, 벽, 천장이 특수 효과를 내며, 보는 사람의 눈을 어지럽게 만든다. 현재 스페인 왕은 여기에 거주하지 않고 시외에 있는 별궁에 거주하고 있다.

프라도 미술관(Museo del Prado)은 1819년에 개장한 오래된 미술관으로, 현재 세계 3대 미술관의 하나로 평가받고 있는 곳이다. 마드리드 관광 명소인 이 미술관에는 12세기~18세기에 만들어진 작품 약 6,000점 이상이 소장되어 있지만, 주로 전시되고 있는 작품은 16세기~17세기의 작품 3,000점 정도이다. 그밖에도 플랑드르를 중심으로 한 670여점, 베네치아를 중심으로 한 이탈리아인의 작품 450점, 그리고 프랑스인, 네덜란드인, 독일인들의 작품도 다수 있다. 특히 2층에는 고야, 루벤스, 벨라스케스, 엘 그레코 등의 작품이 다수 전시되어 있다.

꼴론(Colon) 광장은 콜럼버스(Columbus)를 기리기 위해 만든 광장이다. '꼴론' 이란 이란 말은 스페인어로 콜럼버스를 의미한다. 이 광장에는 1885년에 만든 거대한 콜럼버스 기념비(Columbus Monument)가 중앙에 놓여 있다. 이 거대한 기념물은 아메리카 대륙의 발견을 기념하여, 네오고딕 양식으로 지은 것이다. 꼭대기에 있는 콜럼버스 상은 서쪽을 가리키고 있다.

꼴론 광장

콜럼버스 기념비

아울러 마드리드를 여행할 때 라스뜨로(Rastro)라는 벼룩시장도 한번 쯤 구경할 만하다. 이 벼룩 시장은 500년의 역사를 지니고 있고, 규모로 볼 때 유럽에서 가장 큰 것이다. 일요일 아침에 성시를 이루어 가스꼬로 광장의 언덕 아래까지 야외와 주변의 상점들에서 열리며 독특한 풍치를 제공한다. 이곳에서는 값비싼 그림과 고딕풍의 조각품, 골동품에서부터 투우사의 복장과 중고 침대 스프링에 이르기까지 모든 물건들이 거래되고 있어서 방문하는 관광객들에게 많은 볼거리를 제공해 준다.

(2) 바르셀로나

바르셀로나는 스페인 북동부 까딸루나(Catalunya) 지방의 중심지이자, 스페인 최대의 상공업도시이다. 기후가 온화하고 경치가 좋다고 소문난 이곳에서, 건축가 안토니오 가우디와 화가인 살바도르 달리(Salvador Dali)가 태어났고, 피카소도 활동하였다. 이 도시에서 가장 인기있는 장소는 단연 사그라다 파밀리아(Sagrada Familia), 곧 성가족 성당이다. 그 밖에도 가우디가 1899년에 친구이자 후원자였던 구엘(Palau Guell)을 위해 설계한 저택인 구엘 저택과, 구엘을 위해 만든 구엘 공원,

그리고 집합 주택, 일종의 아파트인 까사 밀라(Casa Mila)도 인기가 높다.

까사 밀라

특히 까사 밀라는 가우디가 만년인 1906년~1910년에 완공한 작품으로, 옥상의 굴뚝이 마치 투구를 쓴 사람의 얼굴 형태를 한 건물이다. 곡선만으로 이루어진 독특한 형태는 마치 커다란 둥근 돌을 옮겨 놓은 듯하다. 이러한 형태는 카탈루냐의 성지인 몬세라트의 기암에서 영감을 받은 것으로 알려져 있다. 바르셀로나에서 약 한 시간 가량 떨어진 곳에 있는 해발 3,000m 높이의 산인 몬세라트는 늘 안개로 둘러싸여 있으며, “톱으로 자른 산”이란 별명을 가지고 있다.

바르셀로나의 중심에는 까딸루냐 광장이 있다. 이 광장은 바르셀로나의 교통요충지이자, 시내관광의 기점이 되는 곳이다. 여기에서는 많은 사람의 오고 가는 모습과, 아이스크림등을 파는 상인들, 광장 바닥을 가득 메운 비둘기 등을 볼 수 있다. 관광안내소가 있어 각종 티켓을 구입하거나 안내를 받을 수 있다. 광장의 주변으로는 백화점, 사무실, 은행, 상점 등이 늘어서 있다. 그리고 이곳에서 바로셀로나의 대표적

성가족 성당

인 거리인 람블라스 거리(Las Ramblas)가 시작된다.

대성당(Cathedral)은 1298년에 착공하여 1448년에 완공한 성당으로서, 규모가 크고 역사가 오랜 성당으로서, 유명 인사와 성인들이 잠들어 있는 곳이기도 하다. 이 성당은 원래 559년 크루즈(Cruz) 성녀와 에우라이아(Eulaia) 성녀를 추모하기 위해 세워졌으나, 무어족에 의해 958년에 파괴되고 말았다. 그 뒤 11세기 중반에 다시 로마네스크 양식으로 재건되기 시작했고, 다시 13세기에는 고딕 양식으로 새롭게 지어지기 시작했다. 현재 대성당의 정문은 1890년에 만들어진 것이며, 15세기 고딕 건축물의 특징을 보여주는 높은 종탑과 제단 등이 볼 만하다.

레이알 광장 (Placa Reial)은 1848~59년에 조성된 신고전주의 건물들로 둘러싸인 광장이다. 일요일 오전에는 우표 시장이 이 광장에서 열린다. 그러나 이 광장에서 유명한 것은 바로 가로등이다. 가로등이 유명한 까닭은, 그 가로등이 가우디가 디자인한 것이기 때문이다. 가우디는 젊었을 때 자신의 천재적인 재능을 마음껏 발휘하여 가로등을 만들었고, 이 가로등은 당시 매스컴으로부터 격찬을 받았다.

가우디 가로등

해양박물관 (Museu Maritim)은 평화의 광장 서쪽에 위치한 박물관인데, 원래 이곳은 범선을 만들던 조선소가 있던 곳이었다. 조선소에서 만들어진 배는 지중해 정벌을 위해 쓰였다. 박물관에는 각종 전함, 상선, 어선 등의 모형이 전시되어 있어 카탈루냐가 해양 왕국임을 잘 보여준다. 특히 돈 후안 데 아스토리아 황태자가 레판토 해전(1571년)에서 사용했던 전함인 레알호가 원형 그대로 복원되어 있다. 거기에는 안전한 항해를 기원하는 인형 컬렉션도 진열되어 있다. 해양박물관을 나와 항구로 가면 콜럼버스가 첫 항해 때 탔던 산타마리아호도 복원되어 전시되어 있다.

카탈루나 미술관

카탈루나 미술관(Museu d'Art)은 1934년 몬주이크 언덕에 세워진 미술관으로서, 주로 로마네스크 미술, 그 가운데 특히 교회 벽화 컬렉션을 지니고 있다. 이 벽화 컬렉션은 세계 제일을 자랑한다. 교회 벽화의 경우, 피레네 산맥과 카탈루냐 지방의 작은 성당 벽화를 내부 모습 그대로 재현하여 보는 사람들을 압도한다. 이 가운데 산 클레멘테 교회의 프레스코화인 “전능하신 그리스도”, 산타 마리아 교회의 프레스코화인 ‘성모자' 는 특히 유명하다. 이들 작품은 1936년에 발생한 스페인 내란 중에 잠시 프랑스에 건너 갔지만, 1943년에 반환받은 바 있다. 그 후 전시실의 숫자가 늘어나 1973년에 로마네스크 미술 전시실이 33실로 정비되었고, 1981년에는 고딕 미술이 24실로, 1985년에는 바로크 미술이 6실로 정비되었다.

미로 미술관

미로 미술관(Museu de la Fundacio Joan Miro)은 바르셀로나가 자랑하는 거장 호안 미로(Joan Miro)의 작품을 전시한 미술관인데, 미로의 친구인 건축가 호세 루이스 셀트가 1975년 설계하여 만든 것이다. 희고 산뜻한 건물 속에 1914 ~1978년까지 미로의 초현실적인 그림 300여 점이 전시되어 있다. 채광을 고려한 인테리어가 멋지고, 미술관 밖에는 그의 오브제가 놓여 있다.

구엘 공원(Park Guell)은 가우디의 후원자였던 구엘이 펠라다 지역을 매입한 후, 그리스의 팔라소스 산과 같은 신전을 만들어 줄 것을 요청하고, 가우디가 그 요청을 받아들여 만든 공원이다. 가우디는 경사가 심한 언덕 지역인 이곳에 구불구불한 커브길을 만들고

구엘 공원

구엘 공원

주변의 자연을 최대한 살리면서 다리, 수로 등의 토목공사를 진행했다. 자연 친화적인 건축을 지향했던 가우디는 여기에 각종 나무들과 꽃을 심어서 건축과정에서 생긴 자연훼손을 최대한 줄이고자 했다. 독특한 공원 정문을 들어서면 돌계단과 변형된 도리아식 광장이 나오며, 거기에는 델포에 있는 그리스 극장의 이름을 차용한 신전도 배치되어 있다. 광장과 도리아식 기둥에는 하수관을 설치하여 빗물을 모아서 물탱크에 모았다가 용의 조각상이 있는 분수에서 내뿜도록 설계되어 있다. 구엘 공원은 화려한 색깔의 타일과 조경으로 인해 신비로움마저 느낄 수 있도록 만들어져 있다.

몬주이크는 바르셀로나시의 북서쪽의 약간 높은 곳에 위치한 언덕으로, 정상에는 몬주이크 성(Castell de Montjuic)이 있다. 이 성은 중세 무렵부터 언덕 위에 있던 성채를 몇 번 개축한 것으로, 현재의 성은 18세기에 만들어진 프랑스식 요새다. 이 요새 안에는 무기와 군복, 성의 모형 등을 전시한 군사박물관이 있다. 1929년 만국박람회가 개최된 이후로 이 성은 공원화되어 시민들의 사랑을 받고 있다. 성 안의 공원에는 카탈루나 미술관을 비롯해 미로 미술관 등 미술관, 박물관이 설치되어 있고, 각종 놀이 시설과 민속촌 같은 스페인 마을, 올림픽 경기장 등의 스포츠 시설이 다양하게 갖춰져 있다. 특히 스페인 마을 (Poble Espanyol)은 만국박람회 때 만든 한국 민속촌과 같은 마을이다. 스페인 각지의 명소를 한곳에 모아 재현한 곳으로, 이 곳을 한 바퀴 돌면 스페인의 명소를 대략 훑어보는 셈이 된다. 또 여기에는 레스토랑, 카페, 기념품 가게가 있어서, 잠시 휴식을 취하며 다양한 민속 문화를 감상할 수 있다.

콜럼버스 기념탑은 고딕 지구에서 람블라스 거리를 따라 남쪽으로 내려오면 바다가 보이는 지점에 위치한 기념탑으로, 1888년 박람회를 기념하기 위해 세운 것이다. 탑 위에는 신대륙을 발견한 콜럼버스 동상이 서 있는데, 이 동상은 멀리 바다를 바라보고 있다. 탑 위의 전망대까지 엘리베이트가 운행되고 있으며, 전망대에서는 바르셀로나 시내와 지중해를 내려다 볼 수 있다.

콜럼버스 기념탑

피카소 미술관은 14세기에 건축된 아길라르 궁전을 미술관으로 이용한 것으로서 피카소가 파리로 유학가기 전에 청년기를 보낸 곳이다. 고딕지구에 위치해 있으며, 여기에는 피카소가 젊은 시절에 그린 3,500여점의 작품이 소장되어 있다.

04

포르투갈

포르투갈은 유럽 남단의 이베리아 반도 서쪽에 위치한 나라로서, 정식 명칭은 포르투갈 공화국(Republica of Portuguesa)이다. 이 나라는 주앙 1세(John I, 1385-1433년 재위) 시대부터 아프리카 항로를 개척하기 위해 노력하여 대항해 시대를 열었는데, 그 주역은 엔리케 왕자였다. 엔리케(Henrique) 왕자는 대양에 대한 항해를 장려하여 1415년에는 북아프리카의 세우타를 차지했고, 1420년에는 마데이라 제도를 발견했으며, 1427년에는 아조레스 제도를 발견하고, 1444년에는 베르데 곶을 발견하였다. 엔리케 왕자가 1460년에 죽은 뒤로도 아프리카 항로개척은 계속되었고, 이윽고 바르톨로뮤 디아스(Bartholomeu Diaz)가 1488년에 희망봉을 발견하게 되었다.

포르투갈의 면적은 약 92,150㎢로서, 대략 우리나라 남한과 비슷한 크기이다. 동부와 북부 지역은 스페인과 국경을 접하고 있으며, 서부와 남부 지역은 대서양과 접하고 있다. 북부지역은 대부분 산지로 이루어져 있으며, 남부는 평지로 이루어져 있다. 기후를 보면 봄과 가을은 쾌청한 편이며, 여름은 약간 더운 날씨를 보이고 있다. 겨울은 해류의 영향을 받아 기간은 짧고 온화한 편이다.

포르투갈의 인구는 약 1,020만명 정도이다. 인구 밀도는 북부가 높고 남부는 낮은 편이다. 그렇지만 특히 해안지대에 많은 인구가 몰려 살고 있다. 인구의 97%는 카톨릭 신자이고, 개신교는 인구의 1% 내외로서 12만명 이하이다. 유태교도의 숫자는

5,000명 이하이고, 기타 종교는 2% 정도이다. 포르투갈의 경제는 주로 농업, 경공업, 광업, 관광업 등이 중심이 되어 있다. 농업에는 노동인구의 1/5이 종사하지만 농업생산량은 유럽에서 가장 낮은 수준이다. 제조 부분은 노동인구의 1/5이 차지하고 GNP의 1/4를 차지하지만 경공업이 우세한 편이다. 해마다 1,600 만명 이상의 관광객이 찾고 있으며, 이들이 소비하는 관광 수입이 주요한 외화 소득원이 되고 있다.

포르투갈의 국기는 초록색과 빨간색의 두가지 색깔로 이루어져 있으며, 세로 줄무늬는 2:3 비율로 되어 있다. 줄 무늬 가운데 노란색의 혼천의가 그려져 있고, 혼천의 안에는 빨간색 방패가 그려져 있다. 초록색은 나라의 희망을 상징하고, 빨간색은 피를 의미하며, 혼천의는 대항해 시대의 천체관측기구이자, 항해도구를 나타낸다. 그러므로 국기는 전체적으로 포르투갈인이 뛰어난 항해도구와 기술로써 이룩한 위대한 역사를 상징한다고 할 수 있다.

1. 포르투갈인의 기질

포르투갈인들은 신체적으로 여타의 유럽인들과는 다른 특징을 갖고 있다. 즉 키는 다른 유럽 국가의 사람들 보다 약간 작고 검은 색의 곱슬머리에 갈색의 눈과 피부를 가지고 있다. 이 때문에 다소 다부진 인상을 준다. 포르투갈인들의 의식을 보면 비교적 개인주의적이고 이기적이다. 자신의 이익과 즐거움을 중시하며, 다른 사람의 시선은 별로 의식하지 않는다. 이 때문에 공중도덕을 잘 지키지 않고, 업무 처리가 지연되는 경우가 종종 있다. 또한 포르투갈인들은 내성적이고 보수적이다. 낯선 사람에게 말을 잘 붙이지 않으며, 자신의 의사표시도 분명하게 하지 않는다. 아울러 포르투갈인들은 축구를 열정적으로 좋아하며, 운전할 때 난폭운전을 일삼는 경우가 많다. 그러나 여성과 동행할 때는 레이디 퍼스트(Lady First)를 실천하며, 인사할 때 여성이 먼저 악수를 청할 때 악수하는 것이 관례로 되어 있다.

2. 포르투갈의 음식

포르투갈의 음식은 맛이 깊고 풍부하여 지중해 식단의 대표로 여겨진다. 바다와 인접한 관계로 해산물이 많이 생산되고 있으며, 따라서 음식도 생선과 해물을 중심으로 발달해 있다. 생선을 먹을 때는 그릴에 구워서 먹거나 찜을 해서 먹는데, 이 때 올리브유나 다른 재료를 곁들인다. 그 밖에 요구르트, 치즈, 버터, 채소, 과일 등도 중요한 식단이다.

바칼하우

포르투갈의 음식 가운데 대표라 말할 수 있는 것은, 대구를 요리한 바칼하우(Bacalhau)이다. 대구에 소금을 곁들여서 익힌 바칼하우는 포르투갈인들에게 가장 인기가 있는 음식이다. 이 음식을 요리하는 방법은 365가지가 있다고 할 만큼 다양하다. 일단 대구를 잡게 되면 말리거나 소금으로 간을 해 두었다가 요리를 하게 되는데, 대개 볶아서 양파에 감자 튀김을 곁들여서 먹거나, 말린 대구를 오븐이나 석쇠에 구워서 먹는다. 바칼하우는 부활절이나 크리스마스 등 명절 때 새끼양 요리와 함께 빠지지 않고 식탁에 오른다.

바칼하우외의 음식으로는 토마토 소스로 요리한 생선 스튜인 칼데이라다(Caldeirada)가 인기가 있다. 이 음식은 감자와 토마토, 양파와 조개, 생선을 한데 곁들인 탕요리이다. 생선으로는 정어리가 많이 이용된다. 정어리의 경우, 탕 요리 외에도 주로 구워서 먹거나 조개를 곁들여 이용되기도 한다.

그 밖에도 육류 요리가 이용되는데, 이 때 쓰이는 고기는 주로 돼지, 소, 송아지이다. 이런 재료들은 대개 숯불에 구워서 먹는데, 쇠고기와 돼지 고기 가운데 돼지 고기를 선호하는 편이다. 또한 포르투갈인들은 치즈를 많이 먹는다. 치즈는 독립적인 식단으로 식전이나 식후에 먹는데, 가장 흔한 치즈는 염소와 양의 젖으로 만든 향이 강한 치즈이다. 포르투갈 요리법에는 채소도 많이 쓰인다. 통상 정식 요리에는 토마토나 양상추, 양파를 곁들인 샐러드가 같이 나온다. 아울러 채소를 쑤어서 만든 스프가 많이 이용되고 있으며, 갈아서 으깬 감자와 가늘게 썬 양배추를 넣은 수프인 칼도 베르데(Caldo Verde)도 흔히 이용된다.

그 밖에도 식사할 때 포도주도 많이 상용되고 있는데, 이 때 포도주는 크게 비뉴스 드 콘수무(Vinhos de Consumo)와 비뉴스 제네로주스(Vinhos Generosus)로 나누어진다. 여기서 비뉴스 드 콘수무는 알콜 도수가 낮고 주로 식사할 때 마시는 포도주이고, 비뉴스 제네로주스는 보다 독한 포도주이다. 그리고 비교적 알콜 도수가 낮은 비뉴스 드 콘수무는 다시 숙성되지 않은 포도주인 비뉴 베르드(Vinho Verde)와, 숙성시킨 포도주인 비뉴 마두루(Vinho Maduro)로 나누어진다. 여기서 비뉴 베르드는 가스가 있고 알콜 도수가 낮으며 오래 숙성하지 않은 포도주이고, 비뉴 마두루는 알콜 도수가 높고 시간이 오래될수록 좋은 포도주이다. 그 밖에도 외국인들이 가장 많이 찾는 음료인 로제(Rose)가 있다.

3. 포르투갈의 관광지

(1) 리스본

리스본(Lisbon)은 포르투갈의 최대의 도시이자 수도이다. 포르투갈인들이 '리스보아' (Lisboa)라고 부르기도 하는 이 도시는 기원전 12세기에 페니키아인들에 의해 건설되었다. 그 뒤로 그리스인, 카르타고인, 로마인, 아랍인들이 교대로 이곳을 지배했고, 알폰소 3세가 1243년에 국토를 회복하고 리스본을 수도로 정하면서 전성기를 맞이하게 되었다. 그러나 1755년에 대지진이 발생하면서 도시 대부분이 파괴되고 말았다. 그 뒤 죠만 1세가 시가지를 바둑판 모양으로 새로이 조성하였고, 결과적으로 새로 조성된 신시가지와 구시가지가 공존하게 되었다. 이 때문에 리스본은 차분하고 소박한 분위기를 갖게 되었다. 리스본에서 볼만한 장소는 국립 고대 미술관, 페나성, 대사원, 벨렘탑, 상 조르제 성, 레스타우라도레스 광장 등을 들 수 있다.

먼저 국립고대 미술관(Museu Nacional de Arte Antiga)은 포르투갈을 대표하는 미술관의 하나로서 17세기 알보르(Alvor) 귀족의 저택을 이용하여 지은 것이다. 통상 머리 글자를 취해 일반적으로 'MNAA' 라고 불린다. 여기에는 12세기부터 19세기까지의 회화, 조각, 장식 예술품들이 전시되고 있어서 포르투갈 미술사의 보고로 알려져 있다. 여기에 전시된 작품들의 작가는 대개 포르투갈에서 살았거나, 포르투갈을 여행하며 거쳐 갔던 유럽의 예술가들이다. 1층에는 주로 독일, 스페인, 네덜란드 등의 유럽 회화 작품이 진열되어 있고, 2층에는 중국, 인도, 아프리카 등 과거 포르투갈과 교류가 많았던 나라들의 미술품이 전시되어 있다. 그리고 3층에는 포르투갈 회화와 조각들이 전시되어 있다. 여기에는 중세부터 19세기 초기에 이르기까지의 장식 예술을 포함한 컬렉션도 포함되어 있다. 소장품은 특히 15세기부터 16세기에 걸친 포르투갈 회화, 조각, 금속 세공품 등인데, 그 가운데서도 백미는 아폰소 5세의 궁중화가였던 누노 곤잘베스(Nuno Gonsalves)가 1460년부터 1470년간에 걸쳐 완성한 다면화인 "성빈센트의 경배"(St. Vincent)이다. 6장의 병풍화인 이 그림에서는 알폰소 5세, 왕비, 황태자, 엔리케 항해왕 등이 성빈센트(St. Vincent)를 둘러싸고 있다. 그 외에도 포르투갈 사람의 60명의 초상이 그려져 있다. 작품 속에 묘사된 왕, 주요 인물, 종교, 직업, 의상은 그 시대의 사회상을 반영하고 있다.

국립고대 미술관

그 밖에도 미술관에는 포르투갈에서 활약한 16세기 초두의 화가의 중요한 작품과, 17세기부터 19세기 초까지의 대표작도 두루 갖추어져 있다. 그 가운데는 히에로니무스 보쉬(Hieronymous Bosch)의 "성안토니누스의 유혹"(The Temptation of St. Antonius), 알브레히트 뒤러(Albrecht Durer)의 작품인 '성 제롬'(St. Jerome)을 포함하여, 피에로 델라 프란체스카, 틴토레도, 디에고 벨라스케스 등의 작품이 있다. 포르투갈의 금속세공 역시 미술관의 또 하나의 자랑이다.

로시우 광장

로시우 광장(Praca do Rossio)은 리스본 시가의 가장 중심에 있는 광장으로서 리베르다데 대로와 바이샤 지구에 맞닿아 있는 광장이다. 13세기부터 리스본의 공식 행사가 이곳에서 행해졌으며, 종교 재판도 이곳에서 행해 졌다. 원래 이름은 "동페드로 4세 광장"이지만, 로시우 광장으로 더 많이 불리고 있다. 이 광장에는 많은 버스와 전차가 지나가고 기차역과 지하철역도 있다. 레스토랑, 상점이 즐비해 있으며, 다양한 인종의 사람들을 만날 수 있는 곳이기도 하다.

대사원(Se Cathdral)은 코메르시우 광장에서 알파마 지구로 가는 중간에 위치한 사원으로서, 12세기 그리스도 교도가 이슬람 교도로부터 리스본을 탄환한 뒤, 건축한 로마네스크 양식의 사원이다. 1755년 대지진 때 큰 손상을 입었지만, 대지진 뒤에 다시 재건되었는데, 이 때 바로크 양식의 제단 등이 추가되었다. 그 결과 이 사원은 여러 양식이 섞이게 되었다.

벨렘탑(Torre de Belem)은 발견 기념비에서 테주강 하류 쪽으로 1㎞ 거리에 있는 3층으로 된 마누엘 양식의 건물이다. 1층은 스페인이 지배하던 시기부터 19세기 초반까지 정치범 감옥소로 사용되기도 했으며, 2층은 포대로서 항해의 안전을 수호하는 벨렘의 마리아상이 있는 곳이다. 3층은 옛날 왕족의 거실로 사용되었다. 스페인의 지배에 저항하던 독립운동가, 나폴레옹군에 반항하던 애국자, 진보주의자들이 만조 때는 물이 들어오고 간조 때는 물이 빠지는 이 감옥에서 고통스런 옥살이를 한 것으로 알려져 있다.

벨렘탑

제로니모스 수도원(Mosteiro dos Jeronimos)은 벨렘 거리의 벨렘 탑과 발견의 탑이 있는 거리에서 지하도를 건너면 보이는 수도원이다. 포르투갈을 해양대국으로 만든 엔리케 왕자가 세운 수도원으로서, 마누엘 양식으로 지어져 있다. 마누엘 양식은 마누엘 1세의 이름을 딴 양식으로서, 야자수처럼 생긴 기둥과, 기둥에 새겨진 오랏줄 문양을 가진 것이 특징이다. 말하자면 매듭 야자수 문양이 특징적인 양식인데, 매우 정교하고 화려하다. 수도원의 안쪽에는 바스코 다 가마(Vasco da Gama)와 시인인 까몽이스(Camoes)의 묘가 있다. 포르투갈이 해양대국이 되어 각지에서 가져온 물자와 돈으로 지은 아름다운 수도원이다.

제로니모스 수도원에 안치된 바스코다가마상

발견기념비(Padrao dos Descobrimentos)는 엔리케 왕의 서거 500 주년을 기념하여 1960년도에 만든 높이 53m의 기념비이다. 이 기념비는, 서유럽에서 희망봉을 거쳐 아시아로 가는 해로를 개척함으로써 세계사에 새로운 시대를 열고, 포르투갈이 당시 강대국으로 발돋움하는데 큰 공을 세웠던 바스코 다 가마가 항해를 떠난 바로 그 자리인, 타호강가 벨렘탑 옆에 세워져 있다. 발견기념비에는 많은 인물상이 조각되어 있는데, 탑의 맨 앞 뱃머리에 있는 사람이 엔리케 항해왕이고, 그 뒤로 신천지 발견에 공을 세운 탐험가, 천문학자, 선교사 등이 따르는 형태로 되어 있다.

페나성(Palacio da Pena)은 1840년에 페라난두 2세의 명령으로 건축된 성으로, 이 성안에 있는 아름다운 정원은 정원 예술의 최고로 평가되고 있다. 그래서 특히 건축을 하는 사람들에게 많은 인기가 있다. 원시림과 흡사해 보이는 정원은 프랑스의 베르사이유 궁전과 오스트리아의 쉔브른 궁전, 스페인 그라나다의 알함브라 궁전을 혼합한 듯한 느낌을 준다.

코메르시우 광장

조르제 1세의 기마상

코메르시우 광장(Praca do Comercio)은 리스본의 중심에 위치한 최대의 광장으로서, 대지진 때 파괴된 마누엘 1세 궁전터에 위치해 있어 '궁전 광장'이라고도 불린다. 이 광장에는 개선문, 조르제 1세의 기마상이 있으며, 주변으로는 노란색 건물로 된 관청들이 늘어서 있다. 광장 이름에 있는 '레스타우라도레스'(Restauradores)란 '복고자', '부흥자'라는 의미로서 1640년 스페인의 지배에 대항하여 독립을 위해 싸운 지사들을 기념하여 붙인 것이다. 이 광장의 중앙에는 30m 높이의 오벨리스크가 있고, 거기에는 포르투갈이 겪은 수많은 국가적 사건들이 조각되어 있다. 그 밖에도 포루투갈에서는 중세의 모습을 간직하고 있는 알파마 지구(Zona de Alfama)와, 바이샤 지구 동쪽 언덕 위에 있는 고성인 상 조르제 성(Castelo Sao Jorge)도 둘러볼 만하다.

(2) 포르투

포르투(Porto)는 포르투갈 북부의 상업 중심지이자, 제2의 도시이다. 리스본이 정치, 행정의 도시라면, 포르투는 상업의 도시라고 할 수 있다. 또한 이 곳은 아랍 문화의 영향을 별로 받지 않은, 가장 유럽적인 도시이기도 하다. 도시에 있는 건물들은 다른 유럽 국가들의 건축물들을 축소해 놓은 것처럼 보인다. 포르투에서 볼만한 곳으로는 볼사 궁전, 상 프란시스코 교회 사크라멘토 제단, 대사원, 리베르다데 광장 등이 있다.

볼사궁전(Palacio da Bolsa)은 1834년에 세워진 포르투갈 최초의 철제궁전으로 현재 증권거래소로 사용되고 있다. 스페인 그라나다의 알함브라 궁전을 모방해서 만든 이 궁전에는 매우 아름다운 아랍 홀이 있다. 성 프린시스쿠(S Francisco) 교회에서는 포르투갈에서 가장 정교한 도금목 실내 장식을 볼 수 있다.

대사원(Se Cathedral)은 '포르투 대성당'이라고도 말해지는 성당으로서, 상벤투 역 남쪽 언덕위에 위치해 있다. 성당의 내부에는 성모 마리아상, 은세공으로 된 세크로멘토 계단, 아름다운 고딕식 회랑, 포르투갈 공예예술의 상징인 아줄레소스라의 푸른 색 타일 장식이 있다.

그 밖에도 끌레리고스 거리에는 18세기에 니콜라우 나소니가 바로크 양식으로 지은 끌레리고스 성당(Torre dos Clerigos)이 있는데, 이 성당 안에는 바로크 로코코 문양 조각에 금박을 입힌 제단, 높이 75.6m의 종탑이 있다. 이 종탑은 포르투에서 가장 높은 탑이다. 그리고 성당 안에 있는 200여개의 계단을 오르면 시내 전경을 관람할 수 있다. 그리고 포르투갈 최초의 국립박물관인 소아레스 박물관(Soares dos Reis)에서는 옛 귀족들의 유리제품, 도자기, 보석, 가구, 회화, 조각품을 살펴볼 수 있다.

Ⅳ 북유럽

01

러시아

러시아는 세계에서 가장 넓은 영토를 가진 나라이다. 면적은 17,075,400㎢이고, 동서 길이는 7,700㎞, 남북 길이는 2,000~2,800㎞에 이른다. 러시아의 영토 면적은 미국과 중국 면적의 약 2배 정도이다. 영토가 유라시아 대륙 북부와 발트해 연안으로부터 태평양까지 동서로 뻗어 있으며, 동쪽 끝과 서쪽 끝의 시간 차이는 무려 11시간이나 된다. 워낙 영토가 넓다 보니, 많은 나라와 국경을 접하고 있다. 북서쪽으로는 핀란드, 노르웨이, 폴란드, 에스토니아, 라트비아, 리투아니아, 벨라루시와 접하고 있고, 동남쪽으로는 중국, 몽골, 그루지아, 아제르바이잔, 우크라이나, 북한과 국경을 접하고 있다.

러시아의 지형은 서부의 유럽 평원과 동부의 시베리아 평원, 그리고 예니세이 강 동쪽의 산악 지대로 구분될 수 있다. 평원의 대부분은 빙하 시대에 얼음에 덮였던 곳으로 해발 수백 m의 낮은 구릉으로 되어 있다. 동쪽에 위치한 우랄 산맥은 북극해 연안에서 카자흐스탄에 이르는 총길이 약 2,080㎞의 오래된 습곡 산맥으로서 동유럽 평원과 서시베리아 평원을 구분해 준다. 북쪽으로는 나로드나야 산(1,894m)을 비롯해 해발고도 1,500m가 넘는 소수의 산과 낮은 산들로 이어져 있다. 호수로는 세계 최대의 염수호인 카스피 해가 있으며, 담수호로는 세계에서 가장 깊은 바이칼 호가 있다. 그 밖에도 오브 강, 예니세이 강, 레나 강, 아무르 강, 볼가 강 등 세계 굴지의 강이 있으며, 강의 유역의 면적 또한 매우 장대하다.

러시아의 기후는 그 위치 · 면적 · 지형 등에 따라서 크게 다르다. 그러나 광대한 영토의 대부분이 중위도 또는 고위도에 위치해 있어 한랭한 지역이 많고, 해양의 영향도 많이 받고 있다. 예를 들어 흑해 연안의 소치(Sochi)는 1월의 평균 기온이 3.7℃인 반면, 최북단의 첼류스킨 곶 같은 지방은 더운 날이 거의 없다. 특히 베르호얀스크에서는 기온이 −67.8℃까지 내려간 일이 있어 북반구의 한극이라 일컬어진다.

러시아의 강수량은 북위 60도 부근을 정점으로 하여 남북으로 갈수록 강수량이 떨어지는 양상을 보인다. 그래서 대부분 지역이 강수량 500㎜ 이하를 나타낸다. 우랄산맥에는 지형성 강우가 빈발하는 편이며, 지중해성 기후와 유사한 흑해 부근에서는 겨울 강우량이 많다. 또한 극동지역은 몬순성 강우가 많다.

러시아는 1991년에 소련이 해체되면서 독립국가가 되었으며, 인구는 약 1억 4,500만명으로, 중국, 인도, 미국, 브라질, 인도네시아에 이어 세계 6위이다. 대부분이 러시아인이지만, 소수민족 집단도 약 70여개에 달한다.

러시아의 국기는 흰색, 파란색, 빨간색을 수평으로 3등분한 삼색기이다. 네덜란드의 국기의 색인 흰색, 파란색, 빨간색을 본 딴 이 국기는 본래 상선에서 주로 게양하는 깃발이었다. 이 국기는 1905년 1월 20일 포트르 1세 황제에 의해 국기로 처음 인정되었으나, 1917년 폐기되었고, 다시 소련이 해체되고 러시아 연방으로 태어나면서 국기로서 부활하고, 2000년 12월 25일 국기법에 따라 제정되었다. 국기에서 보이는 흰색은 천상 세계, 곧 고귀함, 진실, 고상함, 솔직함, 자유, 독립을 상징한다. 파랑색은 하늘, 곧 정직, 헌신, 순수, 충성의 의미를 상징한다. 그리고 빨간색은 속세, 곧 용기, 사랑, 자기 희생 등을 상징한다.

러시아에는 신이 내린 선물이 세가지 있다고 하는데, 그것은 바로 빵, 보드카, 미인이다. 러시아인들은 빵을 척박한 러시아 땅에서 생명을 주는 귀한 음식이라고 여겨 왔다. 그래서 이들은 빵을 매우 좋아하며, 손님을 접대할 때도 빵을 선물한다. 보드카 또한 매우 중시되고 있다. 그것은 러시아가 추위가 심한 지역이어서 보드카가 그 추위를 이기도록 도와 주기 때문이다. 그렇지만 보드카를 너무 마신 나머지 알콜 중독자가 된 사람이 적지 않으며, 겨울에 술을 먹고 자다가 동사하는 경우가 많이 발생하고 있다. 그리고 러시아에는 미인이 많다고 한다. 피부도 희고 이목구비도 뚜렷하여 한눈에 봐도 미인이 많다. 이런 미인들은 모델이 되어 세계 각국에 진출하고 있다.

1. 러시아의 음식

러시아 음식은 세계 각지의 다양한 요리법을 수용하여 성립되었다. 러시아는 18세기 이후 근대화의 과정을 거치면서 유럽 요리, 그 가운데 특히 프랑스 요리를 상당 부분 수용하였고, 농민 출신의 상인들은 자신들의 생활에 여유로워짐에 따라 전통적인 미각과 식습관의 수준을 한층 높였다. 또한 새로이 러시아 영토로 편입된 시베리아나 중앙 아시아 등지에서 새로운 요리가 전해지면서 오늘날과 같은 러시아 요리가 만들어지게 되었다.

러시아의 음식은 대체로 빵, 죽, 국의 3종류로 구성된다고 말할 수 있다. 여기서 주식인 빵은 농촌에서 주로 호밀을 이용하여 만들어졌기에 그 색깔이 검었다. 그래서 '흑빵'이라 불렸는데, 이 빵은 단백질과 지방이 매우 풍부하다. 반면에 잔치와 같은 특별한 날에는 밀가루로 된 흰 빵을 만들었다. 말하자면 평상시에는 호밀빵을, 잔치 때는 밀빵을 먹었던 것이다. 러시아에서 빵은 손님 접대에 있어 "융숭한 대접"이란 상징적인 의미를 지니고 있다. 그래서 귀한 손님을 맞이할 때는, "소금이 담긴 둥글고 큰 빵"을 손님들에게 정중히 대접했다고 한다. 소금과 함께 모든

흑빵

길사와 흉사에 동반되는 이 빵은 20세기에 들어서도 그 중요성이 변하지 않았다. 그러나 최근에 와서는 흑빵보다는 밀빵이 러시아인에게 좀더 보편적으로 이용되고 있으며, 빵은 빵공장에서 다양한 종류로 만들어짐에 따라 빵을 구워먹던 습관은 점차 사라지고 있다.

카샤

빵과 함께 러시아인들이 즐겨먹는 음식은 '카샤'(Kasha), 곧 죽이다. 이것은 곡물을 물이나 우유를 넣고 끓이면서 소금을 적당히 가미한 것이다. 이 음식은 최소한의 재료로써 배를 최대로 불릴 수 있는 장점을 갖고 있다. 또한 러시아인들이 즐겨먹는 음식에는 '시치'라고 말해지는, 양배추가 들어간 수프가 있다. 이 수프는 러시아인들의 구미를 돋우는 국으로서 전통적으로 고기국물에 신선한 양배추를 넣어 끓인 것이다. 봄에는 양배추 대신 갓 피어난 엉겅퀴를 넣기도 한다. 그 밖에도 토마토, 감자, 당근, 양파 등의 채소와 베이컨, 햄 등을 함께 넣고 끓이기도 한다. 오늘날에도 여전히 러시아인들의 구미를 돋우는 국으로 사랑받고 있는 이 수프는 공식 연회, 일상식에서 광범위하게 이용되며, 각 지방에 향토색이 풍부한 독특한 종류도 있다. "시치와 카샤는 우리들의 음식이다"라는 말이 있을 정도로, 카샤와 시치는 러시아인들의 가장 기본적인 음식이라 할 수 있다.

블린

그 밖에도 대중적인 음식으로 '블린'(Blin)이 있다. 이 음식은 명절 때나, 결혼식이나 축제 때, 또는 산모가 아이를 무사히 출산하였거나 죽은 사람을 추도하는 날에 필수적으로 나오는 음식이다. "태양, 행복한 세월, 풍성한 수확, 행복한 결혼, 건강한 자식" 등을 상징하는 이 음식은 소량의 밀가루와 다량의 액체를 넣어 만드는 일종의 팬케익이다. 잘 만들어진 블린은 기포가 골고루 퍼지고 가장자리가 바삭거리지도 않는다. 여기에다 스메타나라는 사워크림과 연어알이나 철갑상어알을 곁들여 먹는다.

블린과 함께 노점상에서도 판매되고 명절이나 중요 행사에서 빠지지 않은 다른 음식에는, '피로그'(Pirog)가 있다. '피로그'라는 말은 '연회'(Pir)에서 유래한 것이다. 말하자면 축제 때 먹는 음식이라는 뜻이다. 피로그는 조그만 반달 모양에서부터 길죽한 모양, 그리고 둥근 모양에 이르기까지 매우 다양한데, 이 피로그는 일종의 피자 파이라고 할 수 있다. 특히 둥글고 큼직한 피로그의 위에는 각종 야채나 고기 및 기타 음식으로 장식되며, 생크림이 가장자리에 뿌려져 아주 화려하게 보인다.

러시아인들은 이러한 음식을 먹을 때나 먹고 난 뒤, 또는 그 전에 음료수를 마시기도 하는데, 음료수로는 맥아를 발효시켜 만든 크바스(Kvass)나, 맥주와 차 등을 주로 먹는다. 특히 러시아인들은 차를 마실 때 각설탕이나 사탕을 하나 입에 먼저 넣고 설탕이 들어있지 않는 차를 마신다. 이러한 습관은 설탕 값이 매우 비쌌던 옛날에 생겨난 습관이다.

그리고 러시아의 정찬 식사는 대개 전채, 수프, 주 요리, 후식의 4단계로 이루어진다. 전채는 냉육, 캐비어, 청어 조림, 야채 샐러드로 구성되며, 수프는 양배추, 토마토, 야채, 고기, 생선 등을 넣은 여러 종류가 있다. 주요리는 주로 육류, 조류 혹은 생선 요리로 구성되며, 후식은 딸기류, 아이스크림이나 각종 파이, 케이크와 잼을 곁들인 홍차 등으로 이루어진다.

2. 러시아의 술, 보드카

보드카

러시아의 대표적인 술은 보드카(Vodka)이다. 보드카란 말은 물을 의미하는 '보다'(Voda)라는 말에서 유래하였다. 이 술은 맑은 색깔을 띠고 있고, 특정한 향기나 맛이 없으며, 알콜 성분이 40% 이상, 대개 약 40~55%인

증류주이다. 14세기에 처음 만들어진 뒤, 바로 러시아, 폴란드, 발칸 반도 국가들에서 유행했고, 제2차 세계대전 직후 미국에서 소비가 급격히 늘어난 뒤 유럽에 보급되었다. 이 술은 만들어질 때부터 정부에 의해 판매가 독점되었다. 18세기 표트르 대제 시대부터 국가가 주류를 통제하였고, 주류는 국가 세입의 중요한 부분이 되었다. 그리고 보드카가 하나의 독자적 용어로서, 그리고 알콜 도수가 40%로서 과학적으로 정립된 것은 19세기 후반에 이르러서였다.

보드카는 생산과정에서 향미성분이 거의 제거되어 특징적인 맛이 없다. 그래서 술을 만들 때, 원료가 싸면서도 쉽게 구할 수 있고 발효시키기에 적당한 것을 이용한다. 러시아와 폴란드에서는 전통적으로 감자를 사용했지만, 오늘날에는 감자 대신 곡류를 주로 사용하고 있다. 대부분의 생산업자들은 정제한 중성 증류주를 구입하여 숯을 이용하여, 여과 정제하여 술을 만들며, 증류수로 알코올 강도를 줄여서 숙성과정 없이 병에 담아서 판매한다.

러시아에서는 알코올 성분이 40%(미국 표준강도로는 80%에 해당함)인 순한 보드카를 선호하고, 폴란드에서는 45%인 것이 일반적이다. 러시아에서 보드카는 보통 다른 것과 섞지 않고 차갑게 해서 작은 유리컵에 따라 마시며, 이때 애피타이저가 곁들여진다. 이 술은 다른 술과 혼합될 때 향미에 영향을 주지 않기 때문에 칵테일을 만들 때 많이 쓰인다. 예컨대 오렌지 주스와 함께 만드는 스크루 드라이버, 토마토 주스와 섞는 블러디 메리, 진 대신에 보드카가 들어간 보드카 마티니, 버팔로 풀 줄기를 넣어서 은은한 쓴 맛을 낸 주브로브카 등이 그것이다.

러시아 사람들은 이 보드카를 약이나 마취제로 활용하기도 한다. 우리가 감기에 걸리면 고춧가루를 타서 마시듯이 러시아인들도 감기 치료제로 후추와 함께 보드카를 마신다. 배가 아플 때도 보드카에 소금을 타서 마신다. 중국인들이 기름진 음식을 먹으며 차를 마시듯이, 러시인들은 보드카를 마셔서 음식의 기름기를 소화, 분해시키려 한다. 따라서 "러시아인들은 보드카가 없이는 살 수 없다"라는 말이 있을 정도로, 보드카는 러시아인의 식사에서 빠질 수 없는 중요한 요소이자, 삶의 일부라 할 수 있다. 러시아인들은 이 대중적인 음료인 보드카를 한번 마실 때 100g 정도씩 한꺼번에 마시는 것이 관례이며, 특히 여러 사람과 술자리를 같이할 때 첫잔은 반드시 비운다.

3. 러시아의 관광지

(1) 모스크바

모스크바(Moscow)는 러시아 최대의 도시이자, 수도이다. 도시 전체가 거대한 박물관이라고 할 만큼 수많은 문화유적을 보유하고 있다. 그 가운데서도 꼭 둘러보아야 할 곳으로는 붉은 광장, 크레믈린, 성바실리성당, 푸슈킨 박물관, 아르바트 거리, 승리 공원, 트리치야코프 미술관, 국립역사박물관, 성바실리 성당 등이 있다.

붉은 광장

붉은 광장(Red Square)은 시내 중심부에 위치한, 가로 100m, 세로 500m 크기의 광장이다. 다갈색의 포석이 깔려 있는 이 광장은 15세기 말부터 크레믈린 정면의 광장이 되었다. 이전에는 '상업 광장', '화재 광장' 등으로 불리다가 17세기 말부터는 "아름다운 광장"이라 불려지기 시작했다. 그러나 노동절이나 혁명기념일과 같은 국가 기념일 때는 붉은 색의 현

크레믈린 궁전

이반대제의 종루

황제의 종

수막으로 장식되어 온통 붉은 색으로 변한 뒤로는, '붉은 광장' 이라고 불리게 되었다. 주변으로 국립역사박물관, 레닌의 묘, 모스크바 최대의 백화점인 굼백화점, 양파 머리 지붕의 성 바실리 성당 등 많은 유서 깊은 건물들이 위치해 있다.

크레믈린(Kremlin)은 러시아 정치의 중심지이자 역사와 문화를 엿볼 수 있는 장소이다. '크레믈린' 이란 말은 러시아어로 '요새' 를 의미한다. 이곳의 둘레에는 길이가 2,235m의 성벽이 둘러쳐져 있으며, 벽 위에는 20개의 망루가 설치되어 있다. 이곳은 유리 돌고루키(Yuri Dolgoruky)에 의해 1156년 최초로 목조 성채로 건축되었다가, 1367년~1368년에 흰색의 돌벽으로 개축되었으며, 1485년~1495년에 러시아인과 이탈리아 인의 합작으로 현재의 성벽이 건축되었다. 그 후 16세기 이반 대제의 통치기간 중에 황금시대를 맞이했지만, 18세기 표트르 1세(Pyotr I)가 수도를 페테르부르그로 이전하면서 쇠퇴하였다. 그 뒤인 1812년에는 나폴레옹이 러시아를 침략하여 초토화 작전을 펼침에 따라 이곳은 소실되고 말았다. 그러나 그 뒤 복원되어 러시아 정치의 무대가 되었다. 레닌, 스탈린, 흐루시초프, 브레즈네프, 고르바초프 등 공산주의 시대의 서기장들이 모두 여기서 활동하였다. 크레믈린 안에는 많은 건물들이 있는데, 그 가운데는 대회 궁전, 이반 대제의 종루, 12사도 사원(The Patriarch's Palace), 우스펜스키 사원(Uspenskin Tuomikikko), 황제의 종, 블라고베시첸스키 사원, 의회 등이 있다. 여기서 12사도 사원은 현재 박물관으로 사용되고 있으며, 황제의 종은 높이 6m에 무게가 200톤이나 나가는 세계에서 가장 큰 종이다. 블라고베스첸스키 사원은 황제의 개인 예배사원이었으며, 의회는 현대적인 건물로 이루어져 있다. 또한 많은 보물이 소장되어 있어 경탄을 자아내게 만든다.

우스펜스키 대성당

크레믈린 안에 있는 바로크 양식으로 된 무기고 박물관(Oruzheinaya Palata Moskovskogo Kremlya)은 표트르 대제 때인 16세기 당시 무기를 제작, 보관하는 창고로 지어진 것이다. 그러나 18세기 초 러시아의 수도가 페테르부르그로 옮겨간 뒤 이 창고는 황실의 귀중품을 소장하는 박물관이 되었고, 1813년에는 박물관으로 거듭나게 되었다. 여기에는 금실과 진주로 장식한 고위 성직자를 위한 의복, 다이야몬드로 장식한 역대 황제의 왕관과 옥좌, 황제가 타던 마차, 각종의 공예 미술품, 전리품들이 전시되어 있으며, 각종 금은 세공품, 보물들이 진열되어 있다.

레닌 묘(Mavzoley Lenina)는 러시아 혁명의 지도자인 레닌의 유해가 안치된 곳이다. 크렘린 성벽 가까이 붙어 있는 이곳은 벽돌빛 화

레닌 묘

강암으로 되어 있는 건물로서, 1930년에 완성되었다. 계단을 내려가면 1924년 1월 21일에 숨을 거둔 레닌의 유해가 커다란 유리상자 속에 정장차림으로 누워 있다. 레닌의 묘를 가운데 두고 양쪽에 스탠드가 있고, 그 뒤로는 10월 혁명 때 숨진 노동자와 병사의 무덤이 있다. 레닌의 묘 바로 뒤에는 역대 소련 공산당 서기장인 스탈린, 브레즈네프, 안드로포프, 체르넨코, 제르진스키의 묘가 있다.

성바실리 성당

성 바실리 성당(St. Basil Cathedral)은 붉은 광장 입구에 위치한 성당으로 47m 높이의 양파머리 지붕과 다시 그 주위를 둘러싸고 있는 여덟 개의 양파머리 지붕들이 솟아 있는 성당이다. 지붕들은 대칭으로 되어 있지 않고, 비대칭으로 솟아 있어 불균형의 조화를 만들어내고 있다. 이 기묘한 건물은 이반 대제(Ivan III)가 카잔 한을 항복시킨 것을 기념하여 포스트닉과 바르마로 하여금 짓게 한 것이었다. 1555년부터 1560년까지 완성된 이 건물은 너무도 아름다워서 다시는 이런 아름다운 건물을 짓지 못하도록 포스트닉과 바르마의 눈을 뽑았다는 이야기가 전해지고 있다.

노보데비치 수도원(Ensemble of the Novodevichy Convent)은 모스크바강 인근에 위치해 있는 수도원으로서, 러시아에서 가장 훌륭하고 아름다운 종교 건물 중 하나이다. 16세기 초에 건립되었으며, 1680년대에 대규모로 증축되었다. 여기에는 러시아 유명작가와 전몰 장병, 러시아

노보데비치 수도원

출신 학자들이 잠들어 있다. 니콜라이 고골리(Nicolai Vasilevich Gogol)와 안톤 체홉(Anton Pavlovich Chekhov)이 묻혀 있으며, 최근의 인물로는 보리스 옐친(Boris Nikolayevich Yeltsin) 전 러시아 대통령이 있다. 이곳에는 성화상(이꼰)이 많으며, 스몰렌스크 대성당, 표트르 성당, 17세기에 건축된 대종루, 1km에 달하는 웅장한 성벽 등 아름다운 건축물이 있다.

트레치야코프 미술관(Yretyakov)은 1892년에 뜨레치아코프라는 상인이 자신이 수집한 4,000여점의 미술품을 진열용 건물과 함께 정부에 기증한 것이다. 현재는 50,000여점의 명작이 50개가 넘는 전시실에 전시되고 있다. 작품 가운데는 14세기 말의 천재화가 안드레이 루블료프(Andrei Rublev)의 '삼위일체' 등의 작품이 있다.

트레치야코프 미술관

국립역사박물관

국립역사박물관(State Historical Museum)은 붉은 광장으로 들어가는 입구에 위치한 박물관이다. 4개의 탑이 있는 붉은 색 벽돌의 건물이다. 원래는 미하일 로모노소프(Mikhail Lomonosov)가 세운 모스크바 국립대학교의 건물이었으나, 1875년부터 1881년에 이르기까지 영국인 블라디미르 셔우드와 세묘노프가 설계하여 현재의 모습으로 건축하였다. 1872년에 이반 자벨린, 알렉세이 우바로프 등에 의해 건립되어 개인의 기부금으로 유지되어 오다가 러시아 혁명 뒤에 국립으로 개편되었다. 이 박물관에는 석기 시대부터 19세기 말까지의 러시아 역사에 관한 자료들이 전시되어 있다.

푸슈킨 미술관(Pushkin Fine Arts Museum)은 모스크바 시내 중심에 위치한 신고전주의 양식의 박물관이다. 원래는 건축가 R. 크레인에 의해 1898년부터 1912년까지 모스크바 대학의 미술 수집품들을 소장할 목적으로 지어진 곳이었다. 1937년에 와서 현재의 이름으로 바뀌게 되었다. 이 미술관의 규모와 수집품은 상트 페테르부르그에 있는 에르미타주 미술관 다음에 해당한다. 이 박물관에는 이집트 미술을 비롯하여, 그리스의 항아리, 비잔틴의 이콘(성도상), 근대 유럽 여려 나라의 미술과 특히 푸생, 샤르댕으로부터 바리비종파, 인상파, 후기 인상파를 거쳐 피카소에 이르는 르네상스 시대에 그려진 풍부하고도 이색적인 수집품들도 볼 수 있다. 이 작품들은 대부분 교육용으로 그려진 모작으로서, 푸슈킨의 이름을 따고 있지만 푸슈킨과 관련된 전시물은 없다.

뜨레찌꼽스까야 갤러리는 세계 최고의 회화 작품을 볼 수 있는 곳으로, 구관과 본관이 있는 대규모의 전시장이다. 여기서는 러시아 이꼰과 러시아 혁명전의 예술작품을 감상할 수 있다. 그리고 프랑스 파리의 몽마르트언덕에 비견되는 예술의 거리인 아르바트 거리 또한 볼 만하다. 이 거리는 도스도옙스키, 고골리, 차이코프스키, 뿌쉬킨이 여기서 살면서 낭만을 풍미한 곳이다. 또 다른 볼거리인 유리 가가린 동상은 레닌 대로에 있는 높이 30m의 입상이며, 순수한 티타늄으로 제작되어 있다. 최초의 우주인인 유리 가가린을 위한 동상이다. 승리공원은 제2차 세계대전을 기념하여 조성한 곳으로 이곳에서는 전쟁 박물관을 비롯하여 다양한 전쟁관련 전시물을 볼 수 있다. 아이들을 위한 놀이공원도 조성되어 있어 가족 단위의 관광객들이 많이 찾는다. 예수구원사원은 볼혼까거리에 위치한 사원으로 1883년에 지어졌지만, 스탈린의 명령으로 1931년에 허물어지고 1997년에 모스크바 혁명 750년 기념으로 새로 지어진 것이다.

그 밖에도 모스크바에는 볼쇼이 극장(Bolshoi Theatre), 참새 언덕(Sparrow Hills), 노보제비치 수도원, 모스크바중앙혁명박물관(Central Museum of the Revolution), 톨스토이 박물관(Tolstoy Museum) 등의 볼거리가 있다.

볼쇼이 극장

(2) 상트 페테르부르그

상트 페테르부르그(St Peterburg)는 "성스러운 표트르의 도시"라는 의미를 갖고 있는 도시로서, 표트르 대제(Peter the Great)가 1703년 유럽을 향한 창으로 건설한 도시이다. 200년간 로마

상트 페테르부르그

노프 왕조의 수도였던 이 도시는 그 이름이 과거 여러 차례 바뀌었다. 제정 러시아 때는 페테르부르크(Petersburg)라고 하였고, 1914년에는 페트로그라스(Petersgras)로 개칭되기도 했다. 그러나 1924년 레닌이 죽자 다시 그를 기념하여 레닌그라드(Leningrad)라 불려졌으며, 다시 이후인 1991년부터는 다시 옛 이름인 '상트 페트르부르그' 라는 이름을 되찾게 되었다. 이 도시는 약칭하여 '페트르부르그' 라고도 한다.

모스크바에서 북서쪽으로 715km 지점에 위치한, 상트 페테르부르그는 러시아 제2의 도시이다. 네바강 하구의 100개 가량의 섬을 다리로 연결하여 만든 계획 도시이기도 하다. 6, 7월에는 백야를 볼 수 있으며, 수많은 운하와 수로, 그리고 아름다운 다리가 있어 "북쪽의 베니스"라는 별칭을 갖고 있다. 그리고 많은 문화재를 보유하고 있어 러시아의 문화수도라고 불리기도 한다. 상트 페트르부르그에서 볼만한 장소로는 에르미타주 국립미술관, 표트르와 폴 요새, 네브시키대로, 이삭성당 등을 들 수 있다.

에르미타주 국립박물관

에르미타주 국립박물관(State Hermitage Museum)은 러시아의 최대 자랑거리이자 유네스코 세계문화유산이다. 세계 각국에서 1년에 1,000만명 이상이 찾는 러시아 최고의 관광명소이다. 영국의 영국박물관, 프랑스의 루브르 박물관과 함께 세계 3대 박물관으로 꼽히기도 한다. 이 박물관은 원래 프랑스의 베르사이유 궁전을 모델로 건축된 여름 궁전의 부속건물로 만들어진 것이었다. 상트 페테르부르그의 젖줄인 네바 강변을 따라 200m 쯤 늘어선 이 건물은, 1762년 라스트렐리에 의해 건축된 로코코 양식으로 이루어진, 세계에서 가장 아름다운 궁전 가운데 하나이다. 1,050개의 전시실은 러시아 로마노프 왕조의 화려한 역사를 보여준다. 지붕 위에 있는 300개에 달하는 그리스 로마 시대에 등장하는 신들의 조각상이 다양한 포즈로 자리하고 있다. 소장된 작품은 약 300만점에 이르러 한점에 1분씩 하루 8시간씩 감상하더라도 15년이 걸릴 정도이다. 레오나르도 다빈치(Leonard da Vinch), 고흐(Vincent van Gogh), 고갱(Paul Gauguin), 램브란트(Rembrandt Harmenszom van Rijn), 마티스(Henri Mattisse), 피카소(Pablo Ruiz Picasso), 르느와르(Pierre Auguste Renoir), 마네(Edouard Manet), 모네(Claude Monet) 등의 작품이 소장되어 있다.

성이삭 성당

성 이삭 성당(Saint Issacs Cathedrel)은 에르미따주 국립박물관에서 1km 정도 떨어진 곳에 위치한 성당으로서, 프랑스의 건축가인 몽페랑(Richard de Montferrand)이 설계한 것이다. 성당의 높이는 111m이고, 가로 100m, 세로 90m 규모이며, 건축 기간은 1818년부터 1858년까지 약 40년간 지어진 러시아 최대의 성당이다. 세계적으로 볼 때 바티칸의 성베드로 성당, 런던의 성바오로 성당, 두오모 성당 다음의 크기이다. 이 성당이 있는 이삭 광장에는 황제 니콜라이 1세(Nikolai Ⅰ)의 동상이 있다. 그 밖에도 상트 페테르부르그에서는 피터 폴 요새, 그리고 네브스키 대로(Nevsky Prospekt) 등이 있다.

02

덴마크

덴마크는 유럽대륙 중북부에 위치한 나라로서, 유틀란드 반도 및 오덴사섬, 핀섬, 셀란섬 등 사람이 사는 섬 100개를 포함한 400여개의 섬을 가진 나라이다. 동쪽으로는 스웨덴과 국경을 접하고 있고, 북쪽으로는 노르웨이, 유틀란드 반도와, 남부로는 독일과 국경을 접하고 있다. 국토의 많은 부분이 빙하시대 스칸디나비아 반도에서 이동해 온 빙상이 남긴 퇴적물에 덮여 있어 거의 평탄하다. 최고 높은 곳도 겨우 해발 173m 정도에 불과하다. 이 때문에 덴마크인들은 자신들의 나라를 "팬 케이크의 땅"이라 부른다. 면적은 43,100㎢ 로서 우리나라 남한의 반 정도의 크기이며, 국토의 약 2/3가 경작 가능한 토지이다. 국토의 약 12%에 낙엽수, 침엽수 등 울창한 산림이 차지하고 있으며, 목초지가 6% 정도를 차지하고 있다. 말하자면 덴마크는 맑은 호수와 늪지대, 삼림과 초지로 인해 전 국토가 공원처럼 아름다운 나라이다.

기후는 멕시코 만류의 영향으로 위도에 비해 온화한 편이며, 사계절이 뚜렷하다. 가장 추운달인 2월의 평균 기온은 -0.4℃ 정도이고, 가장 더운 달인 7월의 평균기온은 17℃이며, 연강수량은 600㎜ 정도로 비교적 적은 편이다. 11월부터 이듬해 3월까지 기후 변화가 심하며, 구름이 많이 끼고 바람부는 날씨가 계속되므로, 감기에 주의해야 한다. 겨울철은 춥고 길며 일조시간이 짧아 해를 볼 수 있는 시간이 많지 않다. 그래서 북유럽은 꼭 여름철에 여행해야 한다. 북쪽에 위치하지만 기후는 따뜻한 편이어서 1월 평균 기온도 영하로 내려가지 않으며, 한참 더울 때가 섭씨 15℃가 된다.

덴마크의 인구는 대략 530만명 정도이고, 입헌군주제를 채택하고 있으나, 군주는 형식적인 권한만 갖고 있다. 낙농업도 매우 발달했는데, 가축으로 많인 키우는 종류는 돼지이고, 그 다음이 육우와 젖소이다.

덴마크의 국기는 덴마크의 국기는 '다네브로그'(Dannebrog)란 이름으로도 불리는데, 모양은 붉은 색 바탕에 흰색 스칸디나비아 십자가 그려져 있다. 이 국기는 현존하는 가장 오래된 국기로 알려져 있다. 전설에 의하면 1219년 6월 15일 발데마르(Valdemar the Victorious)왕이 에스파니아 원정 중 린다니즈(Lyndaniz) 전쟁에서 고전을 겪고 있던 중 하나님께 기도하였는데, 그 때 하늘에서 붉은 바탕에 흰색의 십자기가 내려왔고, 그 깃발에서 힘을 얻어 전쟁에서 승리했다고 한다. 그 후에 왕은 전쟁 때마다 붉은 바탕에 흰 십자가를 그린 국기를 앞세웠다고 한다. 그 뒤로 이 깃발은 덴마크의 국기가 되었다. 그리고 이 국기의 디자인은 다른 북유럽 국가의 국기에도 영향을 주었다.

1. 덴마크인의 기질

덴마크인들은 전통적으로 농업과 어업을 중심으로 생활해 왔다. 이 때문에 국민성 또한 농업적 특성과 어업적 특성을 지니고 있다. 먼저 농업적 특성은 전통적으로 농업을 경영하면서 생겨난 특성으로, 근면 · 성실하게 일하고, 서로 간에 협동하는 자세를 견지하고 있는 것이다. 그래서 덴마크인들은 매우 성실하고 큰일이 있을 때 서로 단합을 잘하는 편이다. 또한 어업적 특성은 모험을 즐긴다는 것이다. 덴마크인들은 이웃 나라인 네덜란드나 스웨덴처럼 일찍부터 바다로 나아가 많은 자원을 구하였다. 그래서 미지에 세계에 대해 관심이 많고, 그 세계에 대한 모험심이 강하다. 아울러 덴마크인들은 생활 수준이 매우 높아서 교양을 중시한다. 에티켓도 중시하고 문학적 예술적 소양에 많은 관심을 갖고 있다. 다른 사람과 대화를 나눌 때는 다른 사람의 의견에 귀를 기울이는 여유를 지니고 있다.

덴마크인들은 동성끼리 사랑하는 동성애에 대해서도 매우 관대한 편이다. 1989년에 동성결혼을 법으로 인정하고, 동성애자들에게 이성 부부와 같은 권리를 부여한 최초의 유럽국가가 되었다. 덴마크 인들은 가능한 삶을 편안하고 안락하게 살아가려 한다. 가족과 친구간의 따뜻한 분위기를 만들기 위해 외부의 소란과 번잡함, 갈등에 대해 별로 관심을 갖지 않는 경향이 있다.

2. 덴마크의 음식

덴마크는 낙농국가이기에 우유와 치즈, 또는 육류로 만들어진 다양한 요리가 있다. 특히 돼지고기, 베이컨, 치즈가 맛있기로 잘 알려져 있다. 또한 바다로 둘러싸여 있어 생선요리도 풍부한 편이며, 그 가운데 특히 연어와 캐비어가 인기가 있다. 덴마크의 대표적인 음식으로는 스모브로(Smorrebrod)를 들 수 있다. 이 스모브로는 얇게 썰은 호밀빵이나 흑빵을 버터에 바르고 그 위에 가자미 프라이, 청어, 새우, 로스트 비프, 치즈, 햄, 미트볼, 캐비어 등을 넣은 전통 샌드위치이다. 이 음식은 나이프와 포크를 사용하여 먹는 주요리이다. 그 밖에도 식초에 절인 청어와 고기 경단, 소시지, 치즈가 나오는 음식이자, 바이킹 요리인 콜보르(Koldbord)가 있다. 콜보르는 북유럽 여러 나라에 공통되는 음식이다.

스모브로

콜보르

덴마크인들은 식사를 할 때 건배를 자주 하는데, 그 건배 의식이 매우 독특하다.

즉 식사 때 맥주나 위스키 잔을 들고 상대방의 눈을 응시하면서 '스콜'이라고 외치며 술을 한 모금 마신 뒤, 다시 한번 술잔을 가볍게 부딪치고 조용히 테이블 위에 잔을 올려놓는다. 이러한 의식은 바이킹 시대부터 전해 내려오는 것으로서, 이 의식을 통해서 음식을 먹을 때의 흥취를 더하게 된다.

3. 덴마크식 다이어트

덴마크 하면 유명한 것이 이른바 '덴마크 다이어트'이다. 이 다이어트는 주로 탄수화물의 섭취를 줄이고 고단백 저칼로리의 음식을 위주로 하는 다이어트이다. 통상 2주간에 걸쳐 이 다이어트를 실천하게 되면, 대략 7~12kg 정도의 체중을 줄일 수 있다. 이 다이어트의 장점은 다이어트를 한 뒤에도 탄수화물의 섭취를 줄이면 그 상태가 잘 유지된다는 점이다. 효과가 좋은 만큼 지켜야 할 사항도 많은데, 가장 중요한 사항은 음식의 종류를 빠뜨리지 않아야 한다는 것이다.

다이어트 식단을 구성하는 음식은, 삶은 달걀, 자몽, 토스트, 모닝빵, 블랙커피, 야채 샐러드, 쇠고기 스테이크, 야채 수프 등으로 구성된다. 이러한 음식들을 조합하여 아침, 점심, 저녁 식사를 하며, 보통 하루에 700~900kcal를 먹는다. 그 중에서 단백질은 60g 정도이고, 그 중에 80%는 동물성 단백질이다. 따라서 영양 면에서는 큰 무리가 없다. 그러나 한정된 종류의 음식을 지나치게 오래 먹을 경우 영양불균형이 초래될 수도 있다. 따라서 이 다이어트는 단기간에만 실천하는 것이 좋다.

덴마크의 다이어트를 실천할 때 꼭 지켜야 할 사항은 다음과 같다. 첫째, 모든 요리에 소금을 넣지 않아야 한다. 소금기가 있는 음식은 입맛을 좋게 하여 다이어트에 역효과를 낸다. 그 뿐 아니라, 몸을 수분을 섭취하기 쉬운 상태로 만들어 몸이 붓는 원인이 되고 위를 늘린다. 달걀 삶을 때나 스테이크, 생선 등을 구울 때 절대 소금을 넣지 않는 것이 덴마크 식단의 조리법이다. 둘째, 커피는 블랙으로 마셔야 한다. No

설탕, No 크림을 꼭 지켜야 한다. 블랙 커피는 칼로리가 없기 때문에 마음껏 마셔도 좋고, 이뇨 작용을 하기 때문에 다이어트에 도움이 된다. 하지만 너무 진하게 먹으면 위에 부담을 주므로 연하게 타서 마셔야 한다. 셋째, 고기도 기름 없이 굽거나 찐다. 흰 살 생선이나 쇠고기 조리법도 절대 소금기와 기름기 없이 프라이팬에 굽거나 쪄내야 한다. 토스트나 모닝빵도 잼이나 버터를 바르지 않고 그냥 먹어야 한다. 넷째, 운동을 반드시 병행한다. 식이 요법으로 살을 뺄 때는 운동도 병행해야 더 좋은 효과를 거둘 수 있으며, 살을 뺀 다음에도 탄력있는 몸매를 유지할 수 있다. 식이 요법만으로 살을 뺄 경우에는 다이어트 뒤에 다시 원상태로 회복될 수 있다. 빠른 걸음으로 산책하거나 웬만한 계단은 걸어서 올라 다니도록 한다. 다섯째, 샐러드는 레몬즙이나 식초만으로 간을 하다. 대부분 기름으로 되어 있는 샐러드 드레싱을 사용하는 것은 절대 금물이다. 너무 심심하게 느껴진다면 레몬즙이나 식초를 뿌려 상큼한 맛을 즐겨야 한다.

4. 덴마크의 관광지

(1) 코펜하겐

코펜하겐(Copenhagen)은 발트해와 북유럽의 관문으로서 "상인의 항구"라는 의미를 지닌 덴마크의 수도이다. 코펜하겐의 인구는 약 136만명 정도이며, 많은 공원과 중세의 구리지붕으로 된 건물이 많이 들어서 있어 "푸른 도시"(Green City)라고 불린다. 거리가 깨끗하고 아름다우며 조용하기로 유명하다. 현대적인 감각의 빌딩들이나 상점들도 즐비하다. 사람들도 북적거리지 않아 한가로이 보내기 적당하여 여행자들에게 좋은 인상을 남기고 있다. 코펜하겐에서 둘러 볼만한 관광지는 작은 인어상, 스트뢰에 거리, 콩겐스 광장, 코펜하겐 시청사, 아마리엔보 궁전, 프레드릭스보그성,

작은 인어상

게피온 분수대, 크롬보그 성 등이 있다.

작은 인어상(Den Lille Havfruve)은 코펜하겐을 상징하는 조형물이다. 안델센의 동화 '인어공주' 에서 모티브를 얻어 조각가인 에드바르트 에릭슨(Edvard Eriksen)이 1913년에 만든 높이 약 80㎝ 정도의 작은 상이다. 그러나 이 상을 만들 때 실제로 모델로 삼은 사람은 덴마크의 유명한 발레리나였다고 한다. 이 상을 만들게 된 것은 안데르센의 동화인 '인어공주' 가 큰 인기를 끌게 되자, 코펜하겐의 상징물로 작은 인어상을 착안하게 되었다고 한다. 이 인형상은 코펜하겐 북쪽 린게리니(Langeline)거리를 따라 가다 보면 해안의 바다가에서 볼 수 있다. 더 정확하게 말하면 카스텔레트 요새에서 해안을 따라 약 300m 정도 떨어진 곳에 위치해 있다. 몇 차례에 걸쳐 수난을 겪었으나 계속 복원되어 오늘에 이르고 있다. 크기는 작지만 코펜하겐을 찾는 거의 모든 관광객들이 들러 보며, 또 방문 기념사진을 찍는 장소이다. 작은 인어상의 모티브를 제공한 세계적인 동화작가 안데르센은 코펜하겐 근처인 오덴세에서 양화점을 하던 아버지 아래서 출생하여 코펜하겐 대학을 졸업하였고, 그 뒤인 1835년에 최초로 '동화집' 을 내놓았다. 이어서 '인어공주', '미운 오리새끼', '벌거숭이 임금님' 등 아동문학의 손꼽히는 걸작을 남겼다. 평생 독신으로 지냈으며, 대부분의 생애를 해외여행으로 보낸 것으로 알려져 있다.

스트뢰에(Stroget) 거리는 코펜하겐의 중심가로서 시청 관장에서 콩겐스 광장(Kongens Nytorv)에 이르는 1.2㎞ 길이의 거리이다. 차는 다닐 수 없고 사람만 다닐 수 있는 이곳은 세계에서 가장 오랜 역사를 가진 유명한 보행자 거리이다. 레스토랑과 노천까페, 바, 극장, 박물관 등이 즐비해 있어서, 영국의 쇼핑명소인 본드 스트리트(Bond Street), 일본의 쇼핑 거리 긴자(Ginza), 뉴욕의 쇼핑 거리 5번가(Fifth Avenue) 등의 거리에서처럼 쇼핑을 즐길 수 있다. 스트뢰에 거리를 구성하는 5개의 거리에는 골동품 가게도 있어서 운이 좋다면 귀한 골동품을 싼 가격에 구입할 수 있다. 한마디로 산책이나 쇼핑을 즐기기에 더할 나위 없이 좋은 장소이다. 이곳에서 여가와 문화생활을 즐길 수 있다.

스트뢰에 거리

스트뢰에 거리 동쪽 끝에는 콩겐스 광장(Kongens Nytorv)이 자리하고 있는데, 이곳은 덴마크 왕족이 거주하는 왕궁과 인접하다는 이유와 양질의 상품을 판매하는 상점들로 인해 '로얄 엔드' (Royal End)라는 이름으로도 불린다. 이곳 상점들 중 몇몇은 왕실에 물품을 조달하고 있다. 스트뢰에 서쪽 끝에는 1608년 크리스티안 4세에 의해 만들어진 화려한 금박으로 된 아름다운 분수가 자리하고 있다.

콩겐스 광장

코펜하겐 시청사 광장(Copenhagen City Hall Square)은 코펜하겐의 2개의 메인 광장 중 하나로서 매해 신년축하를 위해 덴마크 사람들이 모여서 성대한 축제를 벌이는 장소이다. 1992

코펜하겐 시청사 광장

프레데릭스 교회와 프레데릭스 5세 동상

년에는 유럽 축구 챔피온쉽을 자축한 곳이기도 하다. 광장의 주변으로는 여러 박물관과 티보리(Tivoli)공원, 시청 등이 있다. 1892년부터 1905년까지 건축된 시청 건물 중앙에는 300개의 계단을 통해 올라갈 수 있는 56m 높이의 타워가 우뚝 솟아 있으며, 시청 내부에는 1955년 젠스 올젠(Jens Olsen)이 만든 유명한 시계가 있다. 시청사 광장 앞에는 이 도시의 상징인 동화작가 안데르센의 동상이 있다.

아마리엔보 궁전(Amalienborg Slot)은 1794년 이래 덴마크 왕실의 주거지로 사용된 곳으로서, 8각형 모양의 광장을 둘러싸고 있는 모두 4채로 된 로코코풍 건물이다. 현재는 마르그레테 2세 여왕과 그녀의 가족이 살고 있다. 1794년 크리스티안보르 궁전에 화재가 일어나자

아마리엔보 궁전

4명의 귀족이 살던 공간을 왕궁으로 이용한 것이 이 궁전의 유래가 되었다. 궁전의 내부는 일반에 공개되지 않고 있으며, 여왕이 근무하는 건물에는 덴마크의 깃발이 꼽혀 있다. 궁전 앞 광장에서는 매일 정오에 위병들의 행진과 교대식을 볼 수 있다. 위병들은 11시 30분에 로센버그 궁전의 숙소에서 행진하기 시작하여 정확하게 정오에 궁전 광장에 들어서게 되고 정오에 교대식을 한다. 아마리엔보 궁전의 전경을 감상하려면 궁전 서쪽에 위치하고 있는 바로크 풍의 프레데릭스 교회의 중앙돔에 올라가면 된다. 프레데릭스 교회는 쌍둥이처럼 닮아 있는 두 궁전 사이에 있는 파란색 돔을 가진 건물이다. 궁전 맞은 편의 바닷가에는 현대식 건물인 오페라 하우스가 있다.

프레드릭스보그성(Frederiksborg Castle)은 캐슬 호수 안 3개의 작은 섬 위에 세워진 성이다. 이 성은 프레드릭 2세(Frederik II)에 의해 처음 만들어진 뒤 그의 아들인 크리스챤 4세(Christian IV)에 의해 증축되었다. "북유럽의 베르사이유궁"이라 불리는 이 성은 매우 아름다운 정원을 갖고 있다. 현재 남아 있는 성의 주요 부분은 프레드릭 2세의 아들인 크리스챤 4세(Christian IV) 때까지 세워진 성으로, 2~3번의 재건축 끝에 완성된 것이다. 성의 가장 오래된 부분은 크리스챤 4세가 1600년부터 1620년까지 건축한 것으로, 구리로 된 지붕, 사암으로 된 벽면으로 되어 있다. 마지막으로 1615년에 독일 르네상스의 양식으로 마무리되었다. 중간의 섬 위에 조성된 사냥터는 중세의 건축양식을 잘 드러내고 있으며, 외부의 섬에는 르네상스 양식의 건축이 우뚝 서 있다. 성은 1859년에 발생한 화재로 소실되었으나, 이듬해인 1860년부터 24년에 걸쳐 맥주업자인 야콥센

프레드릭스 보그성

(J. C. Jacobsen)의 재정을 지원하고, 그 뒤 칼스버그 재단이 재정을 지원하여 재건되었다. 이 성에는 첫 번째 섬과 중앙섬을 잇는 S형 다리 옆의 둥근 타워와 함께 남아있는 성의 부분은, 프레데릭 2세가 세운 프레데릭스보르 성의 원형이다. 1878년 이후로 성 안에 국립 역사박물관이 들어서게 되었는데, 이 박물관 역시 성의 재건에 재정지원을 했던 야콥센이 세운 것이다. 프레드릭스보그 성내의 공연장, 왕궁, 커다란 홀 등 웅장한 규모의 방과 공간과 박물관에는 덴마크에서 가장 가치있는 초상화들과 고대 미술품 등이 소장되어 있다.

게피온 분수대

게피온(Gefion) 분수대는 아말리엔보 궁전에서 약 500m 떨어진 곳에 위치해 있는 분수로서, 북유럽 신화에 등장하는 여신이 황소 4마리를 몰고가는 역동적인 모습을 하고 있다. 1908년에 제1차 세계대전 당시 사망한 덴마크의 선원들을 추모하기 위해 만들어진 이 분수는, 1908년 칼스버그 재단이 만들어 코펜하겐시에 기증한 것으로 덴마크의 예술가인 안데스 분드가르드(Anders Bundgard)가 디자인한 것이다. 게피온 분수대는 처음 시청사 광장에 설치하려고 했으나, 계획이 바뀌어 항구가 바라다 보이는 시타델(Citadel) 부근에 세워졌다. 4마리의 황소를 몰고 있는 여신의 조각상은 덴마크 동부의 섬, 수도 코펜하겐이 위치한 질랜드(Zealand) 섬의 탄생 신화에서 나온 것이다. 신화에 따르면 스웨덴 왕은 여신 게피온(Gefion)에게 밤에 이 지역을 경작할 수 있도록 약속했다고 한다. 여신은 그녀의 네아들을 황소로 변하게 한 뒤, 땅을 파서 스웨덴과 덴마크 핀(Fin)섬 사이를 흐르는 바다에 던져 질랜드 섬을 만들었다. 그래서 질랜드의 모양과 크기가 스웨덴의 베네렌(Vanern) 호수 모양과 비슷한 모습을 띠게 되었다고 전해진다.

크롬보그 성(Kromborg Slot)은 일명 '햄릿 성'으로도 불리는 성으로, 세익스피어의 4대 비극 중 하나인 '햄릿'의 무대가 된 성이다. 1574년 프레데릭 2세에 의해 착공하여 1585년에 완성되었다. 하지만 1629년 화재로 소실되었다가 크리스티안 4세에 의해 보수되었다. 그 이후 여러 차례 전쟁을 겪다가 1924년에 이르러 현재의 모습을 갖추게 되었다.

크롬보그 성

***인어공주 이야기**

안데르센이 쓴 "인어공주 이야기"는 매우 유명한 이야기이다. 그 줄거리를 잠시 소개하면 다음과 같다. 깊은 바다 속의 왕궁에 용왕의 자녀 6명이 살고 있었는데, 그 가운데 막내가 육지에 대해 가장 큰 환상을 갖고 있었다. 그녀는 15살의 생일을 맞이한 것을 기념하여 육지로 구경을 가게 되었는데, 배 위에서 연회를 벌이던 16살의 잘 생긴 왕자를 보게 되었다. 그러나 곧이어 폭풍우가 일어나 배가 난파되었고, 왕자는 파도에 휩쓸리고 말았다. 이 때 인어 공주가 나서 왕자를 구해 주었는데, 왕자는 그 공주의 존재를 알아차리지 못했다. 이에 공주는 상심하여 용궁으로 돌아가고 말았다. 그러나 그녀는 그 뒤로 왕자를 잊지 못했고, 친구들을 통해 왕자가 사는 곳을 알게 되었다. 왕자를 만나고 싶은 마음에 그녀는 마녀를 찾아가 자신의 뜻을 전하며, 왕자와 만나게 해달라고 부탁했다. 이 때 마녀는 공주에게 인간의 아름다운 미모와 다리를 주는 대신, 걸을 때마다 칼로 찌르는 듯한 고통을 느끼게 되고, 왕자가 다른 여자와 결혼할 경우 공주가 인간의 영혼을 얻지 못한 채 죽게 된다고 말했다. 그리고 인간의 다리를 주는 대신, 그녀의 아름다운 목소리를 가져가기로 하여 그녀의 혀를 잘라 버렸다. 육지로 간 인어공주는 왕자를 만나 사랑에 빠지게 되지만, 그 왕자는 그녀를 아내로 맞이할 의사가 없었다. 왜냐하면 왕자의 마음 속엔 예전에 자신의 목숨을 구해준 아름다운 여인의 모습이 어렴풋이 남아 있었기 때문이었다. 그는 타국의 공주를 만나기 위해 여행했고, 거기서 아름다운 공주를 만나, 그녀가 자신을 구해준 사람이라 착각하여 결혼하였다. 왕자가 결혼하던 날 인어공주를 안타깝게 여긴 언니들과 할머니는 마녀에게 머리카락을 팔아 생명을 구할 마지막 방도를 찾아냈는데, 그것은 바로 동이 트기 전까지 마녀의 칼로 왕자를 찔러 죽여 다시 인어의 모습으로 돌아오는 것이었다. 그러나 그녀는 결국 왕자를 찌르지 못하고 칼을 바다에 던지며 자신도 바다에 몸을 던져 물거품이 되고 만다.

03

스웨덴

스웨덴은 스칸디나비아 반도의 동부에 위치한 나라로서, 정식 명칭은 스웨덴 왕국(Kingdom of Sweden)이다. 이 나라는 스칸디나비아의 등뼈에 해당하는 스칸디나비아 반도를 경계로 서쪽으로 노르웨이와 접하고 있으며, 동쪽으로 핀란드와 국경을 접하고 있다. 스웨덴의 면적은 약 450,000㎢로서, 한반도의 2배 정도인데, 이 넓이는 북유럽의 나라 가운데 가장 크고, 유럽에서는 네 번째에 해당한다. 동서의 길이는 약 500㎞이고, 남북 길이는 1,584㎞로서 가늘고 긴 형태를 지니고 있으며, 국토의 1/7이 북극권에 속한다. 북부 지역은 높은 산맥으로 되어 있고, 거기에 가장 높은 산은 해발 2,123m의 케브네카이세산이다.

스웨덴의 기후는 높은 위도에 비해 기온이 높고, 연간 변화도 적은 편이다. 겨울철에는 시베리아 대륙 기후의 영향을 받아 한기가 심하고 밤이 길지만, 여름철에는 한기가 거의 느껴지지 않고 낮이 길다. 여름의 평균 기온은 남부가 18℃, 북부는 15℃이며, 겨울에는 남부가 -3℃, 북부가 -10℃ 정도이다. 강수량은 여름에 많은 편이며, 대략 남부는 600㎜, 북부는 300㎜ 정도이다.

스웨덴의 인구는 약 905만명이다. 스웨덴인이 인구의 95%를 차지하며, 그 밖에 우랄 알타이어계에 속하는 핀(Fin)족 등이 소수를 차지하고 있다. 대부분의 인구는 스웨덴의 남부에 편중되어 있고, 그 가운데 83% 정도는 도시와 그 주변에 집중되어 있다.

스웨덴의 국기는 1157년 국왕이었던 에릭이 핀란드를 공격하기 전에 파란 하늘에서 금십자를 보았다는 고사에서 생겨난 것이다. 국기 가운데 그려진 십자는 스웨덴이 그리스도 국가임을 나타낸다. 그러나 이 국기가 본격적으로 사용된 것은, 구스타브 바사(Gustav Vasa)가 1523년에 구스타브 1세로 즉위하면서부터였다. 이 국기는 그 뒤 1982년에 스웨덴 국기 법에 의해 색깔과 농도, 가로 · 세로의 비율 등이 결정되었다.

1. 스웨덴의 음식

스뫼르고스보르드

스웨덴은 바다에서 많은 해산물을 생산하는 나라이기에, 음식도 주로 생선을 위주로 이루어져 있다. 청어, 연어, 가재, 새우 등이 재료로 많이 쓰이며, 거기에다 백포도주와 레몬이 곁들여진다. 그 가운데 스웨덴의 명물 요리는 스칸디나비아 국가들에 있어 공통적인 요리라 할 수 있는 스뫼르고스보르드(Smorgasbord)이다. 18세기 말부터 19세기 사이에 스웨덴의 상류층에서 즐기던 이 요리는 차려질 때 '아콰비트' 라는 술이 같이 놓이기에, 다른 말로 '아콰비트 뷔페' 라고 불린다. 이 음식은 바이킹들의 삶과 깊이 연관되어 있다. 바이킹들은 한번 출항하면 오랫 동안 배안에서 생활해야 하기 때문에 소금에 절이거나 말린 음식 밖에 먹을 수 없었다. 그래서 오랜만에 고향에 돌아오면 신선한 음식들을 가득 차려놓고 덜어 먹었는데, 이것이 발전하여 스뫼르고스보르드가 되었다.

스뫼르고스보르드를 먹는 순서는 다음과 같다. 우선 청어로 만든 요리를 먹는다.

즉 청어를 얇게 잘라 여러 가지 향신료에 절인 청어 피클, 또는 사워 크림 드레싱으로 버무린 청어, 아니면 겨자 드레싱으로 버무린 청어를 먹는다. 다음으로 새우나 연어 등의 해물 요리와 샐러드를 먹고, 이어서 미트볼, 햄 등 육류로 만든 요리를 먹는다. 그리고 마지막에는 치즈나 과일, 또는 케이크 등을 후식으로 마무리한다.

스웨덴인들이 즐겨먹는 다른 음식으로는 율보르드(Julbord)가 있다. 이 음식은 주로 성탄절에 먹는데, 음식의 이름도 성탄절을 뜻하는 '율레'(Yule)의 '율'(Yul)과 식탁을 뜻하는 '보르드'(Bord)에서 나왔다. 다시 말해 율보르드는 전통적으로 12월 초부터 성탄절까지 집이나 식당에서 먹는 뷔페를 의미한다. 그리고 이 음식은 일반적으로 세가지의 주 요리로 이루어진다. 첫째, 가공한 연어와 절인 청어와 장어를 다양한 양념으로 요리한 음식이다. 둘째, 칠면조 고기, 구운 쇠고기, 성탄절 용 햄인 '율스킨카'(Julskinka) 등을 얇게 썬 차가운 고기이다. 셋째, 미트볼인 셰불라르(Kottbullar)와 작은 소시지인 프린스코르브(Prinskorv), 양배추말이인 콜돌마르, 젤리처럼 굳힌 돼지 족발요리, 빽빽한 화이트 소스에 말린 대구 등의 따뜻한 요리이다. 이 율보르드의 후식은 라이스 푸딩에 계피가루를 뿌린 리스그륀스그뢰트(Risgrynsgrot) 등이 이용된다.

2. 스웨덴의 관광지

(1) 스톡홀름

스웨덴의 수도인 스톡홀름(Stockholm)은 발트해로부터 약 30㎞ 떨어진 멜라렌(Malaren)호의 동쪽에 위치한 도시이다. 스톡홀름이란 지명은 "작은 섬"을 의미한다. 말하자면 작은 섬들로 이루어진 물위의 도시라는 뜻이다. 중세인 13세기에 건설된 이 도시에는 약 80만명 가량의 인구가 살고 있다. 국부인 구스타프 바사가 1523년에 이곳을 수도로 정한 뒤로 이 도시는 발전을 거듭하였고, 지금은 세계에서도 가장 아름다운 현대 도시 가운데 하나가 되었다. 이것은 이 도시가 이상적인 목표를 세워 도시계획 전문가들이 환경을 중시하는 계획에 따라 착실하게 도시를 건설해 온 결과라고 할 수 있다. 스톡홀름의 중앙역에서 동쪽으로 뻗은 지하도와 번화가의 고층빌딩 주변은 현대적인 분위기를 풍기며, 구시가에서는 중세의 분위기를 느낄 수 있다. 스톡홀름에서 볼 만한 장소로는, 세르겔 광장 , 바사박물관, 국립박물관, 감라스탄, 스칸센민속원 등이 있다.

세르겔 광장

먼저 세르겔 광장(Sergels Trog)은 스톡홀름 중심지에 있는 광장으로서, 길이 사방으로 뻗어 있어 여행자에게는 알기 쉬운 표지물 구실을 하는 곳이다. 광장 중앙에는 8만여 개의 유리로 이루어진 타워가 솟아 있다. 그 남쪽에는 길이 160m의 유리로 된 건물이 있는데, 그곳은 관광객도 이용할 수 있는 문화회관(Kulturhuset)이다. 광장을 둘러싼 계단에는 언제나 노점이 즐비하게 진열되어 있고, 일광욕을 즐기는 사람들로 붐빈다. 광장의 지하에는 부티크가 있어 많은 사람들이 찾고 있다.

스톡홀름 시청사

시청사(Stadshuset)는 중앙역 서쪽에 있는 스톡홀름의 상징적 건물이다. 라그나르오스트베리(Ragnar

Ostberg)가 설계하고 800만개의 벽돌과 1900만개의 금도금 모자이크를 사용하여 1923년에 완공한 이 건물은 북유럽 최고의 건축미를 자랑한다. 시청사의 푸른 방(Bla Hallen)에서는 해마다 노벨상 수상식 이후의 만찬회가 열린다. 높이 106m의 탑 위에 올라가면 아름다운 스톡홀름 시가지를 한눈에 볼 수 있다.

콘스트 홀(KonsertHuset)은 세르겔 광장 북쪽에 있는 음악당으로 1926년에 세워진 것이다. 이곳은 노벨상 수상식이 거행되는 장소이기도 하다. 이 건물의 정면에는 밀레스(C. Milles)가 제작한 조각상이 놓여 있다. 콘스트 홀에서 강건너를 바라보면 보이는 회토리에트(Hotorget) 광장에서는 일요일을 제외한 매일 아침에 장이 열린다. 꽃, 과일, 의료품, 선물용품 등이 주로 거래되며 오후결도 4시까지 개장한다.

콘스트 홀

대성당(Storkyrkan)은 스톡홀름에서 가장 오래된 13세기의 성당이다. 역대 국왕의 세례식, 대관식, 결혼식이 거행되기도 한 이 성당의 내부에는 왕가와 귀족들의 문장으로 장식되어 있다. 특히 덴마크와의 전쟁에서 승리한 것을 기념하기 위해 1489년 성당에 기증되었다는 높이 4m의 나무 조각상인 "성 조지의 괴물퇴치상"은 반드시 살펴보아야 한다. 이 밖에도 300년의 역사를 가진 옥좌, 은과 흑단으로 만든 제단(1652), 에렌스트랄(Ehrenstral)이 그린 "최후의 심판" 등의 그림도 볼 만하다.

대성당

감라스탄

감라스탄(Gamla Stan)는 13세기에 만들어진 스톡홀름 구시가지이다. 오페라 극장 앞에 놓인 노르다리를 건너 국회의사당을 바라보며 걸어가면 돌로 된 문이 나오는데, 여기가 바로 구시가지의 입구이다. 구시가 입구로 들어서면 앞에 궁전이 있고 궁전을 기점으로 주위 2㎞ 정도의 지역에 중세를 방불케하는 각종 건물이 있다. 다시 말해 중세풍의 환상적인 골목길, 아치문, 계단 등이 연결되어 있는 곳이 바로 구시가지인 감라스탄이다.

구시가지의 중심은 스토르토리에트 광장(Stortorget Trog)인데, 광장 양쪽의 좁은 길에는 13~19세기의 오랜 건물이 당시 모습 그대로 남아 있다. 이들 건물 내부는 레스토랑이나 주점, 카페, 부티크로 개조되어 관광객들의 인기를 끌고 있다. 광장 북쪽에는 1776년에 세워진 증권거래소가 있는데, 이 건물의 맨 위층에는 노벨상 수상자를 뽑는 스웨덴 아카데미 본부가 있다. 광장 남쪽에는 바로크 양식의 첨탑이 아름다운 독일 교회(Tyska Kyrkan)가 있는데, 이것은 한자동맹 시대의 상인들이 17세기에 세운 것이다. 광장의 서쪽에는 네덜란드 방식의 바로크 건축물인 귀족의 성관(Riddarhuset)이 있다. 귀족의 성관은 대성당 서쪽에 있는 네덜란드 바로크 양식인 17세기 건물이다. 당시의 지배계급이었던 귀족들이 회의실로 사용했던 곳이다. 회의실 벽에는 스웨덴 전국 귀족들의 문장이 새겨진 2,325개에 달하는 방패가 걸려 있다.

드로트닝홀름 궁전

드로트닝홀름 궁전(Drottninaholm Palace)은 스톡홀름 교회 말라(Malar)

호수 섬에 있는 궁전으로 1766년에 건설된 것이다. 베르사이유 궁전을 본받아 만든 왕의 거주지인 이 궁전은, 1570년 무렵 요한 3세가 여름 별궁으로 건설한 것이지만, 1661년에 불탄 뒤 방치되었다. 그 뒤 1662년부터 1700년까지 칼 10세의 왕비인 헤드비그 엘레오노라가 새궁전으로 건설하였고, 18세기 후반 증축과 개축이 이루어졌다. "북유럽의 베르사이유궁"이라고도 불리는 이 궁전은 1981년 이후 스웨덴 왕가에서 사용하고 있다. 프랑스 바로크 양식으로 지어진 3층 건물로서, 넓은 테라스와 22개의 방을 두고 있다. 1층에 있는 왕비의 침실은 화려한 장식품들로 호화롭게 꾸며져 있으며, 칼 11세 전시실은 1675~1679년의 덴마크와의 전쟁 장면이 그려진 회화 12점으로 장식되어 있다. 정원 한 모퉁이에 있는 중국식 정자는 로코코 양식으로 되어 있으며, 그 안은 중국 도자기와 시계, 옻칠을 한 장식판으로 장식되어 있다. 정원은 잘 다듬은 정원수, 분수, 청동 조각상을 배치하여 프랑스식으로 꾸몄으며, 주위에는 지형을 자연스럽게 이용한 영국식 정원이 펼쳐져 있다. 궁전 근처에 있는 드로트닝홀름 궁전 극장은 1754년 화재로 불탔으나, 1766년에 재건되었다. 이곳에서는 많은 오페라 작품이 상연되거나 화려한 연회가 베풀어졌으며, 오늘날에도 공연장으로 사용되고 있다. 1989년 유네스코에서 세계문화유산으로 지정하였고, 1991년에는 지정범위를 확대하였다.

스칸센(Skansen) 민속원은 스웨덴 민속학자이자 교육자인 하셀리우스(Artur Hazelius)가 1891년에 설립한 세계 최초의 야외박물관이다. 스칸센은 '요새'라는 의미로서, 그 명칭은 이 민

스칸센 민속원

속원이 스톡홀름 중앙에 있는 스칸센 유적지에서 세워진 데서 유래한다. 스칸센 민속원에서는 17세기~20세기에 만들어진 건물과 농장을 볼 수 있다. 내부의 장식이 당시의 양식으로 재현되어 있는 시설과 건축물 150여 개 정도를 둘러 볼 수 있다. 그 가운데 유명한 것은 1729년에 건축되고 1916년에 스칸센으로 옮겨온 세그롤라 교회, 17세기의 영주 저택 등이다. 그 밖에도 여기에는 동물원, 수족관, 임업전시관, 담배 박물관이 설치되어 있다. 특히 동물원에는 70개의 사육소에서 사육되고 있는 다양한 동물들을 볼 수 있다. 여기서는 말, 소, 닭, 오리 등의 전통적인 가금류를 비롯하여 갈색곰, 엘크, 순록, 늑대, 스라소니, 바다표범 등 스칸디나비아 산 동물과 북유럽 야생동물들이 사육되고 있다.

아울러 스칸센 민속원에서는 연중 다양한 행사가 개최되고 있다. 클래식 콘서트, 오페라, 재즈, 팝 등의 음악공연과 민속무용 등이 개최된다. 국경일인 6월 6일에 열리는 경축 행사는 스웨덴 왕족들이 참석한 가운데 진행되며, 또한 텔레비전을 통해 생방송된다. 그 밖에도 12월 10일~17일 사이에 행해지는 크리스마스 행사와 12월 31일 밤의 새해맞이 행사도 유명한 연례행사이다.

바사박물관 안의 바사호

바사박물관(Vasamuseet)은 스톡홀름 스칸센의 서쪽에 위치한 박물관으로, 여기에는 스웨덴에서 가장 오래된 전함인 바사호가 전시되어 있다. 바사 왕가의 구스타브 2세(Gustav II)가 재위하던 1625년에 건조되어 1628년 8월 10일의 처녀 출항 때 침몰한 배인 바사호는 당시 국내외 귀빈이 지켜보는 가운데 진수식을 하자마자, 열린 포문 사이로 물이 스며들어 수 분 만에 침몰되고 말았다. 이 사고로 배에 승선하고 있던 150 여명 중 30여 명이 익사하였다. 침몰한 바사호는 1956년 해양 고고학자인 안데스 프란첸(Anders Franzen)에 의해 발견되어 333년만인 1961년에 인양되었는데, 인양된 배에서 25구의 유골이 발견되었다. 바사호는 1962년부터 임시 박물관에 있다가 1988년 새로운 박물관으로 이전하여 1990년 바사 박물관으로 개관하였다. 이곳은 스칸디나비아에서 관광객들이 가장 많이 찾는 박물관으로 바사호에 관련된 자료와 수장품 등이 전시되어 있다.

바사박물관

(2) 웁살라

웁살라(Uppsala Universitetet)는 스톡홀름에서 북쪽으로 66㎞ 지점에 위치해 있는, 1550년의 역사를 가진 옛 도시이다. 중세에는 거대한 성당이 세워지는 등 종교의 중심지로 발전하였으며, 1477년에는 이곳에서 프랑스의 파리대학이나 이탈리아의 볼로냐 대학과 맞먹는 웁살라 대학이 창설

웁살라 대학 본관

되면서 교육 도시로서 명성을 갖게 되었다.

웁살라에 있는 웁살라 대학은 식물학자 린네(Carl von Linne)를 배출한 대학이다. 웁살라 대학에는 1663년에 세워진 구스타비아눔(Gustavianum)이라는 건물이 있는데, 이 건물에는 해부학 강의실, 고대 이집트 유물을 전시한 박물관, 북유럽의 유산을 전시한 박물관 등이 있다. 그 뒤쪽에는 대학 본관이 있는데, 그 건물은 네오 클래식 풍으로 1880년대에 세워진 건물이다. 여기에는 200명을 수용하는 대강당, 강의실 등이 있다. 본관 남쪽에 있는 대학도서관에는 2,000만권의 장서가 보관되어 있는데, 그 가운데 525년에 한 사제가 쓴 "은의 성서"는 보라색 양피지에 은문자로 기록한 것으로, 현존하는 세계 유일의 고트(Goth)어 서적으로 알려져 있다.

린네 박물관

웁살라에 있는 린네 박물관(Linnaeus Museet)은 18세기의 세계적인 식물학자 린네가 식물을 연구하던 집이다. 현재는 박물관이 되어 그의 유품과 웁살라 출신 화가들의 그림들이 전시되고 있다. 1,000종이 넘는 화초가 자라는 정원과 함께 내부가 공개되고 있다.

웁살라성(Uppsala Slott)은 스웨덴 왕국의 창시자인 구스타프 바사의 명령에 의해 16세기에 지어진 요새이자 성이며, 왕실의 주거지이기도 했다. 스웨덴 왕들은 성의 앞쪽 언덕 아래에 있는 웁살라 대성당에서 대관식을 하고 이곳에서 연회나 축하파티를 했다고 전해진다. 이 웁살라 성은 18세기에 큰 화재로 불탔으나, 1757년에 복원하여 오늘날에 이르고 있다. 현재 지사의 공간으로 사용되고 있으며, 일부만 공개되고 있다.

웁살라 대성당(Domkyrkan)은 13세기 후반에 착공하여 150년 후에 완공된 스웨덴 루터교회파의 총본산이다. 높이 약 120m인 2개의 첨탑은 1702년의 화재로 불타고 지금의 성당은 19세기 후반에 복원된 것이다. 성당 내부의 석관에는 스웨덴 국부 구스타프 바사왕과 두 왕비가 잠들어 있고, 그 옆의 관에는 수호 성인인 에릭(Erik)이 잠들어 있다.

웁살라 대성당

04

핀란드

핀란드는 북유럽 발트해 연안에 위치한 나라로서, 정식 명칭은 핀란드 공화국(Republic of Finland)이다. 북쪽으로는 스웨덴, 노르웨이와 국경을 접하고 있고, 서쪽으로는 보스니아만과, 남쪽으로는 핀란드만과 마주하고 있으며, 동쪽으로는 러시아와 국경을 접하고 있다. 간단히 말하면 핀란드는 스웨덴과 러시아 사이에 위치한 나라라고 할 수 있다. 국토의 면적은 약 338,000㎢ 이며, 동서의 최장 길이는 540㎞, 남북의 최장 길이는 1,165㎞이다. 국토의 형태가 남북으로 긴 모양을 하고 있다.

핀란드 하면 삼림, 호수, 백야를 떠올릴 수 있다. 끝없이 펼쳐진 침엽수림이 국토의 65%를 점하고 있으며, 6만개가 넘는 호수와 습지가 국토의 10%를 차지하고 있다. 농경지는 8% 정도에 불과하다. 지축이 지구의 공전궤도면에 대해서 기울어 있어서 백야 현상이 하지(夏至)를 전후하여 나타난다. 이 백야 현상은 밤에도 하늘이 희미하게 빛나는 박명현상으로서, 북위 48° 이상의 고위도 지방에서 생겨나는 현상이다. 그리하여 북부 핀란드의 여름은 하루 종일 태양이 내리쬐는 현상이 벌어지고, 우트스요키(Utsjoki)라는 지역에서는 가장 긴 여름날이 2개월 동안이나 계속된다.

핀란드의 기후는 지형에 따라 다양하게 나타나지만, 발트해의 영향으로 위도에 비해 온난한 편이다. 국토가 남북으로 긴 까닭에 남부와 북부간의 기온 차이가 크다. 여름의 평균기온은 16℃ 정도이고 이 때 낮의 길이가 무려 19시간에 이른다. 반면에 겨울의 평균 기온은 -3.6℃ 정도이며, 11월부터 이듬해 3월 중순까지 밤의 길이가 매우 길다. 북부지역의 경우 10월 중순부터 이듬해 5월 중순까지 눈을 볼 수 있다. 그렇지만 전반적으로 습기가 적어서 체감 온도는 따뜻한 편이다.

핀란드의 인구는 약 521만명이며, 인구의 90% 이상이 핀족(Finns)으로 이루어져 있다. 핀족은 핀란드 및 북유럽에 거주하는 우랄알타이어계의 민족으로서, 원래 아시아로부터 유입되어 온 것으로 추정된다. 핀란드라는 나라 이름도 이들에게서 유래하였다. 인구의 6%가 스웨덴어를 사용하며, 핀란드는 공식적으로 이중 언어국이다. 핀란드-스웨덴어(Finlandssvenska)는 스웨덴에서 쓰이는 말과 매우 유사하다.

핀란드의 국기는 '청십자기' (Siniristilippu)라고도 불리며, 20세기 초부터 사용되었다. 흰색 배경에 파란색 북유럽 십자가가 특징인 이 국기는 1918년 법률적으로 공식적인 국기로 인정되었다. 국기의 파란색은 핀란드의 수많은 호수와 하늘의 상징하며, 흰색은 겨울의 눈으로 덮인 하얀 토지를 의미한다. 핀란드 국기는 특이하게도 일반 국민들이 사용하는 일반 국기와 국가 기구에 의해 사용되는 국기가 다르다. 모든 핀란드인들은 필요에 따라 일반 국기를 게양할 권리를 가진 반면, 정부 국기는 국가 조직체에서만 사용하도록 되어 있다. 정국 국기는 파란 십자가 가운데 핀란드의 국장(붉은 정사각형 바탕의 바닥에 타타르인의 굽은 칼이 놓여 있으며, 유럽의 칼을 들고 있는 금색 사자 모양임)이 추가되어 있다.

1. 핀란드의 음식

핀란드의 음식은 대개 스웨덴과 러시아의 영향을 많이 받아 형성되었으며, 다른 북유럽의 요리처럼 비교적 간단하다. 호밀, 보리, 귀리와 같은 정맥하지 않는 곡물을 사용하고, 블루베리, 월귤, 산자나무 열매, 호로딸기 등과 같은 딸기류 열매를 많이 사용한다. 반면에 향신료는 일반적으로 거의 사용하지 않는다. 과거에는 핀란드의 음식이 지역마다 차이가 있었다. 즉 해안가나 강변가에서는 주로 생선을 주요한 요리의 재료로 삼았으며, 동쪽 지방과 북쪽 지역은 야채와 순록 고기를 일반적으로 사용했다.

그러나 현재의 핀란드 음식은 전통적인 음식에 현대의 대륙풍 음식인 오뜨 퀴진(haute cuisine, 숙련된 요리사에 의해 섬세하게 만들어지고 아름답게 장식된 최고급 요리임)을 결합한 형태로 바뀌고 있다. 생선과 고기는 핀란드 서부 지역의 음식으로 중요한 재료였고, 야채와 버섯은 동부 지역 음식의 중요한 재료였다. 그 중에서 특히 버섯은 2차 세계 대전 동안 카렐리아의 피난민들에 의해 뒤늦게 서구식 식사법으로 소개된 것이었다.

핀란드의 기본적인 아침식사는 오트밀이나 빵처럼 대륙풍의 음식으로 이루어져 있다. 점심은 대부분 따뜻하게 먹는 정식으로 먹고 있으며, 대개 직장에서 구내 식당에서 해결한다. 새로운 핀란드식 음식들은 양이 적어지고 가벼워지고 있다. 그러면서도 다양한 몇가지 채소를 포함하는데, 이것은 유럽과 미국 음식에서 영향을 받은 것이다.

칼라쿠코

핀란드인들이 즐겨 먹는 대표적인 요리 가운데 하나는, 돼지고기와 담수어를 차례로 채워서 구운 빵인 칼라쿠코(Kalakukko)이다. 또한 8월~9월 중순에 제 맛을 내는 가재 요리 역시 선호하는 음식이다. 이 음식은 맨손으로 입 가장자리를 더럽히면서 먹고, 시끄럽게 먹는 것이 특징이다. 그 밖에 쇠고기, 돼지고기, 양고기 등을 2cm 정도로 썰어 양파와 후춧가루로 양념을 하여 삶은 감자와 함께 먹는 요리인 카렐리야식 스테이크(Karjalan Paisti)도 즐겨 먹는 요리이

순록 고기

다. 순록의 혀(Poronkieli), 순록고기 로스트(Poronpaisti) 등도 자주 이용되고 있다. 그리고 감자는 여러 가지 생선이나 고기소스에 따라 나오는 기본 음식이다. 일부 전통음식은 사냥한 짐승이나 새를 요리하여 만들기도 하는데, 여기에는 뇌조, 순록 스튜, 훈제 연어, 절인 연어 등이 해당한다.

2. 핀란드의 교육

핀란드는 고유의 언어와 문화, 전통을 지켜온 부유한 나라이자, 국가 경쟁력 1위, 투명성 1위에 빛나는 나라이다. 특히 교육 부분에서 두드러진 성과를 발휘하고 있다. 국제 학력 평가(PISA)에서 줄곧 높은 성적을 거두고 있어서 다른 나라들의 부러움을 사고 있다. 핀란드 교육이 이처럼 높은 성과를 나타내는 까닭은, 바로 평생 동안 지속되는 무상교육 시스템에서 찾을 수 있다. 국가가 국민들의 출신과 배경에 상관없이 타고난 재능을 발휘할 수 있도록 교육의 기회를 제공한다. 국민들의 훌륭한 학문적 성취가 가능하도록 국가가 학교별로 교육 예산을 든든하게 지원해 주는 것이다.

핀란드 학교에는 학년제가 있지만, 개인의 학습 속도에 따라 2년~4년 만에 졸업할 수도 있다. 그리고 학교에서는 대개 영어 몰입교육을 실시하고 있다. 교사는 학생들에게 영어로 말하고 쓰고 듣는 기회를 주면서 학생들이 생활 속에서 자연스럽게 몰입교육에 빠져들게 한다. 방과 후에는 운동이나 미술같은 취미 활동을 할 수 있고, 과학 클럽에도 참여할 수 있다. 핀란드 학교에는 최고 수준의 우수한 교사진을 갖추고 있으며, 교사들은 대개 기본적으로 석사 학위 이상을 갖고 있다.

수업도 지정한 학습 진도에 맞춰 수업하는 것이 아니라, 아이들 수준에 맞추어 개별수업을 진행한다. 그렇게 심혈을 기울여 수업을 하다 보니 핀란드 사람들에게는 교사가 존경하는 직업으로 인식되어 있다. 매년 4, 5천 명의 학생들이 교사가 되기 위해 지원하지만, 선발되는 인원은 700명~800명에 불과하다. 거의 10:1의 경쟁율이다. 이런 교사의 지위와 노력이 핀란드 교육을 진보시키는 힘이다.

또한 핀란드 교육에서는 "단 한 명의 학생도 포기하지 않는다"는 목표를 내세우고 있다. 유치원에서부터 대학까지 모든 학비가 무료인 데다, 자기주도 학습을 통해 학생들이 스스로 공부하고 꿈을 실현시킬 수 있도록 교육제도가 완비되어 있다. 한마디로 수월성과 평등성을 동시에 성취하는 교육제도라고 할 수 있다.

3. 핀란드의 관광지

(1) 헬싱키

핀란드의 남쪽 끝에 위치한 헬싱키(Helsinki)는, 핀란드의 정치, 경제, 문화의 중심지이자, 수도이다. 유럽 대륙 각국의 수도 중 가장 북쪽에 위치해 있다. 인구 52만명이 거주하고 있으며, 60 여개의 박물관, 레스토랑, 카페가 있다. 또한 자연을 마음껏 누릴 수 있어서 관광객의 낙원이라 할 만한 곳이다. 스웨덴의 구스타프 바사 왕(Gustav Vasa)이 1550년에 여기에 도시를 세운 까닭은, 핀란드만에 있던 탈린(Tallin)과 경쟁하기 위해서였다. 그러나 헬싱키는 1713년과 1808년에 발생했던 대화재로 인해 상당부분 소실되고 말았다. 그 뒤 1852년에 이르러 독일 출신의 건축가 C. L. 엥겔의 영향을 받아 완전히 재건되었다. 이 때 정부 청사, 헬싱키대학교 본관, 루터교 성당 등도 세워졌다. 헬싱키에는 유명한 건물이 많이 있는데, 그 가운데서도 세우라사리 야외박물관, 헬싱키 대성당, 원로원 광장, 아테네움, 핀란드 국립박물관, 암석교회, 세벨리우스 공원 우스펜스키 성당, 헬싱키 대학교 등은 반드시 둘러보아야 할 명소이다.

먼저 세우라사리 야외박물관(Seurasaaren Ulkomuseo)은 헬싱키의 서쪽 세우라사리 섬의 약 1/3을 차지하는, 숲 속에 조성된 박물관이다. 공원 역할까지 겸하고 있는 이 박물관에서는 고대의 사우나, 17세기의 교회, 중세의 풍차, 농가, 민가 등이 전시되어 있다. 또한 박물관 내에는 나무로 된 민예품과 도구 등도 진열되어 있으며, 6

월 하지에는 불꽃놀이와 포크 댄스 등 다양한 축제가 열린다.

헬싱키 대성당

헬싱키 대성당(Tuomiokirkko)은 알렉산테린 거리의 동쪽 끝에 있는 원로원 광장(Senaatintori)에 위치한 성당으로서, 헬싱키의 상징이라고 할 수 있다. 이곳은 핀란드 루터파의 총본산이기도 하다. 1830년에 착공해 22년 만인 1852년에 완공된 대성당의 건물은 밝은 녹색을 띠고 있는 산화된 구리돔과 흰색 주랑이 조화를 이루고 있어 매우 아름답다. 바다에서 바라보았을 때 밝은 녹색 돔과 하얀 주랑이 조화를 이룬다. 신고전주의 건축 양식으로 만들어진 대표적인 성당이기도 한 이 성당은 1917년 핀란드 독립 전까지 '성 니콜라우스 성당' 이라고 불렸다. 매년 35 만명 정도의 사람들이 대성당를 방문하며, 그들 가운데에는 예배에 참석하는 사람들도 있다. 각종의 국가적인 종교 행사가 이곳에서 거행되며, 예배당에서는 파이프 오르간 연주회도 종종 열린다.

대성당이 위치한 원로원 광장(Senaatintori)은 중앙역에서 도보로 2분 거리에 있는 광장으로서, 약 40만 개의 화강석이 깔려 있다. 광장의 중앙에는 러시아의 황제 알렉산드르 2세의 상이 있다. 광장 주위로는 대통령 관저와 헬싱키 대학, 도서관 등이 들어서 있는데, 모두 1820~1840년 사이에 세워진 핀란드 건축의 정형들이다. 대성당 앞에는 가게들이 있으며, 여름에는 노천 까페가 설치된다.

아테네움 미술관(Ateneum Taidemuseo)은 헬싱키 역에서 동쪽을 바라보면 보이는 멋진 건물이다. 역에서 걸어서 2~3분이면 당도할 수 있는 이곳은 19세기 중엽에 일어난 민족 의식 고양 운동의 결정체라고 할 수 있다. '아테네움' 이란 미술관의 이름은 그리스 여신인 '아테나' (Athena)의 이름에서 나온 것이다. 미술관이 생기기 전에는 핀란드 예술협회에 의해 수집된 다수의 미술품이 시내 곳곳에 분산되어 전시되었다. 그 뒤로 핀란드 고유의 문화를 보존하자는 의식 고양 운동이 일어나게 되었고,

이를 기반으로 카를 구스타프 에스틀란데르(Carl Gustaf Estlander)가 기획하고, 헬싱키의 유명한 건축가 테오도르 회이에르(Theodor Höijer)가 설계하여 공사한 끝에 1887년에 아테네움 미술관을 개관하게 되었다. 개관 당시 건물을 헬싱키 미술학회와 시각 디자인학회가 나누어 운영하다가, 1990년 핀란드 국립미술관으로 합병되어 건물 전체가 아테네움 미술관으로 활용되고 있다.

아테네움 미술관

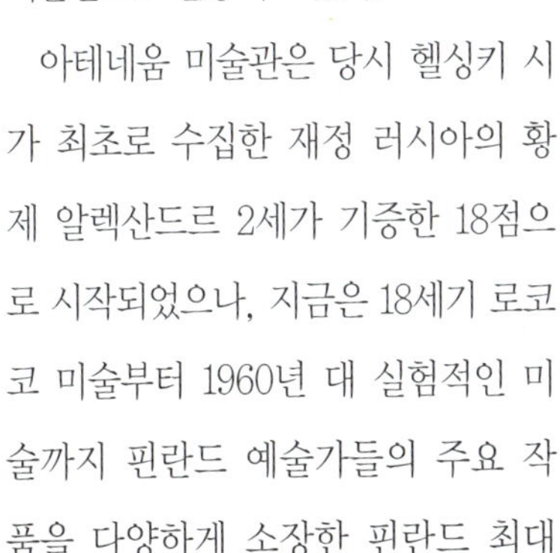

아테네움 미술관은 당시 헬싱키 시가 최초로 수집한 재정 러시아의 황제 알렉산드르 2세가 기증한 18점으로 시작되었으나, 지금은 18세기 로코코 미술부터 1960년 대 실험적인 미술까지 핀란드 예술가들의 주요 작품을 다양하게 소장한 핀란드 최대 규모의 미술관이 되었다. 핀란드 미술계의 중추적인 존재로 자리잡은 이 미술관에는 핀란드 문화를 대표하는 작품인 아크셀리 갈렌 칼레라(Akseli Gallen-Kallelan, 1865~1931)의 "레민케이넨의 어머니"(Lemminkäinen's Mother)의 작품을 비롯하

레민케이넨의 어머니

여 마그네 엥겔, 푸고 신베리, 알베르트 에델펠트의 작품들이 소장되어 있다.

핀란드 국립박물관(National Museum of Finland)은 만네르헤민 거리에 있는 박물관으로서, 1902년에 사리넨, 린드그렌, 게셀리우스라는 3명이 공동으로 설계하여 만든 곳이다. 헬싱키 중앙역에서 서북쪽으로 도보로 10분 거리에 있는 핀란디아홀(Finlandia Hall)과 마주 보고 있으며 고대 성당을 개조해서 박물관으로 만들었기 때문에 찾기가 매우 쉽다. 육중한 구리 문을 열고 들어가면 과거의 세계로 들어설 수 있는데, 여기에는 석기 시대부터 현대에 이르는 핀란드 역사를 살펴볼 수 있는 자료가 시대별로 전시되어 있다. 각 시대의 전시실에는 그 시대의 생활용품, 수렵, 도구, 유리 켈렉션, 민속의상, 교회 변천사를 알 수 있는 자료들이 전시되어 있다.

암석교회

암석교회(Temppeliaukion Kirkko)는 암석으로 된 독특한 디자인의 교회로서, 1969년 티오모와 투오모 수오마라이넨 형제가 설계하여 바위산에 만든 것이다. 이 교회는 기존의 교회의 모습을 완전히 깨뜨린 최첨단의 교회로, 내부는 천연 암석의 특성을 살린 독특한 디자인으로 되어 있다. 암석 사이로 물이 흐르고, 파이프 오르간이 설치되어 이색적인 모습을 연출한다. 자연의 음향효과를 충분히 고려하여 디자인했기에 음악회장으로도 자주 이용되고 있다. 주말에는 여기서 결혼식도 자주 열린다. 암석교회에는 알비노 성가를 듣기 위해 많은 방문객들이 찾고 있다.

시벨리우스 공원(Sibelius Park)은 핀란드의 세계적인 현대 작곡가인 얀 시벨리우스(Jean Sibelius)를 기념하기 위해 만든 공원이다. 여류 조각가인 에일라 힐투넨(Eila Hitunen)이 1967년에 24톤의 강철을 이용하여 파이프 오르간 모양의 시벨리우스 기념비와 시벨리우스 두상을 만들었다. 시벨리우스는 평생을 조국인 핀란드에 대한 사랑과 용감한 사람들의 생애를 주제로 작곡한 사람인데, 그는 러시아 압제에 굴

하지 않은 핀란드 국민의 영광을 기리기 위해 가장 핀란드적인 음악을 작곡했다. 그의 대표작은 고행시인 '핀란디아'(Finlandia)이다. 현재 시벨리우스 공원에는 작은 호수가 나무들이 있고, 근처의 바닷가에서 상쾌한 바람이 불어와 헬싱키 시민의 쉼터가 되고 있다. 시가지 북서쪽 요트항에 면해 있는 이곳은 모든 투어가 이곳을 포함시킬 만큼 명소화되어 있다.

시벨리우스 공원

공원 내의 시벨리우스 두상

우스펜스키 성당(Uspenskin Katedraali)은 카우파 광장의 동쪽 끝에 있는 다리 옆에 있는 러시아 정교의 대성당이다. 1868년에 성모 성천 대축일을 기념하기 위해 붉은 벽돌로 지은 핀란드 최대의 러시아 정교회로서, 핀란드가 러시아의 지배를 받고 있던 1868년에 러시아의 건축가인 알렉세이 고르노스타예프(Aleksei Gornostaev)가 설계하고 30년 간의 공사 끝에 완성한 비잔틴 슬라브 양식의 아름다운 건물이다. 건물의 모양은 머리에 양파 형 돔과 황금의 십자가를 올려 놓은 형태를 하고 있다. 건물이 붉은 빛을 띠는 이유는, 1854년 크림 전쟁으로 파괴된 스웨덴 올란드의 요새의 붉은 벽돌을 재활용하여 지었기 때문이다. 내부로 들어가면 화려한 황금색의 제단이

있고, 천장과 제단의 뒤쪽으로 푸른 바탕 위에 수많은 황금색의 별이 그려져 있어 신비로운 분위기를 느낄 수 있다. 붉은 벽돌로 된 반구형 천장에는 천연물감으로 그린 그리스도와 12사도의 그림이 있다. 러시아 정교는 신교와는 달리 성모와 각 성인들에 대한 신앙도 각별하여 이들의 그림을 사원 내부 곳곳에 그려 놓았다. 성모에게 바쳐진 보석이나 각종 귀중품을 모아 만든 액자와 예수를 비롯하여 12사도를 그린 매우 화려한 황금액자 등도 볼 수 있다. 이 사원을 방문하기 위해서는 경건한 자세를 유지해야 한다. 외투를 벗고 모자도 써서는 안되며, 신을 대할 때는 반드시 서서 대해야 한다. 예배나 기도도 서서 해야 한다.

우스펜스키 성당

헬싱키 대학교(Helsingin yliopisto)는 헬싱키에 소재한 대학교로서, 스웨덴 제국 시절인 1640년에 투르쿠 시에서 투르쿠 왕립 아카데미라는 이름으로 설립되었다.

1828년에 투르쿠 대화재 후 투르쿠에서 헬싱키로 옮겼으며, 1917년 핀란드가 주권국민국가가 되었을 때 헬싱키 대학교로 개명되었다.

헬싱키 대학교

그 밖에도 헬싱키에서는 라이티올리케넨네 박물관, 에렌스베르드 박물관, 반타, 뉴크지오 국립공원, 황야인 에스프 등 방문할 곳이 많으며, 헬싱키 시내에서 구경하고 쇼핑하는 것도 큰 즐거움이 된다. 고전적이면서도 우아하고 화려한 디자인의 수공예품들을 이곳에서 구경하고 구입할 수 있다.

05

노르웨이

노르웨이는 스칸디나비아 반도의 서부에 길게 자리잡은 나라로서, 정식 명칭은 노르웨이 왕국(Kingdom of Norway)이다. '노르웨이' 라는 명칭은 "북방의 길", 곧 북쪽으로 나아가는 길목이라는 의미를 지니고 있다. 노르웨이는 동쪽으로는 스웨덴, 핀란드, 러시아와 국경을 접하고 있고, 서쪽으로는 노르웨이해, 북해, 대서양과 마주하고 있다. 노르웨이의 면적은 약 32,4000 ㎢이며, 인구는 약 470 만명이다. 넓은 바다와 접해 있는 관계로 수산물의 생산량이 유럽 1위를 차지하고 있다. 또한 노르웨이는 유럽 최대의 원유생산국이기도 하다.

국토는 남북으로 길게 뻗어 있으며, 대부분 1,000m~2,000m의 고원을 이루고 있다. 노르웨이의 자연에서 빼놓을 수 없는 것이 피요르드(Fiord)이다. 피요르드는 거대한 빙하가 남하하면서 생긴 협곡으로 그 길이가 매우 긴 것이 특징이다. 특히 서부에 있는 송네 피요르드(Sognefjord)는 그 길이가 무려 204㎞로서, 세계에서 가장 긴 피요르드이다. 노르웨이는 섬이 많기로도 유명한데, 그 숫자가 15만개가 넘는다. 서해 바닷가의 해안선의 길이도 27,000㎞나 되는데, 이 길이는 지구를 반바퀴 돌고도 5,000㎞가 남는 거리이다. 이처럼 해안선이 긴 까닭은 빙하 때문이다. 피요르드는 흐르지도 움직이지도 않는 침묵의 수면으로서, 폭은 좁고 수심은 최고 1,200m가 된다.

노르웨이는 국토의 대부분이 북극권에 속할 만큼 북쪽에 위치해 있지만, 멕시코 만류의 영향으로 비교적 따뜻한 기온을 보이며, 사계절을 갖고 있다. 봄과 가을은 잘 느끼지도 못할 만큼 빨리 지나가지만, 여름과 겨울은 매우 길다. 특히 여름에는 해가 지지 않는다. 반면에 겨울에는 해가 없는 대신 눈이 천지를 뒤덮고 있다.

노르웨이는 스웨덴과 더불어 사회보장제도가 잘 갖추어진 나라이다. 사회복지 지출은 GDP의 25%에 달하며, "개인의 성공 여부와 관계없는 생활 안정"이란 슬로건을 내걸고 있다. 그래서 국가 재정의 50% 가까이가 연금으로 지출되는데, 연금을 받을 수 있는 나이는 67살부터이다.

노르웨이의 국기는 1821년 7월 13일에 제정되었는데, 그 형태는 덴마크 국기에 청십자를 겹친 것이다. 다시 말해 덴마크의 국기 형태인 붉은색 바탕에 그려진 하얀색 스칸디나비아 십자 안에 파란색 스칸디나비아 십자가 그려져 있는 형태를 하고 있다.

1. 노르웨이의 축제

(1) 바이킹 축제

바이킹 축제 모습

노르웨이는 길고도 추운 겨울이 있는 나라이다. 따라서 지겨운 겨울이 끝날 즈음에 "바이킹 축제"를 열어 반가운 봄의 도래를 서로에게 축하한다. 또한 바이킹 축제는 헌법 제정 기념일인 5월 17일을 기념하는 축제이기도 하다. 1844년 5월 17일에 노르웨이는 민족의 독립을 선포하고 제헌 정부를 수립하였는데, 이 날을 기념하여 다채로운 행사를 벌인다. 바이킹은 원래 바닷길로 무역을 하거나 미지의 세계를 탐험하던 사람들이었다. 혹독한 추위와 불모의 땅에 살면서 남쪽 지방에서 필요한 물자를 획득했다. 그래서 그들은 "시장에서 장사하는 사람", "국외로 모험을 떠나는 사람"들로 알려져 있었다. 바이킹은 주로 노르웨이를 본거지로 하지만, 중동에서부터 북미 대륙에까지 활동범위가 넓었고, 그들의 활동은 영국, 프랑스 등 유럽 각국과 러시아 내륙의 키예프공국까지 영향을 끼쳤다.

노르웨이에서 5월 17일은 미국의 독립기념일인 7월 4일, 프랑스 혁명이 일어나 7월 14일과 같은 의미를 가진 날이다. 이 날이 되면 노르웨이에서는 수도인 오슬로에서 어린이를 위한 다채로운 행사를 벌인다. 전국에서 올라온 수만명의 어린이들이 악대를 앞세우고 줄지어 행진하는데, 이것이 바이킹 퍼레이드이다. 어린이들은 왕과 왕족들에게 경의를 표하기 위해서 왕궁을 지난다. 이 때 빨간색 바탕의 십자무늬가 새겨진 노르웨이 국기, 학교 깃발 등이 휘날린다. 이 때가 되면 많은 관광객들이 바이킹 축제를 보기 위해 모여 든다. 그리고 호수에 배를 띄우고 바이킹 복장을 한 남녀가 배 위에서 연극과 다양한 공연을 벌이며 민족의 일체감을 공유한다. 배 위에서의 공연은 주로 바이킹의 전투를 실감나게 재현하는 것으로 구성된다. 또한 행사의 일환으로 바이킹에 관심있는 후손들이 조상의 고향인 노르웨이 서쪽 해안의 작은 섬인 카르뭬이의 부케이에 모여 조상들이 살던 방식으로 1주일 간 숲속생활을 하기도 한다. 전쟁놀이를 하거나 대장간에서 옛날 방식으로 무기와 생활도구를 만들며 장터를 열어 조상들의 삶을 그대로 실제로 체험한다. 이런 행사를 통해 그들은 바이킹 선조들의 개척정신과 용맹성, 탐험정신, 뛰어난 항해술 등을 확인하게 된다. 이 때 바이킹의 후예들은 수공예품을 만들어 관광객들에게 팔기도 하고, 선조들의 모습을 보여주기 위해 연극을 하기도 한다.

2. 노르웨이의 음식

노르웨이는 세계적인 어업국으로서 수산물이 풍부한 나라이다. 그래서 그들은 대개 수산품을 말리거나 소금에 절여서 보관해서 먹는다. 주로 대구, 연어, 장어, 가재, 청어, 대구, 송어 등을 요리해서 먹는데, 그 가운데 유명한 음식은 바로 대구(cod)와 연어(salmon)를 이용한 음식이다. 대구는 대개 건조시키거나, 소금에 절인 것을 먹는데, 이 가운데 소금에 절여 건조시킨 대구가 더 상품성이 좋고 비싼 가격에 거래된다. 노르웨이의 대구가 세계적으로 유명한 까닭은, 잡는 수량도 많지만, 대구를 건조시키는데 가장 중요한 기후조건을 갖고 있기 때문이다. 대구를 건조하는데 이상적인 기후 조건은 매우 까다롭다. 즉 곤충과 세균의 번식을 막기 위해서는 0℃에 가깝게 내려가야 할 만큼 날씨가 선선해야 한다. 그러나 기온이 영하로 내려가지 않아야 한다. 또한 비가 많이 내리면 안되고, 서리가 많이 내려서도 안된다. 이런 조건을 만족시킬 수 있는 곳이 바로 노르웨이이다. 그래서 노르웨이에서 생산된 건대구는 세계 최고로 인정받는다. 여기에서 3~4개월 동안 선선한 바람과 햇살 아래 짭잘한 바다 내음을 머금게 되면, 노르웨이의 유명한 대표 전통음식인 건대구(tørrfisk)가 된다.

연어(salmon) 또한 노르웨이에서 중요한 요리 재료이다. 해마다 약간씩 바뀌기는 하지만 2005년 타임지가 선정한 세계 10대 웰빙 식품 가운데 수산물로 유일하게 뽑힌 것이 바로 연어였다. 영양소가 풍부하면서도 칼로리가 적고, 단백질 함량이 높은 스테미너 식이다. 또한 EPA나 DHA가 풍부하게 들어있는 것도 장점 중에 하나이다. 이처럼 건강에 좋은 연어는 세계적으로 노르웨이 산이 으뜸으로 간주되고 있다. 그것은 노르웨이 인근 바다가 수온이 낮고 청정하기 때문이다. 특히 연어의 제철이라 할 수 있는 9월~11월 사이의 산란기가 되면, 노르웨이의 모든 어시장에서 연어를 볼 수 있다. 연어는 스테이크, 훈제 샐러드 등 여러 요리법으로 먹을 수 있어서, 모든 유스 호스텔에서 아침식사 메뉴로 연어를 먹을 수 있다.

노르웨이 음식 가운데 가장 유명한 것은 콜보르(Koldbord)이다. 이 음식은 노르웨이 뿐만 아니라, 북유럽 여러 나라에 공통되는 바이킹 음식으로서, 생선요리를 중심으로 갖가지 메뉴를 모아 놓는 것이다. 생선 요리 중에서도 식초로 절인 청어나 훈제 연어를 중심으로 하고, 그 밖의 여러 음식들을 예쁘게 코디네이션한 음식이다. 콜보르는 옛 날 바다의 해적인 바이킹들은 하나의 마을 또는 지역을 점령하게 되면 그 곳의 음식물들을 전부 모아 길다란 또는 커다란 테이블에 모아놓고 각자 먹고 싶은 음식들을 덜어서 먹은데서 유래하였다. 우리가 잘 알고 있는 뷔페(Buffet)도 여기에서 나왔다. 바이킹 시대를 지나 이런 식사의 유형은 집에서 음식을 준비해 하나로 모아놓고 손님들을 초청해 대접하는 문화로 이어졌고, 2차 세계대전 이후 세계 각지로 퍼져나가게 되었다. 그러므로 콜보르는 접시에 나오는 하나의 음식이라기 보다 음식을 먹는 하나의 방법이라고 볼 수도 있다.

콜보르

다른 음식으로는 로스티드 라인디어(Roasted Reindeer)가 있다. 여기서 Roast는 오븐에 굽는다 라는 뜻이고, 라인디어는 순록이다. 따라서 로스티드 라인디어는 순록 고기를 구운 음식이다. 순록 고기는 보통 스테이크식으로 먹는다. 그 밖에 순록보다 훨씬 큰 종으로서 엘크(Elk)라는 동물도 같은 방식으로 먹는다. 이 엘크는 순록보다 덩치가 크고 특히 뿔이 매우 큰 것이다. 맛이 매우 좋기에 엘크 음식 또한 노르웨이의 별미로 여겨진다.

그 밖의 유명 음식으로는 100% 산양의 젖으로 만든 갈색 치즈, 곧 가이토스트(Geitost)가 있다. 이것 역시 우리나라의 고추장 · 된장처럼, 노르웨이의 식탁에 빠지지 않고 등장하는 노르웨이의 대표 음식 중 하나이다. 연어처럼 모든 유스호스텔의 아침식사에서 볼 수 있었는데 보통 치즈라면 슬라이스로 되어 있지만, 이 치즈는 끌 같은 것으로 몸쪽으로 긁어서 먹는다. 그러나 맛이 매우 역하기에 한국 사람들이 먹기 어려운 점이 있다.

아울러 노르웨이 샌드위치인 스모르브로드(Smorbrod)도 노르웨이인들이 즐겨 먹는 음식이다. 보통의 샌드위치는 위, 아래층으로 식빵을 놓고 그 사이에 잡 것들을 넣어 먹는 걸 말하지만, 이 음식은 식빵을 아래에만 깔아놓고 위로 덮지 않는 샌드위치이다. 노르웨이인들은 이 샌드위치를 가끔 점심에 먹기도 하지만, 주로 아침에만 먹는다. 이 샌드위치가 다른 샌드위치와 다른 점은 빵 위에 햄이나 베이컨, 치즈, 야채를 놓는게 아니라, 주로 새우나 훈제연어, 달걀 삶은 것, 청어 같은 노르웨이의 맛있는 해산물을 넣는다는 것이다. 또한 샌드위치에는 식빵보다도 호밀빵이 주로 쓰인다. 그리고 빵 위에 버터같은 것을 많이 바르는 것도 다른 점이다.

아울러 노르웨이 사람들은 커피를 많이 마신다. 하루 종일 커피를 물처럼 마시며, 그것도 머그컵에 가득히 블랙으로 마신다. 고기류는 양고기를 이용한 요리가 많다. 그 밖에도 다이어트 붐을 타고 전세계로 퍼진 호밀로 만든 빵(Flatbrod)이나 말린 대구인 퇴르피스크(Torrfisk), 소금에 절인 양고기인 스페케마트(Spekemat), 갈색 치즈인 감메로스트(Gammelost), 산양의 젖으로 만든 야이토스트(Geitost)도 많이 이용되고 있다.

3. 노르웨이의 관광지

(1) 오슬로

노르웨이 남부 해안에 위치한 오슬로는 노르웨이에서 가장 큰 도시이자 노르웨이의 수도이다. 1048년에 바이킹 왕이었던 하랄드 하르드로데(Harald Hardlode)에 의해 건설된 이 도시는 13세기에 호콘 5세에 의해 수도로 정해진 뒤 한자동맹의 항구로서 번영하였다. 17세기에 대화재가 일어나 상당 부분 소실되었으나, 그 뒤로 재건되었다. 당시 덴마크의 왕이었던 크리스티안 4세(Christian Ⅳ)가 이 도시를 '크리스티아니아' (Christiania)라고 명명하였으나, 20세기에 이르러 '오슬로' (Oslo)란 본명을 되찾게 되었다. 도시의 중심가에는 박물관, 공원, 역사 유적 등과 새로운 건축물이 조화롭게 섞여 있다. 오슬로에서 둘러볼만한 관광지로는 시청사, 칼요한 거리, 왕궁, 오슬로 대성당, 비겔란드 공원, 바이킹 박물관, 아케르후스 성, 오슬로 대학 등이 있다.

우선 시청사(Radhuset)는 오슬로의 상징으로서, 왕궁과 의회 건물에서 걸어 갈 수 있는 해안가에 위치해 있다. 1915년 오슬로의 시장이 오래된 오슬로 항구에 새로운 시청사 건물을 건립하여 이 지역을 새롭게 단장하기 위해 1920년에 착공하여 1950년에 완공한 것이다. 2개의 탑을 가진 이 건물의 내외 벽은 노르웨이의 대표적인 예술가들에 의해 그림과 조각으로 장식되어 있다. 여기서 오슬로 피요르드를 한눈에 감상할 수 있다.

칼요한 거리

칼요한 거리(Karl Johans Street)는 오슬로 중심부를 동서로 가로지르는 약 1.3km의 번화한 거리이다. 거리의 이름은 거리의 끝 언덕 위에 있는 왕궁을 건립한 칼 요한 왕의 이름을 딴 것이다. 중앙역과 왕궁을 연결하고 있는 이 거리의 중심에는 국회의사당이 있으며, 그 옆으로 상점과 레스토랑이 줄지어 있다. 거리의 서쪽에는 작가인 입센(Henrik Ibsen)과 뵈른손(B. M. Bjørnson)의 동상이 서 있는 국립극장이 있다.

오슬로 왕궁

오슬로에 있는 왕궁(Det Konaeliae Slottet)은 오슬로 시내가 내려다 보이는 언덕 위에 위치해 있다. 이 때문에 오슬로 시내에서도 왕궁을 바라볼 수 있고, 왕궁에서도 시내를 내려다 볼 수 있다. 이 왕궁은 다른 나라의 왕궁에 비해 규모가 좀 작은 편이며, 색깔도 무채색으로 수수한 편이다. 왕궁을 지은 사람은 칼 요한(Karl Johans)이며, 완공된 시기는 1858년이었다. 나폴레옹의 전사였던 칼 요한은 원래 이름이 장 밥티스트 베르나도테(Jean-Baptiste Jules Bernadotte)였다. 그는 1818년 당시 스웨덴의 왕이면서 동시에 노르웨이를 지배했던 인물이다. 왕궁 앞에 그의 청동 기마상이 서있다.

오슬로 대성당

오슬로 대성당(Oslo Domkirke)은 칼 요한 거리에 위치해 있는 성당으로서, 복음주의 루터파의 총본산이다. 1694년에 착공된 뒤, 여러번의 보수공사를 거쳐 현재의 청록색 탑이 있는 고정 양식풍의 모습이 되었다. 18세기에 제작된 6,000개의 파이프와 음계가 104단인 파이프 오르간이 유명하다.

비겔란드 공원(Vigeland Parken)은 노르웨이의 조각가인 구스타프 비겔란드(Gustav Vigeland)가 1915년부터 오슬로 시의 지원으로 지은 세계 최대의 조각 공원이다. 이 공원의 면적은 323,700㎡에 달한다. 프로그네르 공원(Frogner Parken)이라고도 불리는 이 공원에는 울창한 나무, 오리가 노니는 연못, 드넓은 잔디밭을 구경할 수 있다. 따라서 이 공원은 자유롭게 산책하거나 피크닉을 즐기기에 좋은 장소라 할 수 있다. 공원 중앙의 산책로를 따라 걷다 보면 구스타프 비겔란드가 만든 실물 크기의 조각상들을 볼 수 있다. 비겔란드는 사람의 일생과 갖가지 희비의 감정을 수백 개의 청동과 화강암의 조각들로 나타 내려 하였다. 인간의 탄생에서 죽음까지의 모든 삶의 모습과 감정 등이 조각으로 표현하려 하였다. 특히 높이 17m의 하나의 화강암으로 조각한 121명의 인간 군상인 모노리트(Monolith)는 서로 위로 올라가려는 인간의 모습을 표현한 것이다. 곧 돌덩어리를 둘러싸고 몸부림치는 사람들의 조각인 이 작품은 20년에 걸쳐 완성한 걸작이다. 이 작품은 인간의 본성을 나타내는 조각으로 공원에서 가장 명물로 꼽히고 있다.

바이킹 박물관(Vikinghuset)은 오슬로의 피오르에서 발견된 3척의 바이킹선을 복원하여 전시하고 있는 박물관이다. 3척의 바이킹 선의 이름은 배가 발견된 지명에 따라 오세베르그호(Oseberg Ship), 고크스타호(Gokstad Ship), 투네호(Yune Ship)로 붙여졌다. 이 3척 중 9세기 초에 건조된 오세베르그호는 가장 크고 우아하다. 이 배는 35명의 노 젓는 사람과 돛을 이용하여 항해한 배였다. 이 배에서는 각종 장식품과 부엌용품과 가구류가 발견되었으며, 50년 정도 사용된 후 오사 여왕(Osawa Queen)의 관으로 사용되었다. 고크스타호는 9세기에 만들어진 배로서, 32명의 노젓는 사람과 돛으로 항해한 전형적인 바이킹 선이다. 이 배에서는 12마리의 말과 6두의 개, 짐승머리로 장식된 침대, 3척의 보트 등이 발견되었다. 마지막의 투네호는 배 밑바닥을 제외한 다른 부분은 대부분 부패된 채 발견됐는데 원거리 항해용으로 이용된 것으로 보인다.

바이킹 박물관

아케르후스 성(Akershus Slott)은 1300년경에 세워진 중세의 요새이다. 이 성이 유명해진 것은 다양한 공간이 있기 때문이다. 즉 귀족들이 갇혀있던 어둡고 아주 작은 공간의 지하 감방, 매우 호화로운 대연회장과 접견실, 호콘 7세와 울라프 5세의 유골이 있고 왕실 행사에 쓰이는 예배장 등이 있다.

오슬로 대학은 노르웨이 국립대학으로서 1811년 덴마크령으로부터 독립을 요구하는 노르웨이인들의 요망에 따라 프리드리히 6세(Frederick Ⅵ)가 창설한 것이다. 노르웨이에서 가장 오래된 대학이며, 대강당에는 E. 뭉크(Munch)의 벽화가 유명하다.

06

아이슬란드

아이슬란드(Iceland)는 노르웨이와 그린란드 사이에 위치한 섬나라로서, 공식 명칭은 아이슬란드 공화국(Republic of Iceland)이다. 북극권인 북위 65° 부근에 위치해 있으며, 면적은 약 120,000㎢로서 대략 한반도의 1/2 정도이며, 남북 길이는 약 350km, 동서 길이가 약 540km이다. 아이슬란드에서 가장 가까운 유럽 국가는 남동쪽으로 800km 쯤 떨어진 영국의 스코틀랜드이다. 중앙대서양해령에 위치하고 있어서, 화산활동이 활발하고, 지열의 작용도 큰 규모로 이뤄지고 있다. 특히 헤클라 화산을 비롯하여 20여개의 활화산이 분포되어 있고, 전국에 700여 개의 온천이 흩어져 있다. 또한 전 국토의 약 11%가 빙하로 덮여 있으며, 남동부의 바트나이외쿠틀 빙하가 가장 넓다. 이런 지질학적 특징은, 아이슬란드의 풍경을 다채롭게 만들었다. 황무지와 고원지대가 끝도 없이 계속되며, 화산 활동으로 높이 솟은 산들 사이로 형성된 거대한 빙하가 바다를 향해 흘러 내린다. 멕시코 만류의 영향을 받아 위도에 비해 따뜻한 편이다.

아이슬란드의 국기는 파란색 바탕에 스칸디나비아 십자가가 그려져 있고, 흰색 십자가 안에 다시 붉은색 십자가가 그려진 형태로 되어 있다. 국기에서의 파란색은 아이슬란드의 푸른 산을 나타내고, 흰색은 아이슬란드를 뒤덮고 있는 눈을 표시하며, 빨간색은 섬에 있는 화산을 상징한다. 이 국기는 1944년 6월 17일에 아이슬란드가 공화국이 되면서 채택되었으며, 그 디자인은 스칸디나비아 십자가가 새겨진 덴마크의 국기에서 유래되었다. 스칸디나비아 십자가는 아이슬란드가 스칸디나비아 나라와 연관되어 있음을 보여준다.

1. 아이슬란드의 음식

아이슬란드 음식은 스칸디나비아요리와 콘티넨탈 요리를 복합한 것이라고 말할 수 있다. 풍부한 생선이 주 요리이지만, 온실에서 온천 열을 이용하여 기른 야채도 자주 이용되고 있다. 그 밖에도 양, 소, 돼지, 말, 사슴 등의 고기도 쓰이고 있다.

하우카를

아이슬란드의 음식 가운데 가장 유명한 것은 하우카를(hákarl)이다. 이 하우카를이란 말은 아이슬란드어로 '그린란드 상어'(Somniosus microcephalus)라는 의미이다. 상어 고기를 6개월간 땅에 묻어 두어 충분히 부패하도록 썩힌 이 음식은 미국 포브스가 선정한 '세계 10대 혐오 음식' 가운데 제2위를 차지하였다. 1위는 몽골의 유목민들이 암말의 젖을 숙성시킨 술인 마유주이다.

하우카를의 제조법은 다음과 같다. 굵은 모래로 된 경사지에 구멍을 판다. 머리와 내장을 제거한 상어고기를 넣고 모래로 덮는다. 그 위에 돌을 올려 놓는데, 그것은 즙이 고기에서 흘러 나오도록 하기 위함이다. 이렇게 6~12주를 거친 뒤 상어를 길게 잘라 4~5개월 창고에 걸어놓고 말린다. 요즘은 땅에 묻는 대신 상어 고기를 물이 빠지는 큰 플라스틱 그릇에 넣고 누르기도 한다.

하우카를을 식용으로 팔 경우, 어느 정도 가공을 해서 암모니아를 대부분 뺀 상태로 시장에 내놓는다. 그러나 하우카를은 암모니아 성분을 그대로 두고 발효를 시키기 때문에 고약한 냄새를 풍긴다. 발효와 건조가 끝난 하우카를은 한입 크기로 깍뚝썰기한 다음 비닐에 넣어 진공 포장한 상태로 시중에 유통된다. 시큼한 청어 요리인 슈르스트뢰밍(Surstromming, 알이 밴 청어에 소금 간을 하고 통조림에 밀봉해서 오랫 동안 삭인 음식임)처럼 집에 냄새 배게 하지 않으려고 바깥에서 먹기도 하고, 대개 본 요리를 먹기 전의 애피타이저 또는 술안주로 먹기도 한다. 특히 하우카를을 안주로 많이 마시는 술은 북유럽의 증류주인 아크바비트(akvavit)이다.

그 밖의 유명한 아이슬란드 음식은 팬케이크(Pancakes)이다. 아이슬란드 팬케이크는 우유, 밀가루, 설탕, 베이킹 파우더, 버터, 계란을 넣어 만드는데, 우선 버터를 팬에 녹이고, 밀가루, 설탕, 베이킹 파우더를 그릇에 넣고 고루 섞은 다음, 덩어리가 지지 않도록 우유를 조금씩 부어가며 저어 주며, 마지막에 계란을 넣고 젓는다. 그 다음 반죽을 1시간 가량 방치해 둔다. 그리고 국자를 이용해서 반죽을 팬에 붓고 얇게 구워낸다. 휘핑크림과 대황 잼 또는 블루베리 잼을 섞어서 2~3티스푼 정도씩 각각 케이크에 발라서 두 번 정도 접어서 낸다. 바닐라 아이스크림이나 신선한 과일을 곁들여서 먹는다.

2. 아이슬란드의 관광지

(1) 레이캬비크

레이캬비크(Reykjavik)는 아이슬란드에서 가장 큰 도시이자 수도이다. 북위 64°에 위치하여 세계에서 가장 높은 위도에 있는 수도이다. 도시에 거주하는 인구는 10만 명 정도에 불과하지만 그 크기에 비해 아주 번화하다. 이 도시는 874년에 고대 스칸디나비아인들이 정착함으로써 시작되었으며, 도시에서 가장 볼만한 곳은 단연 세계

레이캬비크

에서 가장 큰 노천 온천인 블루라군(Blue Lagoon)이다. 블루라군은 레이캬비크시에서 케플라비크 공항 가는 길에 있는데, 이곳은 아이슬란드의 독특한 자연환경과 기술이 완벽한 조화를 이루어 만들어낸 노천 해수 온천이다. 이 온천은 50m 짜리 수영경기용 풀이 4개가 들어갈 정도의 면적인 약 5,000 ㎢ 크기로 되어 있으며, 온천수는 미네랄과 남조류(blue green algae)의 영향으로 푸른빛을 띤다. 그래서 온천의 분위기는 신비롭고 아름답다. 온천에서 이용되는 물은 해수면 아래 2,000m에서 끌어올린 바닷물이다. 그 지점에서 해수와 지하수는 투과성이 높은 용암층을 통과하면서 7:3의 비율로 섞이고, 지열에 의해 급속히 243℃까지 데워진 뒤 난방용으로 쓰이거나, 지열발전소에서 전기로 변환된다. 이렇게 사용된 물은 다시 파이프를 통해 '블루라군' 으로 보내져 37~39℃의 온천수로 사용된다. 블루라군의 온천수는 실리카(SiO)와 미네랄 등이 풍부해서 치료 및 미용에 탁월한 효과가 있는 것으로 알려져 있다. 해마다 40만명의 관광객들이 독특하고 아름다운 자연 경관을 보기 위해 찾아오고 있다.

'블루라군' 에서는 실리카 뿐만 아니라 고열의 온천에서 쏟아져 나오는 진흙을 이용한 각종 머드 팩 등 고가의 화장품 등도 불티나게 팔리고 있다. 지열에너지 연구 및 개발에 오랜 역사를 가진 아이슬란드는 지열에너지를 관광레저산업에 활용할 뿐만 아니라 축적된 기술과 노하우를 세계에 수출하고 있다.

그 밖에도 레이캬비크에서는 국립박물관(National Museum of Iceland)을 둘러볼 만하다. 국립박물관은 1863년에 설립된 박물관으로서, 10세기의 정착민들이 쓰던 칼(검)에서부터 19세기의 어선에 이르기까지 각종의 유물 2,000여종을 시대를 구분하여 두개의 층으로 나누어 전시하고 있다. 따라서 이 박물관에서는 아이슬란드의 천년의 역사를 살펴볼 수 있다. 전시물들은 아이슬란드어로 되어있지만 영어 등의 통역을 담당자가 있어 관광하는 데는 별 무리가 없다.

(2) 굴포스와 게이시르

아이슬란드에서 살펴볼 만한 다른 장소로는 폭포인 굴포스(Gullfoss)와 간헐천인 게이시르(Geysir)가 있다. 먼저 폭포인 굴포스는 아이슬란드의 중부에 위치한 폭포로서, 관광객들이 많이 찾는 곳이다. 아이슬란드어로 '굴'(gull)이란 말은 금(金)을 의미하고, '포스'(foss)란 말은 폭포를 의미한다. 그러니까 '굴포스'라는 말은 정확하게 '금빛 폭포'라는 뜻이다. 이 굴포스는 세계 10대 폭포 가운데 하나에 속할 만큼 유명하다. 그리고 이 폭포는 폭이 매우 넓은 특징을 갖고 있다. 빙하 녹은 물이 합쳐져 만들어진 흐비타강이 32m 절벽을 만나 아이슬란드 최대의 폭포를 이룬 것이다. 보는 사람을 압도될 만큼 웅장한 모습을 하고 있는 이 폭포는 그 지형이 넓어서 여러 방향에서 다양하게 볼 수 있다. 멀리서 바라다 볼 수 있을 뿐만 아니라, 위에서 볼 수 있고, 앞에서도 볼 수 있으며, 또 옆에서도 볼 수 있다. 가까이서 보면 폭포의 위압감을 온몸으로 느낄 수 있다. 엄청난 물의 양과 빠른 속도, 많은 물이 떨어지면서 내는 굉음과 포말, 물보라는 그야 말로 장관을 이룬다. 이 폭포는 20세기 초반에 수력발전소 건설 계획이 세워짐으로써 사라질 뻔했다. 당초 수력발전소를 세우려 했는데, 한 주민이 폭포로 뛰어들겠다고 위협하는 바람에 발전소 계획이 무산되었다고 한다.

굴포스 폭포

게이시르(Geysir)는 온천물이 분출하는 간헐천이다. 1294년 화산 분화에 따라 생

게이시르 간헐천

긴 이 간헐천의 웅덩이에서는 물이 부글부글 소리를 내며 끓고 있다가, 5분에서 10분 마다 한번씩 뜨거운 물기둥이 폭발하듯이 솟구치는 곳이다. 이 때 솟아오르는 신비로운 푸른 빛의 물은 그야 말로 장관을 이룬다. 때로는 그 높이가 60m에서 100m까지 이르기도 하니, 한마디로 경이롭다고 할 수 있다. 게이시르 온천은 전 국토가 1/10 이상이 빙하로 덮여 있는 나라 아이슬란드 땅을 관광명소로 만들어 준 귀한 보물로서, 아이슬란드의 온천 가운데 가장 유명한 온천이다. 이 간헐천이 속해 있는 팅벨리르 국립공원(Thingvellir National Park)도 세계 자연 유산 중의 한 곳이다.

참고 문헌

권순긍, 『유럽 도시에서 길을 찾다』, 서울:청아출판사, 2011.

김지선 외, 『엔조이 파리』, 서울:넥서스북스, 2009.

김혜연, 『캠핑카 타고 유럽여행』, 서울:넥서스 북스, 2008.

리사 던포드, 이동진 옮김, 『디스커버 유럽』, 서울:안그라픽스, 2010.

베니야마, 서상원 옮김, 『유럽에 빠지는 즐거운 유혹 1- 신화와 역사편』, 서울:스타북스, 2006.

베니야마, 서상원 옮김, 『유럽에 빠지는 즐거운 유혹 2- 축제와 문화편』, 서울:스타북스, 2006.

손봉기 외, 『유럽』, 서울:성하출판, 2006.

송지수 외, 『이탈리아 까발리기』, 서울:성하출판, 2005.

안종수, 『세계문화관광』, 서울:백산출판사, 2007.

오민제, 『두바퀴로 유럽일주』, 서울:이비락, 2011.

원융희, 『세계의 축제 문화』, 서울:백산출판사, 2003.

윤대순 외, 『세계의 문화와 관광』, 서울:기문사, 2005.

이준 필립, 『이제는 유럽이다』, 서울:교보문고, 2009.

이태훈, 『뷰티풀 유럽여행』, 서울:다른세상, 2004.

이화득 외, 『자동차 유럽여행』, 서울:서울문화사, 2006.

인진규 외, 『이지 유럽』, 서울:트래블북스 블루, 2009.

정보상, 『유럽에서 꼭 가봐야할 여행지 100』, 서울:상상출판, 2011.

최기종, 『세계여행문화탐방』, 수울:백산출판사, 2007.

최영준, 『세계관광지리자원』, 서울:대왕사, 2006.

최인섭, 『세계관광지리자원』(제2판), 서울:대왕사, 2006.

최철호, 『드라이브 인 유럽』, 서울:시공자, 2005.

추리마, 『서유럽 자동차 여행』, 로드에이비씨미디어, 2006.

한정훈, 『9일간의 유럽여행』, 서울:플래닛미디어, 2009.

홍수연 외, 『핵심 유럽』, 서울:랜덤하우스, 2009.

홍지윤 외, 『인상파와 함께 걷는 달콤한 유럽여행』, 서울:랜덤하우스, 2009.

황창윤 외, 『세계관광지리』, 서울:대왕사, 2008.

기타 인터넷 자료, http://www.daum.net/

http://www.naver.com/

http://www.google.co.kr/

유럽 문화 **관광**

초판 인쇄 _ 2012년 8월 27일
초판 발행 _ 2012년 8월 30일

지은이 _ 김용섭

펴낸이 _ 이준구
펴낸곳 _ 대구한의대학교 출판부
(우)712-715 경북 경산시 한의대로 1번지
전화 _ 053. 819. 1577 / 1578
FAX _ 053. 819. 1262
출판등록 _ 1987년 11월 21일 경산 제2호

ISBN 978-89-87696-89-8
정가 17,000원